100 fiches d'actualité pour les nuls

Concours

Édition 2019

Florent Vandepitte
Professeur agrégé d'histoire

Ouvrage dirigé par Laurence Brunel

FIRST
ÉDITIONS

100 fiches d'actualité pour les Nuls - Concours

Éditions First, un département d'Édi8
12, avenue d'Italie
75013 Paris – France
Tél. : 01 44 16 09 00
Fax : 01 44 16 09 01
Courriel : firstinfo@efirst.com
Site Internet : www.pourlesnuls.fr

ISBN : 978-2-412-03876-5
Dépôt légal : janvier 2019

Imprimé en Italie par La Tipografica Varese

Correction : Isabelle Chave
Illustrations de parties : Stéphane Martinez
Maquette intérieure : Stéphane Angot
Couverture : Soft Office
Index : Muriel Mekies

À propos de l'auteur

Ancien élève de classes préparatoires littéraires et de Sciences Po Paris, Florent Vandepitte est agrégé d'histoire.

Professeur d'histoire et de géographie dans un lycée des Hauts-de-France, il est également coordonnateur d'une préparation en ligne au concours de Sciences Po Bordeaux au sein de laquelle il forme les candidats, notamment à l'épreuve de thème d'actualité.

Remerciements

Mes remerciements s'adressent d'abord à Laurence Brunel, qui m'a accompagné tout au long de la rédaction, et à Laure-Hélène Accaoui pour sa confiance.

Je remercie également mes parents de m'avoir donné le goût du travail et mes anciens professeurs, de l'avoir entretenu. Une pensée particulière à Jacques Staniec, un de mes anciens professeurs d'histoire qui m'accompagne toujours.

Toute ma gratitude enfin à celle qui partage ma vie, Marine, sans qui je ne me serais pas laissé tenter par l'aventure de ce livre. Merci également à ses parents pour leurs précieux conseils.

Je souhaite adresser ce livre à ma fille, Joséphine, qui fête bientôt ses deux ans et pour laquelle j'aspire à un monde pacifié et harmonieux.

Sommaire

INTRODUCTION 1

À qui s'adresse ce livre ? 2
Comment ce livre est-il organisé ? 2
Première partie : Un monde sous tensions 2
Deuxième partie : Des sociétés divisées 2
Troisième partie : Vers un monde plus démocratique 2
Quatrième partie : Un monde qui se libéralise 3
Cinquième partie : Les progrès de la protection de l'environnement 3
Sixième partie : Un autre monde, celui de demain 3
Septième partie : La partie des Dix 3
Les icônes utilisées dans ce livre 4
Par où commencer ? 4

PARTIE 1 : UN MONDE SOUS TENSIONS 5

CHAPITRE 1 : La permanence de la guerre 7

Fiche 1 : La guerre en Syrie, un affrontement par pays interposé . . . 8
Un gouvernement contesté, soutenu par la Russie 8
Les Occidentaux privilégient le processus politique 9
Fiche 2 : La fin de la menace nucléaire en Corée du Nord ? 11
Les Kim, une dictature nucléarisée 11
Les espoirs de paix par le dialogue intercoréen 12
Fiche 3 : La relance du nucléaire en Iran ? 14
Une volonté d'ouverture 14
La fin de l'accord ? 15
Fiche 4 : Israël/Palestine, une guerre sans fin 17
Jérusalem, capitale de l'État hébreu ? 17
L'impossible « solution à deux États » 18
« Les marches du retour » des Palestiniens 19
Fiche 5 : D'autres conflits se poursuivent dans l'indifférence générale 20
L'Afghanistan, toujours en guerre 20
La guerre civile yéménite 21
Fiche 6 : Des sociétés sous la menace permanente du terrorisme . . 23
Un État islamique vaincu, mais toujours actif 23
La menace djihadiste au Sahel 24
Des sociétés occidentales insécures 25
Fiche 7 : Les tensions pour le contrôle des espaces maritimes . . . 27
Une Russie très active sur les océans 27
Les ambitions fortes de la Chine 27
La présence mondiale de la France 28

Fiche 8 : L'impuissance de la gouvernance internationale 30
Une ONU paralysée par le droit de veto 30
Une adaptation nécessaire face à la montée en puissance des émergents 31
Fiche 9 : Le retour du service national en France.............. 33
La professionnalisation des armées depuis 1997 33
Le retour d'un service universel 33

CHAPITRE 2 : Des risques d'éclatement 35

Fiche 10 : La construction européenne sous la menace du Brexit. . 36
Un vote en faveur de la souveraineté britannique 36
Des négociations difficiles 37
Fiche 11 : Le Royaume-Uni, péril en la demeure 39
L'Écosse, la menace d'une crise constitutionnelle 39
L'Irlande, le retour de la guerre ? 40
Fiche 12 : La Catalogne ou la tentation indépendantiste 41
La tentation indépendantiste 41
Le bras de fer avec Madrid 41
Une impasse politique et financière...................... 42
Fiche 13 : L'Ukraine, tiraillée entre deux influences............. 44
Entre europhilie et russophilie 44
L'enlisement dans la guerre............................. 45
Fiche 14 : Le Groenland, en froid avec le Danemark 47
Un territoire autonome 47
Craintes et espoirs de l'indépendance..................... 48
Fiche 15 : La multiplication des zones grises................... 49
Des États faillis 49
Le Sahara occidental, un conflit hérité de la décolonisation . 49
Le Haut-Karabakh, une république caucasienne en marche vers l'autodétermination............................... 51
Fiche 16 : La Corse, une collectivité territoriale à statut particulier. . 52
Un statut particulier confirmé 52
Une alliance de circonstance entre nationalistes 53
L'indépendance de la Corse est-elle possible ? 54
Fiche 17 : L'autodétermination pour la Nouvelle-Calédonie...... 55
Un archipel profondément divisé......................... 55
Un avenir politique qui demeure incertain 56

PARTIE 2 : DES SOCIÉTÉS DIVISÉES 59

CHAPITRE 3 : Le creusement des inégalités 61

Fiche 18 : Le creusement des écarts de salaires et de patrimoine. . 62
Un principe constitutif du capitalisme 62
Une redistribution des cartes au niveau mondial 63
Une menace sur le travail et la société 63
Fiche 19 : Une sous-alimentation endémique dans les PMA..... 65
20 millions de personnes affectées par la famine........... 65
Une réalité surtout politique 66
Les difficultés de la lutte contre la famine................. 67

Fiche 20 : La crise humanitaire et sociale au Venezuela 68
Une crise économique et financière profonde 68
La remise en cause du chavisme 69
L'exode massif de la population 70
Fiche 21 : Les migrations, symbole d'un monde inégal 72
Des hommes et des chiffres 72
La crise de l'accueil 73
Des effets positifs sur l'économie masqués par des craintes identitaires 74
Fiche 22 : Un monde de murs 76
Une vague de construction sans précédent 76
Une réalité plus complexe qu'il n'y paraît 77
Fiche 23 : Les inégalités sociales de santé 78
Des inégalités persistantes 78
Le poids des variables socio-économiques 79
Fiche 24 : Macron, président des riches ? 80
Des mesures en faveur des plus riches ? 80
Un président soutenu par les riches ? 82
Fiche 25 : L'exclusion par le logement 83
Le mal-logement, facteur d'exclusion 83
Les sans domicile fixe, acteurs malgré eux de l'actualité 84
Fiche 26 : Les inégalités scolaires 86
La reproduction sociale des inégalités 86
Une politique de concentration des moyens 87
L'enseignement privé, une source de fragmentation 88

CHAPITRE 4 : Une crise du vivre-ensemble 91

Fiche 27 : La répression de la minorité rohingya en Birmanie 92
Un espoir d'ouverture avorté 92
Un peuple d'apatrides 92
« Un exemple classique de nettoyage ethnique » 93
Fiche 28 : Être noir dans les États-Unis de Donald Trump 95
Des inégalités persistantes 95
Black Lives Matter 96
La guerre des mémoires 97
Fiche 29 : Vers la fin de l'interdiction des statistiques ethniques en France 99
Le modèle anglo-saxon 99
Un tabou français ? 100
Fiche 30 : Les difficultés de la lutte contre la radicalisation 102
Les prisons françaises, des écoles du djihad ? 102
Un vaste plan de lutte contre la radicalisation 103
La délicate question du retour des djihadistes 103
Fiche 31 : La persistance de l'antisémitisme 105
Une haine qui demeure en France 105
La libération de la parole en Pologne 106
La fin du mythe de l'exception américaine ? 107
Fiche 32 : Les menaces contre la laïcité 108
Une laïcité revisitée 108
Une laïcité menaçante ? 109

Fiche 33 : Le creusement des fractures territoriales 111
La concentration de la richesse dans les grandes villes 111
La fragmentation urbaine. 112
L'exclusion des banlieues 113
Fiche 34 : La crise des Ehpad, mieux accompagner la dépendance 114
Le défi du vieillissement 114
Des structures en souffrance 115
Repenser la dépendance 115
Fiche 35 : Mayotte, une société en crise 117
Des îles à la dérive 117
Les tensions avec les (autres) Comores. 118
Un plan pour Mayotte. 119

PARTIE 3 : VERS UN MONDE PLUS DÉMOCRATIQUE 121

CHAPITRE 5 : Les progrès de la démocratie dans le monde 123

Fiche 36 : L'ouverture en Arabie saoudite, un trompe-l'œil ? 124
Un programme économique ambitieux 124
Une libéralisation des mœurs 125
Un régime qui reste autoritaire. 126
Fiche 37 : La passation de pouvoir à Cuba, la fin du système Castro ?. 128
Une ouverture économique encore limitée 128
L'absence de changement politique. 129
Fiche 38 : Le lavage express brésilien. 131
Un système de corruption généralisé 131
Le Brésil en crise 132
Un climat qui profite à l'extrême droite 133
Fiche 39 : Jacob Zuma, la chute du « chat à neuf vies » 134
Un président peu exemplaire 134
Cyril Ramaphosa, la promesse d'une « nouvelle aube » 135
Fiche 40 : Malte, « je suis Daphne » 137
Une journaliste réduite au silence 137
Une enquête internationale poursuit le combat 137
Fiche 41 : Renouvellement politique et transparence de la vie publique en France 139
Un renouvellement politique d'ampleur 139
Une moralisation de la pratique politique. 140
Benalla, saga d'été ou affaire d'État ? 142
Fiche 42 : La reconnaissance et l'encadrement du lobbying en France 143
Encadrer les groupes de pression 143
Limiter les conflits d'intérêts 144
Fiche 43 : La protection des données après Cambridge Analytica 146
Un abus de confiance 146
Un nouveau règlement plus dissuasif 147

CHAPITRE 6 : Des libertés en danger ... 149

Fiche 44 : Les succès des populismes dans le monde ... 150
- Un rejet des élites ... 150
- Une réponse au désespoir ... 151
- La cohésion dans l'opposition ... 152

Fiche 45 : La montée de l'extrême droite en Europe ... 154
- Des succès électoraux protéiformes ... 154
- Une vague nationaliste ? ... 155

Fiche 46 : Vers une convergence des droites extrêmes en France ... 157
- La porosité doctrinale ... 157
- Le tabou de l'alliance électorale ... 158

Fiche 47 : Les élections européennes face à l'euroscepticisme ... 160
- Une Europe qui séduit peu ... 160
- Le défi de la confiance avec ses citoyens ... 161

Fiche 48 : Les dérives autoritaires en Europe centrale ... 163
- Orbán, « le cauchemar de l'Union européenne » ... 163
- La Pologne, de retour dans le rang ? ... 164

Fiche 49 : Poutine, nouveau tsar de Russie ? ... 166
- Un plébiscite ... 166
- Un bilan économique et social peu flatteur ... 167
- La traque des opposants ... 168

Fiche 50 : Le système Erdogan en Turquie ... 170
- Une nouvelle constitution ... 170
- La lutte « contre les vandales et les traîtres » ... 171

Fiche 51 : Le renforcement des lois sécuritaires, une menace pour les libertés ? ... 173
- Le renforcement des pouvoirs de police ... 173
- Une menace pour les libertés publiques ? ... 174

Fiche 52 : La surveillance généralisée en Chine ... 176
- Xi Jinping, président à vie ... 176
- Une liberté d'expression restreinte ... 177
- La répression des minorités ... 178

PARTIE 4 : UN MONDE QUI SE LIBÉRALISE ... 179

CHAPITRE 7 : Les effets du néolibéralisme et de la mondialisation libérale ... 181

Fiche 53 : Une nouvelle réforme des retraites ... 182
- Un déséquilibre financier annoncé ... 182
- Des réformes déjà nombreuses ... 182
- Une volonté de simplification ... 183

Fiche 54 : La réforme de la SNCF, symbole de dérégulation ... 185
- Une libéralisation imposée par l'Union européenne ... 185
- Une réforme globale de l'entreprise ... 186
- Une nouvelle bataille du rail ... 187

Fiche 55 : La hausse de la CSG : vers une universalisation de la Sécurité sociale 189
Une hausse du pouvoir d'achat dans le privé. 189
Des catégories exclues 190
La protection sociale en jeu. 191
Fiche 56 : Réduire le rôle de l'État actionnaire pour lutter contre la dette 193
Le retour à une maîtrise des finances publiques. 193
De nouvelles privatisations 194
Fiche 57 : La sélection à l'université : une compétition scolaire ? 196
Un nouveau baccalauréat 196
La réforme de l'accès à l'université. 197
Fiche 58 : Les mutations de l'entrepreneuriat. 199
Une forte attraction pour la création d'entreprise 199
Quelques success-stories, beaucoup d'échecs 200
Fiche 59 : La toute-puissance des GAFA 202
Une stratégie d'évitement de l'impôt 202
Une volonté mondiale de reprise en main 203
Fiche 60 : La *blockchain* et les nouveaux mécanismes de la confiance 205
Décentralisation et transparence 205
Une cryptomania 206
Des applications nombreuses. 207
Fiche 61 : Menaces sur le commerce mondial 208
Le spectre du protectionnisme. 208
Un isolement des États-Unis 208
L'heure de l'affrontement avec la Chine ? 210
CHAPITRE 8 : Des droits renforcés 211
Fiche 62 : Les travailleurs détachés, vers une uniformisation des droits. 212
Une directive qui favorise le dumping social 212
Une Europe divisée 212
Vers de nouvelles règles plus strictes 213
Fiche 63 : Le débat autour des armes à feu aux États-Unis. 214
Gun country. 214
Une réforme impossible. 215
Fiche 64 : L'affaire Weinstein et la lutte contre les violences sexuelles 217
Une onde de choc mondiale 217
Un débat animé 218
Lutter contre un fléau. 219
Fiche 65 : Des difficultés d'être une femme dans l'Inde d'aujourd'hui 220
Un déséquilibre croissant du *sex-ratio*. 220
Des violences sexuelles très fréquentes 221
Une lutte ambiguë pour protéger les femmes. 222
Fiche 66 : L'obtention du droit à l'avortement en Irlande. 223
Le recul de l'influence catholique 223
Une campagne audacieuse 224
Un droit presque généralisé en Europe 225

Fiche 67 : La PMA et la GPA, des nouveaux droits à conquérir ? . 227
Un cadre législatif très restrictif 227
La GPA face à la crainte d'une dérive commerciale 228
Vers une légalisation de la PMA ? 229
Fiche 68 : L'obligation vaccinale, une négation du droit à la liberté du patient ? 231
Une obligation vaccinale étendue 231
Un scepticisme ambiant 231
Des millions de vies sauvées 233
Fiche 69 : L'euthanasie, apaiser la fin de vie 235
Un cadre législatif restrictif 235
Une inégalité de traitement face à la mort 236
Un principe de liberté ou un risque de dérive ? 236
Fiche 70 : Les avancées de la cause animale, vers un droit des animaux ? 238
Des êtres doués de sensibilité 238
Un code privé de l'animal 239
Vers la reconnaissance d'une personnalité juridique 239

PARTIE 5 : LES PROGRÈS DE LA PROTECTION DE L'ENVIRONNEMENT 241

CHAPITRE 9 : Des énergies en débat 243
Fiche 71 : Les accords internationaux et la lutte contre le réchauffement climatique 244
Une politique internationale volontariste 244
Un dérèglement climatique d'ampleur 245
Des mesures drastiques nécessaires 246
Fiche 72 : Le nucléaire, allié indispensable ou adversaire des énergies renouvelables ? 248
Le nucléaire, un choix assumé 248
Des renouvelables à la peine 249
Fiche 73 : L'éolien, une énergie en débat 250
Une filière sous perfusion 250
Des difficultés d'installation 250
Un retard considérable 251
Fiche 74 : La remise en cause du diesel 252
Une technologie mise en cause 252
Un abandon progressif du moteur thermique 253
Fiche 75 : La fermeture des voies sur berges à Paris 254
Une politique antipollution volontariste 254
Un combat mondial contre les embouteillages 255
Fiche 76 : La voiture électrique autonome 257
Une révolution technologique 257
Un horizon obscurci 258
Fiche 77 : Les compteurs Linky, un réseau intelligent ou intrusif ? 260
Des capteurs communicants 260
Inquiétudes et refus 261

CHAPITRE 10 : La protection de la biodiversité 263

Fiche 78 : Notre-Dame-des-Landes et la multiplication des zones à défendre 264
Un retour à l'ordre pour la ZAD de NDDL 264
Une multiplication des combats 265
Fiche 79 : Des océans sous pression 266
Une surexploitation des ressources 266
Des continents de plastique 267
Fiche 80 : Le commerce des espèces menacées 269
Un commerce de grande ampleur 269
Lutter contre les trafics 270
Fiche 81 : Vivre avec le loup 271
Un retour en force 271
Assurer la cohabitation grâce au plan loup 272
Fiche 82 : Les produits phytosanitaires, un effet papillon 273
Les abeilles face aux néonicotinoïdes 273
Le glyphosate en procès 274
Le scandale du chlordécone aux Antilles 275
Fiche 83 : La crise de l'eau en Afrique du Sud 276
Une sécheresse exceptionnelle 276
Des mesures d'urgence 276
Fiche 84 : Zéro déchet et économie circulaire 278
Lutter contre l'obsolescence programmée 278
Mieux valoriser les déchets 279

PARTIE 6 : UN AUTRE MONDE, CELUI DE DEMAIN 283

CHAPITRE 11 : Une aspiration au divertissement 285

Fiche 85 : La Russie et le sport 286
Une soif de prestige 286
Faire oublier les errements 287
Fiche 86 : Les JO 2024 de Paris, une stratégie de prestige très coûteuse 289
Les craintes d'une dérive budgétaire 289
Une opportunité pour le Grand Paris 290
Fiche 87 : La stratégie très sportive du Qatar 291
Un investissement massif 291
Un parcours semé d'embûches 292
Fiche 88 : Netflix à l'assaut du cinéma 294
Un géant de l'audiovisuel 294
Une riposte qui s'organise 295
Fiche 89 : De nouvelles sources de financement pour la culture 296
Un Loto pour le patrimoine 296
Le streaming au secours de la musique 297
Fiche 90 : Le retour des œuvres issues de la colonisation 298
La fin d'un tabou 298
Un chantier immense 299

Fiche 91 : La réalité virtuelle et la démocratisation de l'art grâce au numérique. 300
Ouvrir les collections à tous. 300
Faire revivre le passé. 301
Un nouveau processus de création 301
Fiche 92 : La remise en cause de la neutralité du Net. 302
L'abandon de l'idéal d'un Internet ouvert 302
Un débat de société fondamental 302

CHAPITRE 12 : La science, au secours de l'homme ? 305
Fiche 93 : Cybersécurité et contrôle des réseaux 306
Des sociétés vulnérables 306
Réguler le cyberespace. 307
Fiche 94 : Les robots, la main-d'œuvre de demain. 309
Une révolution en cours. 309
Vers une humanisation du travail ?. 310
Fiche 95 : L'intelligence artificielle pour dépasser les limites de l'humain 311
Rapprocher la machine de l'homme 311
La menace de la singularité. 311
Fiche 96 : La médecine en progrès. 313
La lutte contre le cancer. 313
Une meilleure récupération après un AVC 314
Fiche 97 : Prolonger la vie grâce au transhumanisme. 316
Dépasser les limites de l'humain. 316
Un nouvel eugénisme ?. 317
Fiche 98 : La privatisation de l'espace. 319
De nouveaux lanceurs privés 319
La course à l'appropriation des ressources 320
Fiche 99 : Les pays émergents à la conquête de l'espace. 322
Des outsiders de l'espace. 322
Objectif Lune 323
Fiche 100 : Quitter la Terre : à la recherche d'autres planètes habitables 324
La quête des exoplanètes 324
De la vie ailleurs dans l'univers ? 325

PARTIE 7 : LA PARTIE DES DIX. 327

CHAPITRE 13 : Dix gaffes diplomatiques 329
Des diplomates européens maladroits 329
Justin Trudeau en Inde 329
« Une nouvelle Mecque » 330
Une erreur protocolaire fâcheuse à Ottawa. 330
Un président trop entreprenant. 330
Une erreur de communication 330
Une fausse mort qui passe mal. 330
Un G7 sous tension. 331
Un contentieux sur la question migratoire 331
« Je m'en fiche complètement, et vous ? » 331

CHAPITRE 14 : Dix inventions révolutionnaires 333
Un vaccin contre le paludisme 333
La route solaire est pour bientôt 333
Des plastiques inspirants 333
Le retour des taxis volants 334
Des vers marins pour sauver les greffons 334
L'ère des nano 334
Les progrès des exosquelettes 335
Des ciseaux génétiques de haute précision 335
Des bijoux grâce à des cartes mères 335
Faire la lumière sur la matière noire 335

INDEX 337

Introduction

« La Terre est le berceau de l'humanité, mais on ne passe pas sa vie dans un berceau. » Par cet aphorisme, le père de l'astronautique russe, Constantin Tsiolkovski (1857-1935), nous invite, dès 1911, à prendre de la hauteur. Plus d'un siècle plus tard, l'homme se lance à la quête d'autres planètes habitables, et le rêve de s'affranchir de la pesanteur terrestre pour échapper aux nombreux troubles qui affectent le monde est toujours vif.

Face à la permanence de la guerre et à la remise en cause globale de la sécurité par le terrorisme, les consciences humaines peinent parfois à trouver motif de satisfaction à la vie sur Terre. Les tentations despotiques des régimes illibéraux font craindre une remise en cause de la paix et des libertés individuelles. Le creusement des inégalités menace les sociétés de délitement. Ces constats difficiles donnent souvent à l'actualité une coloration bien sombre.

Le besoin d'échapper à ce climat pesant peut passer par la science, mais aussi par l'histoire. La panthéonisation de Simone Veil (1927-2017), au cœur de l'année 2018, le 1er juillet, un an tout juste après sa disparition, témoigne d'une volonté de mettre en avant des valeurs essentielles à la cohésion nationale. Rarement une personnalité n'aura fait autant consensus au moment de son entrée dans le mausolée de la République. Cinquième femme à intégrer le Panthéon, cette ancienne déportée, rescapée d'Auschwitz, incarne très tôt après la guerre une figure de réconciliation des peuples. Symbole de courage et de rectitude morale, elle s'est battue pour abolir la distinction entre déportés et résistants afin de faire évoluer le roman national. Première présidente d'un Parlement européen élu au suffrage universel, entre 1979 et 1982, elle rappelle à quel point le cadre communautaire est essentiel pour surmonter les défis géopolitiques et humains du moment. Ministre de la Santé de 1974 à 1979, elle a marqué l'histoire pour avoir accordé le droit à l'interruption volontaire de grossesse dans une France encore largement patriarcale.

En dépit des inquiétudes légitimes et des régressions manifestes, des avancées décisives ont été accomplies cette année. L'égalité entre les femmes et les hommes est en progrès. La lutte contre le réchauffement climatique s'amorce. Le perfectionnement de la médecine et de la science se poursuit. Une grande partie de l'humanité peut satisfaire ses besoins élémentaires même si le développement est encore loin d'être universel.

À qui s'adresse ce livre ?

Ce propos liminaire témoigne déjà de la complexité de la lecture d'une actualité nécessairement plurielle. Les épreuves d'actualité sont souvent redoutées lors des concours. La variété des thèmes potentiels ainsi que la difficulté à prendre du recul sur un monde en mouvement se conjuguent pour en faire des épreuves déterminantes et très discriminantes. Ce livre ne prétend évidemment pas à l'exhaustivité, mais il souhaite apporter des grilles de compréhension pour mieux saisir les événements qui se jouent sous nos yeux.

Comment ce livre est-il organisé ?

Ce livre vous propose un parcours de l'actualité 2018. Il part d'un constat simple ; l'actualité peut effrayer, tant elle est parfois nauséabonde. Néanmoins, le monde peut être plus réjouissant qu'il n'y paraît et il n'est pas interdit de rêver d'un monde meilleur.

Première partie : Un monde sous tensions

Le monde est d'abord marqué par l'omniprésence de la guerre, ce qui donne à l'actualité une coloration souvent négative. La récurrence du terrorisme, la multiplication des guerres civiles ou le retour des ambitions nucléaires se heurtent à l'impuissance de la gouvernance internationale. Toutes les sociétés sont divisées par des risques d'éclatement qui menacent les équilibres politiques. La carte du monde est en perpétuelle recomposition.

Deuxième partie : Des sociétés divisées

Les divisions se jouent également à l'échelle des sociétés. Le creusement des inégalités constitue un risque de délitement social et met à mal l'idéal de solidarité. L'ampleur des migrations et la fermeture des sociétés occidentales en sont les révélateurs. Le vivre-ensemble est en crise à des échelles et des degrés divers et les sociétés sont de plus en plus éclatées entre des groupes sociaux qui peinent à se comprendre et à cohabiter.

Troisième partie : Vers un monde plus démocratique

Néanmoins, la démocratie progresse dans certains espaces de la planète. Des espoirs de changement naissent en Arabie saoudite, au Brésil ou en Afrique du Sud notamment – même si l'histoire n'est pas linéaire et se traduit parfois par des retours en arrière. Ailleurs, dans certains États, les libertés individuelles sont en danger. L'affermissement des régimes illibéraux pourrait même remettre en cause la démocratie. Des régimes despotiques se renforcent de la Chine à la Turquie et le populisme prend place au sein même des démocraties historiques.

Quatrième partie : Un monde qui se libéralise

Rien ne semble pouvoir arrêter le triomphe du libre-échange dans le sillage de la mondialisation. Les velléités protectionnistes du président des États-Unis se traduisent, certes, par une guerre commerciale, mais le néolibéralisme s'est imposé dans une grande partie du monde. Malgré le recul de l'État, les citoyens gagnent de nouveaux droits. L'année 2018 a été celle des femmes, même si de gros progrès restent à accomplir, notamment en Inde.

Cinquième partie : Les progrès de la protection de l'environnement

La protection de l'environnement s'amorce grâce aux accords internationaux, mais surtout à la mobilisation des citoyens. Les énergies fossiles concentrent les critiques en raison du réchauffement climatique et des conséquences sanitaires de la pollution. La menace lourde pesant sur la biodiversité devient un objet de préoccupation majeure. L'homme aspire à une meilleure cohabitation avec le monde animal.

Sixième partie : Un autre monde, celui de demain

En attendant un monde meilleur, les divertissements sont de mieux en mieux partagés, en témoigne notamment le succès de la Coupe du monde de football organisé en Russie. Si la culture demeure un objet de divisions et de tensions géopolitiques, elle se démocratise grâce à la révolution numérique. Les savoirs progressent, en même temps que la science et la médecine. L'homme se trouvera alors peut-être bientôt confronté à une des questions les plus existentielles qui soit, la découverte d'une autre vie dans l'univers ou du moins d'une autre planète habitable.

Septième partie : La partie des Dix

De manière beaucoup plus ludique, la partie des Dix clôt ce parcours en revenant tout d'abord sur dix gaffes diplomatiques qui auraient pu faire sauter le monde, avant de terminer sur dix inventions qui peuvent le révolutionner.

Les icônes utilisées dans ce livre

Tout au long de cet ouvrage, les icônes placées dans la marge attireront votre attention. L'auteur vous accompagne ainsi dans votre lecture...

Le saviez-vous

Des précisions sur un aspect du sujet traité ou un exemple issu de la culture générale afin de vous éclairer.

L'essentiel

Un jalon est posé : une information importante, une synthèse, des chiffres s'imposent.

À méditer

Faisons ensemble un peu de prospective. Et profitez de ce questionnement pour amorcer une réflexion personnelle.

Attention

Arrêtez-vous un instant ! La réalité est complexe – et même parfois trompeuse ou paradoxale. Évitez l'amalgame, les idées toutes faites, le contresens...

Par où commencer ?

Chacune des fiches composant l'ouvrage est autonome et porte une réflexion qui lui est propre sur un sujet précis. Vous trouverez néanmoins aisément des constantes dans ces analyses de l'actualité. L'organisation d'ensemble est porteuse de sens, mais il vous est tout à fait possible de commencer la lecture là où vous le souhaitez.

PARTIE 1
UN MONDE SOUS TENSIONS

DANS CETTE PARTIE…

L'actualité est souvent associée à une image négative, celle d'un monde en perpétuelle guerre, traversé par de nombreuses tensions qui divisent les hommes. Héraclite présentait déjà la guerre comme « la mère de toutes choses » au VIe siècle avant J.-C. Quatre siècles plus tard, Plaute décrivait l'homme comme « un loup pour l'homme », formule que l'on associe souvent au philosophe anglais Thomas Hobbes (1588-1679). La fréquentation de la presse ne permet pas d'infirmer ces constats anciens.

Le monde qui nous entoure est marqué par l'omniprésence des tensions. Celles-ci se manifestent d'abord sous la forme d'une violence généralisée dans les relations internationales. Les conflits sont récurrents dans certaines parties du monde, notamment le Moyen-Orient et le continent africain. La sécurité internationale est directement remise en cause par les nombreux actes terroristes perpétrés dans le monde depuis 2001. Le retour des ambitions nucléaires, pourtant traditionnellement associées à la guerre froide, menace la paix dans le monde. Pour maintenir l'ordre, les institutions internationales semblent impuissantes, ce qui alimente une peur diffuse chez les populations mondiales.

La mondialisation devait pourtant mettre fin aux tensions, portant en elle un idéal d'universalité. Néanmoins, en réaction à la globalisation des échanges, des risques d'éclatement apparaissent partout dans le monde. En Europe, les tentations indépendantistes sont fortes pour de nombreuses régions. La multiplication des zones grises dans le monde manifeste également cette tendance centrifuge.

Chapitre 1

La permanence de la guerre

DANS CE CHAPITRE :

- **Les menaces nucléaires dans le monde**
- **Le terrorisme**
- **Les risques de déstabilisation**

Alors que la Première Guerre mondiale devait être la dernière, que la Seconde Guerre mondiale avait repoussé les limites de la guerre à son paroxysme et que la guerre froide semblait marquer la *fin de l'histoire*, la guerre n'a jamais été aussi présente dans le monde. Certes, elle a changé de forme et ses bilans ne sont en rien comparables avec ceux des guerres mondiales, mais elle semble aujourd'hui devenue permanente. L'hyperpuissance américaine devait pourtant permettre aux États-Unis de s'imposer comme « le gendarme du monde » après 1991 afin d'instaurer « un nouvel ordre mondial ».

Si la guerre du Golfe (1990-1991) pouvait encore entretenir cette illusion, les guerres d'Afghanistan (à partir de 2001), puis d'Irak (à partir de 2003) ont révélé l'impossibilité d'imposer la paix dans le monde par la force. L'omniprésence du terrorisme rappelle au contraire à quel point la menace est mondiale. Le retour des ambitions nucléaires vient encore renforcer la crainte du déclenchement d'une nouvelle guerre globale. La complexité des alliances, en particulier au Moyen-Orient, complique un peu plus la donne.

C'est donc un monde profondément déstabilisé qui se présente à nous. La paix semble plus que jamais n'être qu'« un rêve suspendu » selon les termes de Kofi Annan, alors secrétaire général de l'ONU, quelques jours après les attentats du 11 septembre 2001.

Fiche 1 : La guerre en Syrie, un affrontement par pays interposé

En mars 2011, galvanisés par les succès tunisiens et égyptiens, des manifestants syriens réclamaient le départ du pouvoir de Bachar el-Assad. Aux cris de *Allah, Souria, Horiya wa bass* (« Dieu, la Syrie, la liberté et c'est tout »), détournant la devise du régime *Allah, Souria, Bachar wa bass* (« Dieu, la Syrie, Bachar et c'est tout »), les rebelles espéraient une victoire rapide lors de ce printemps arabe. Huit ans plus tard, la guerre sévit toujours, 350 000 personnes sont mortes, le conflit a pris une dimension internationale et Bachar el-Assad dirige toujours un pays exsangue et en grande partie détruit.

Un gouvernement contesté, soutenu par la Russie

Au pouvoir depuis 2000, à la suite de son père Hafez el-Assad, Bachar el-Assad est accusé de favoriser son clan aux postes de responsabilité et de marginaliser volontairement la population sunnite. Entre 2011 et 2015, le régime tente de mettre fin aux manifestations par des méthodes brutales ; les rebelles sont réprimés par les forces du régime afin, par exemple, de les empêcher de rejoindre la place des Abbassides au centre de Damas pour éviter qu'elle ne devienne un lieu symbolique de rassemblement pour les contestataires.

Plusieurs massacres sont perpétrés dans le pays et les premiers quartiers sont assiégés par le gouvernement qui entend ainsi reprendre le contrôle du pays. En 2013, le conflit prend de l'ampleur avec l'utilisation des armes chimiques dans la périphérie de Damas. Les vidéos tournées par les secouristes révèlent des dizaines de corps d'enfants gazés dans leur sommeil, même si un bilan précis de ce massacre est très difficile à établir.

Après ce recours à des armes interdites par les conventions internationales, les Occidentaux préparent une intervention militaire, mais le président américain Barack Obama renonce à la dernière minute face au refus du congrès. Le régime poursuit donc sa stratégie de reconquête des quartiers rebelles par le recours à la force.

L'essentiel

Cette stratégie devient beaucoup plus massive à partir de 2015 après le soutien militaire de la Russie qui offre au régime de Bachar el-Assad un puissant appui aérien et des conseillers militaires au sol issus des forces spéciales. Le régime reprend alors le bastion symbolique d'Alep, fief des insurgés au nord de la Syrie, fin 2016. Le berceau de la révolution, la Goutha, région fertile à l'est de Damas, tombe, quant à elle, en 2018.

Le saviez-vous

UN DROIT DE LA GUERRE SOUVENT BAFOUÉ

Depuis l'Antiquité, les États en guerre établissent des règles pour garantir le bon fonctionnement du combat. Au XXe siècle, les guerres mondiales contribuent à la fois aux dérives de l'anéantissement et au progrès du droit de la guerre par les conventions de Genève notamment. Après la guerre du Golfe, la communauté internationale imagine, en 1997, la Convention sur l'interdiction des armes chimiques (CIAC). De même, à la suite du siège de Sarajevo, cette technique de combat ancestral qui consiste à encercler les villes devient un « crime contre l'humanité » selon le Tribunal pénal international. Pourtant, les armes chimiques ont été utilisées à deux reprises en Syrie et le siège demeure le principal moyen utilisé par les armées russes et syriennes pour faire tomber les bastions rebelles.

Les Occidentaux privilégient le processus politique

L'intervention russe fait craindre un risque de guerre mondiale, ce qui conduit les Occidentaux à la retenue en privilégiant le processus politique. Échaudés par l'échec de la réorganisation politique de la Libye à la suite de la chute de Mouammar Kadhafi en octobre 2011, ils se refusent à une intervention militaire directe pour chasser du pouvoir Bachar el-Assad alors que, parmi ses opposants, figurent des organisations terroristes. Les situations en Afghanistan ou en Irak conduisent également à la prudence puisque les interventions de 2001 et 2003 ont conduit ces deux États au chaos.

Les Occidentaux privilégient donc une action diplomatique, par des résolutions présentées au Conseil de sécurité de l'ONU. Ils essayent également de restaurer le dialogue politique entre les différentes parties syriennes et les acteurs internationaux. La Russie cherche, quant à elle, à faire échouer ce processus politique en opposant systématiquement son veto.

Attention

Néanmoins, de peur d'apparaître impuissants, les États-Unis, la France et le Royaume-Uni ont lancé conjointement des frappes aériennes en avril 2018, pour dénoncer un nouveau recours à des armes chimiques. Les Occidentaux souhaitent redonner de la crédibilité à la communauté internationale par cette démonstration de force. Ils veulent éviter que le gazage des populations civiles ne s'impose comme une manière courante de réprimer les rébellions. Ils cherchent également à faire basculer Vladimir Poutine en l'isolant diplomatiquement puisque c'est le soutien de la Russie qui permet au gouvernement de Bachar el-Assad de se maintenir au pouvoir.

LA FRANCE EN PREMIÈRE LIGNE DANS SON ANCIEN MANDAT

Le saviez-vous

La France est très présente dans le règlement du conflit syrien en raison de l'histoire commune entre les deux pays. De 1920 à 1946, elle avait reçu la charge d'administrer la Syrie par un mandat de la Société des Nations (SdN), l'ancêtre de l'ONU, afin d'accompagner la reconstruction politique syrienne après la chute de l'Empire ottoman. En 2013, déjà, François Hollande était prêt à intervenir aux côtés de Barack Obama. Cinq ans plus tard, l'armée française a participé à l'opération aérienne contre des usines chimiques syriennes. Diplomatiquement, la France est également très active en proposant différentes résolutions pour faire progresser la cause humanitaire et le règlement politique du conflit.

Fiche 2 : La fin de la menace nucléaire en Corée du Nord ?

Outre le conflit syrien, la situation en Corée est très présente dans les médias. Alors que le monde était au bord de la guerre nucléaire en 2017, le changement de ton utilisé par le dictateur nord-coréen Kim Jong-un depuis janvier 2018 fait espérer un retour de la paix dans la péninsule coréenne. Le temps des invectives entre Donald Trump et « Rocket Man », le surnom qu'il donnait alors à Kim Jong-un, semble bien révolu.

Les Kim, une dictature nucléarisée

Son père et son grand-père avant lui en avaient rêvé ; il l'a fait. Kim Jong-un a permis à la Corée du Nord d'intégrer le club très fermé des puissances nucléaires. Le 3 septembre 2017, la Corée du Nord procédait au plus puissant essai nucléaire de son histoire et probablement au premier pour une bombe à hydrogène (le sixième si l'on inclut bombe atomique et à hydrogène). Cette démonstration de puissance achevait une année très fructueuse pour la Corée après quatre essais de missiles balistiques intercontinentaux. La Corée du Nord annonçait ainsi au monde être capable de lancer une bombe nucléaire à plus de 5 600 km de la péninsule.

Après son accession au pouvoir en 2011, à la suite de la mort soudaine de son père Kim Jong-il, qui avait lui-même succédé à son propre père, Kim Il-sung, fondateur de la dynastie, Kim Jong-un a passé les premières années de son pouvoir à installer son autorité en éliminant toute dissidence potentielle au sein de son parti et, en particulier, à l'intérieur de sa famille. Le jeune dictateur a ensuite endossé le costume de chef de guerre pour assurer le rayonnement de son pays en poursuivant la stratégie lancée il y a plus de vingt ans par sa famille.

L'essentiel

C'est l'affrontement avec les États-Unis qui a permis à Kim Jong-un de se faire un nom sur la scène internationale. Le 2 janvier 2018, le président des États-Unis, Donald Trump, affirmait ainsi sur le réseau social Twitter : « Moi aussi j'ai un bouton nucléaire, mais il est beaucoup plus gros et plus puissant que le sien, et il fonctionne ! »

Le saviez-vous ? LES ÉTATS NUCLÉARISÉS, UN CLUB TRÈS SELECT

L'arme nucléaire semblait appartenir au passé depuis la fin de la guerre froide et plus encore depuis le 11 septembre 2001, face à son impuissance dans la lutte contre le terrorisme. Elle est néanmoins toujours présente au travers des crises coréennes et iraniennes. Le premier essai de l'arme nucléaire remonte au 16 juillet 1945, la veille de l'ouverture de la conférence de Potsdam. Elle n'a été utilisée qu'à deux reprises en conditions réelles, les 6 et 9 août 1945, sur les villes d'Hiroshima et de Nagasaki. Outre les États-Unis, première puissance nucléaire, la Russie dispose de l'arme à partir de 1949. Les cinq membres du Conseil de sécurité de l'ONU (États-Unis, Russie, France, Chine et Royaume-Uni) contrôlent la bombe à hydrogène, dite bombe H. Malgré la lutte contre la prolifération nucléaire, d'autres pays contrôlent la bombe atomique, dite bombe A, comme l'Inde, le Pakistan ou Israël.

Les espoirs de paix par le dialogue intercoréen

Depuis janvier 2018, la stratégie de communication de Kim Jong-un a radicalement changé. Il appelle désormais à la paix entre les deux Corées et a suspendu officiellement ses programmes nucléaires et balistiques.

En 2018, les rencontres diplomatiques se sont multipliées entre la Corée du Nord et ses ennemis d'hier. Le dictateur nord-coréen a pu ainsi rencontrer successivement le secrétaire d'État américain, Mike Pompeo, le président de Corée du Sud, Moon Jae-in et Donald Trump lui-même.

Présenté comme historique, le sommet du 12 avril organisé à Singapour s'est achevé par la signature d'une déclaration commune, prévoyant une dénucléarisation rapide de la péninsule. Cette rencontre consacre l'espoir de la fin d'un conflit hérité de la guerre froide entre les deux Corées (1950-1953), jusqu'alors suspendu par un simple armistice.

Les signes d'apaisement se sont multipliés. Sous l'égide de la Croix-Rouge, des familles séparées par la frontière depuis plusieurs décennies ont pu se retrouver le temps d'un repas, avant que les deux pays n'annoncent une candidature commune pour les JO de 2032. Lors de la grande parade célébrant les 70 ans du régime, les missiles intercontinentaux n'ont pas participé au défilé. La Corée du Nord a par ailleurs cédé à une revendication de longue date des États-Unis en expédiant par avion les dépouilles des soldats américains tués lors de la guerre de Corée.

Le président sud-coréen, Moon Jae-in, s'est mué en ambassadeur de la Corée du Nord auprès des démocraties occidentales. Il tente d'obtenir un assouplissement des sanctions pesant sur le Nord de la péninsule en contrepartie d'engagements concrets de la part de son voisin dans le démantèlement de sa filière nucléaire. Cette tâche extrêmement délicate paraît tout autant audacieuse que naïve pour les observateurs étrangers.

Attention

En effet, aucune date n'a été fixée pour la dénucléarisation. La Corée du Nord s'est engagée dans la voie du démantèlement de son arsenal, sans pour autant déterminer un calendrier précis. La population de Corée du Nord est maintenue à l'écart de ces tractations. La paix peut donc sembler proche, mais les négociations ne font que débuter. L'emballement médiatique de 2018 en faveur de la paix est le pendant de celui de 2017 face à la menace. Jusqu'à maintenant, aucun pays n'a encore accepté de renoncer unilatéralement à l'arme nucléaire.

Le saviez-vous

UN NOBEL POUR DONALD TRUMP ?

La question paraît incongrue tant le président américain ne semble pas correspondre au profil type des récipiendaires du prix Nobel de la paix. L'actuel président des États-Unis ne s'est en effet pas illustré par un sens aiguisé de la mesure ni par une volonté permanente de privilégier les solutions diplomatiques à la guerre. Il est présenté comme impulsif, déséquilibré et incapable de prendre le moindre recul sur son action par les journalistes qui ont eu accès à lui, parmi lesquels le très respecté Bob Woodward, auteur de *Fear : Trump in the White House*, sorti en septembre 2018. Néanmoins, ses partisans ont scandé au cours d'une réunion publique dans le Michigan « Nobel, Nobel ». Les avancées sur la paix en Corée font imaginer aux supporteurs de Trump la possibilité pour lui de recevoir ce prix prestigieux. Plusieurs élus républicains ont déposé une candidature officielle auprès de l'institut norvégien. En 2009, Barack Obama avait reçu le prix Nobel de la paix à la suite d'un discours à Prague dans lequel il annonçait rêver d'un monde dénucléarisé. Les espoirs semblent donc permis...

Fiche 3 : La relance du nucléaire en Iran ?

La situation iranienne offre des similitudes avec la Corée : le cadre global d'une négociation internationale pour la dénucléarisation. Cependant, l'Iran a une influence régionale et mondiale beaucoup plus grande. Le précédent coréen peut paradoxalement relancer le processus de nucléarisation en Iran puisque les États-Unis ne sont pour le moment jamais intervenus envers un État qui s'est doté de l'arme nucléaire contre leur gré ; au contraire, la bombe semble être un bon moyen pour négocier avec eux. La sortie de la première puissance mondiale de l'accord sur le nucléaire iranien était perçue par les diplomates américains comme un moyen de faire plier l'Iran par la manière forte ; il pourrait se traduire par une relance du programme nucléaire dans une région déjà instable.

Le saviez-vous

CALIFE À LA PLACE DU CALIFE

Si du vivant de Mahomet, la communauté musulmane est unie pour former la *umma*, elle se divise, à peine vingt-cinq ans après la mort du prophète, en trois groupes en raison de désaccords sur le choix du calife. Pour les sunnites, gardiens de la tradition (*sunna*), le calife doit être élu parmi les membres de la tribu de Mahomet. Les chiites, quant à eux, souhaitent réserver la direction de la communauté aux membres de la famille du prophète. Pour les troisièmes, les kharéjites, le calife doit être le plus digne et le plus pieux des musulmans, quelle que soit son origine. Aujourd'hui, près de 90 % des musulmans sont sunnites. Les chiites forment une minorité peu nombreuse, mais concentrée essentiellement en Iran, où ils représentent 90 % de la population. Quant aux kharéjites, ils sont environ 2 millions, essentiellement en Afrique du Nord.

Une volonté d'ouverture

Depuis 2013, l'Iran connaît un processus d'ouverture qui s'est matérialisé par un accord conclu en juillet 2015, prévoyant la levée des sanctions occidentales contre l'arrêt du programme nucléaire militaire. Héritier de l'Empire perse, ce vaste État chiite dans un environnement à majorité sunnite s'est marginalisé à la suite de la révolution islamique de 1979 et de la guerre Iran-Irak (1980-1988). L'accord de 2015 constitue un espoir de relance économique et de normalisation diplomatique.

À la mort de l'ayatollah Khomeiny en 1989, le pays est sclérosé et coupé du monde par les sanctions internationales. Les États-Unis accusent déjà l'Iran de développer un programme nucléaire à vocation militaire sous couvert d'une finalité civile et soumettent le pays à un blocus économique.

Entre 2005 et 2013, le président Ahmadinejad accélère le développement du programme nucléaire. Il se présente comme le successeur du guide de la révolution et durcit les relations avec les Occidentaux. Il empêche notamment les enquêtes des ingénieurs envoyés par l'Organisation internationale de l'énergie atomique (OIEA). Antisioniste radical, il souhaite « faire disparaître de la page du temps » l'État d'Israël.

Le président Ahmadinejad est écarté du pouvoir en 2013 et remplacé par un modéré, Hassan Rohani, qui négocie avec les Occidentaux et obtient l'accord de juillet 2015 avec les États-Unis, la Chine, la Russie, le Royaume-Uni, la France et l'Allemagne : le plan d'action conjoint sur le nucléaire iranien ou *Joint Comprehensive Plan of Action* (JCPOA). Ce texte garantit un contrôle international sur le programme d'enrichissement d'uranium iranien en échange de la levée des sanctions économiques.

L'essentiel

L'Iran commençait alors à s'ouvrir à la mondialisation et pouvait espérer un développement économique grâce au commerce et au tourisme. Ce pays très vaste est peuplé de 82 millions d'habitants et doté de richesses nombreuses. Il pouvait ainsi espérer retrouver une position de carrefour commercial, de puissance agricole et exporter ses hydrocarbures.

À méditer

DAMASCUS TIME, UN FILM TRÈS AMÉRICAIN

La République islamique d'Iran a mis les moyens pour réaliser le film *Damascus Time*, digne des studios hollywoodiens. Deuxième position du box-office iranien en 2018, ce blockbuster du réalisateur Ebrahim Hatamikia, raconte l'histoire de deux pilotes iraniens, père et fils, qui cherchent à sauver des civils face à un siège des combattants de l'organisation État islamique. Véritable œuvre de propagande en faveur de l'engagement de l'Iran en Syrie, ce film s'achève par le sacrifice du fils qui était pourtant, au début du film, sceptique sur l'importance de cet engagement si loin de son pays. En reprenant les codes du cinéma d'action américain, ce film a une portée politique évidente.

La fin de l'accord ?

La décision unilatérale des États-Unis de sortir de cet accord international fait craindre le retour des tensions au Moyen-Orient. Cette prise de position a été condamnée de manière très vive par l'Iran, par ses partenaires occidentaux, ou encore par l'ancien président Barack Obama qui avait obtenu l'accord.

Donald Trump, soutenu par Israël, dénonce, depuis le début de son mandat, cet accord comme « un désastre » ou encore comme « le pire accord jamais conclu ». Il lui reproche notamment sa durée (l'accord n'est obtenu que pour dix ans) et surtout la possibilité pour l'Iran de poursuivre ses opérations militaires en Syrie, en Irak ou encore au Yémen. Selon Trump, cette ouverture économique risque d'enrichir l'Iran et donc de renforcer sa capacité militaire.

Il entend renégocier les contreparties obtenues en 2015 pour obtenir la paix au Moyen-Orient. Son objectif est surtout d'affaiblir l'Iran pour faire tomber le régime iranien ; cette position est également défendue par l'Arabie saoudite ou Israël. L'administration Trump a rétabli les sanctions contre l'Iran et menace de représailles toute entreprise internationale ou tout État qui entretiendrait des relations commerciales avec Téhéran. Le pays s'enfonce dans la crise et les manifestations d'antiaméricanisme sont de retour.

Attention

Si l'accord devient obsolète, l'Iran pourrait alors relancer son programme nucléaire et mettre fin au contrôle des autorités internationales ; le ministre iranien des Affaires étrangères appelle même à sortir du traité de non-prolifération des armes nucléaires (TNP). La suspension de l'accord pourrait également provoquer un regain de tension entre Israël et l'Iran, soit frontalement ou indirectement au travers d'un affrontement en Syrie. Si la négociation brutale de Trump face à la situation coréenne semble permettre certaines avancées, au Moyen-Orient, cette même stratégie paraît très risquée.

Fiche 4 : Israël/Palestine, une guerre sans fin

Donald Trump qualifie le conflit israélo-palestinien de « guerre qui n'en finit jamais » et dit vouloir obtenir « l'accord ultime » pour mettre fin au conflit. Si la promesse du président américain peut sembler dangereuse étant donné sa propension à attiser des situations internationales délicates, le constat paraît juste. Depuis 1948 et la création de l'État d'Israël, la guerre est permanente entre l'État hébreu et les Palestiniens soutenus par les pays arabes voisins.

Jérusalem, capitale de l'État hébreu ?

En décembre 2017, les États-Unis ont décidé unilatéralement de reconnaître Jérusalem comme capitale de l'État d'Israël. Le transfert officiel de l'ambassade a eu lieu le 14 mai 2018, pour coïncider avec le 70e anniversaire de la proclamation de l'État d'Israël. Cette décision a été saluée par l'État hébreu qui, depuis 1949, considère Jérusalem comme sa capitale. La communauté internationale a cependant majoritairement dénoncé cette décision ; seuls quelques États se sont alignés sur les États-Unis comme le Guatemala, le Paraguay, ou le Brésil.

Pour la plupart des pays du monde, Tel-Aviv est la capitale de l'État d'Israël alors que les institutions de l'État hébreu n'y sont pas. Selon le plan de partage de l'ONU de 1947 (résolution 181), l'ancien mandat de Palestine devait être divisé en trois entités : un État à majorité juive, un État arabe et une zone sous contrôle international, Jérusalem. Après la guerre de 1948 entre Israël et les pays arabes, Jérusalem se retrouve divisée entre une zone arabe et une autre israélienne. Malgré les protestations de l'ONU qui réaffirme le statut international de la ville, Israël en fait sa capitale.

En 1967, lors de la guerre des Six-Jours, Israël prend le contrôle de l'intégralité de Jérusalem. La ville est alors décrétée « capitale éternelle et indivisible d'Israël et du peuple juif ». Du fait de ce changement de souveraineté sur la ville et du non-respect du plan de partage initial, l'ONU invite les États du monde à ne pas reconnaître Jérusalem comme capitale de l'État d'Israël.

L'essentiel

Les Palestiniens revendiquent toujours la partie est de Jérusalem, majoritairement peuplée d'Arabes, malgré la politique de colonisation israélienne. Ils espèrent installer la capitale de leur éventuel futur État dans cette ville, même si ce dessein semble aujourd'hui plus que compromis.

L'impossible « solution à deux États »

La décision américaine souligne à quel point la solution à deux États paraît aujourd'hui inenvisageable. Cette cause avait pourtant connu un progrès notable en 2012 lorsque la Palestine était devenue un État observateur à l'ONU. Ce statut intermédiaire devait constituer une nouvelle marche vers la reconnaissance de l'État palestinien. 138 États s'étaient alors engagés en faveur de cette cause. Rares sont ceux qui y croient encore, 26 ans après les accords d'Oslo qui fixaient les étapes vers un État palestinien.

La solution à deux États risque bien d'être remplacée à terme par une réalité à un État israélien dans lequel vivent des citoyens de seconde zone sous un régime d'occupation. Les Arabes israéliens subissent déjà des discriminations, encore accrues depuis le vote d'une nouvelle loi fondamentale en août 2018, définissant Israël comme « État-nation du peuple juif ». Ce texte constitutionnel permet d'interdire certaines localités aux communautés non juives. L'hébreu devient la seule langue officielle de l'État d'Israël alors que la langue arabe n'est plus qu'une « langue spécifique ».

La poursuite de la colonisation israélienne à Jérusalem ou en Cisjordanie complique encore un peu plus la délimitation des frontières d'Israël. Depuis 1967 et la fin de la guerre des Six Jours, des ressortissants israéliens aménagent des quartiers en territoires palestiniens. Près de 400 000 colons peuplent ces territoires. Que cette colonisation soit orchestrée directement par l'État d'Israël ou bien qu'elle en soit complice avec une politique de protection des ressortissants israéliens par des soldats de Tsahal, elle complique en tout cas l'idée d'un règlement à deux États.

À méditer

UNE ENTRÉE EN GUERRE FACILITÉE POUR ISRAËL

Craignant un regain de tensions dans la région alors que le pays commémore ses 70 ans, le parlement israélien a voté une loi permettant un déclenchement facilité de la guerre. Au nom de l'efficacité, la Knesset accorde le droit au Premier ministre et au ministre de la Défense de déclencher une guerre, sans concertation avec le reste du gouvernement en cas de « conditions extrêmes ». Cet amendement, qui contourne le principe selon lequel la majorité du gouvernement doit décider de la guerre en Israël, montre bien que cette éventualité est prise très au sérieux dans le contexte actuel.

L'essentiel

La construction du mur de sécurité depuis 2002, qui doit atteindre à terme 700 km entre le territoire israélien et la Cisjordanie, est un autre symbole de cette complexité des frontières israéliennes. 8,5 % du territoire palestinien se trouvent côté israélien du mur. Ce mur de sécurité ne reprend que très partiellement le tracé de « la ligne verte », la frontière prévue par l'ONU en 1949 après la guerre israélo-arabe.

« Les marches du retour » des Palestiniens

Au printemps 2018, les Palestiniens ont engagé une série de manifestations pour attirer les regards de l'opinion publique internationale, désormais focalisés sur d'autres conflits. Chaque vendredi, entre le 30 mars et le 15 mai 2018, des milliers de manifestants sont venus défier l'armée israélienne aux frontières de la bande de Gaza pour revendiquer le droit de retourner sur les terres dont ils ont été chassés depuis l'installation de l'État d'Israël en 1948. Le mouvement s'est achevé le 15 mai 2018, jour anniversaire de la « Nakba » (« catastrophe » pour les Palestiniens) qui marque le déplacement de 900 000 Palestiniens au moment de la création du nouvel État.

Plusieurs dizaines de Gazaouis ont été tuées lors de ces manifestations par les snipers israéliens et plusieurs milliers de manifestants ont été blessés par balles. Israël accuse le Hamas, mouvement islamiste palestinien qui domine Gaza, d'instrumentaliser les manifestants pour avoir le soutien de l'opinion publique internationale face à la répression. La communauté internationale dénonce la disproportion de la réponse israélienne utilisant des tirs à balles réelles contre des manifestants sans armes.

Cette grande marche du retour vise à dénoncer les conditions de vie des Palestiniens tout en défendant leurs droits sur la terre. 1 800 000 personnes vivent sous un régime de blocus depuis 2007. Le taux de chômage est supérieur à 50 %. Les salaires des fonctionnaires ne sont plus versés. Et la situation humanitaire se dégrade notamment depuis la décision des États-Unis de supprimer l'aide accordée à l'Office de secours et de travaux des Nations unies pour les réfugiés de Palestine dans le Proche-Orient (UNRWA). Le désespoir règne plus que jamais parmi les Gazaouis.

Fiche 5 : D'autres conflits se poursuivent dans l'indifférence générale

À l'instar de la situation à Gaza, de multiples guerres tuent en silence, dans l'indifférence de la communauté internationale. Ces conflits à huis clos touchent de nombreux espaces de la planète, principalement, au Moyen-Orient (Irak, Afghanistan, Yémen...) ou en Afrique (Sahel, Congo, Soudan du Sud...); on les trouve également en Asie (Birmanie), voire en Europe (Ukraine). Ce sont le plus souvent des guerres civiles même si leurs enjeux sont internationaux. Les situations en Afghanistan ou au Yémen permettent de mieux comprendre ces affrontements qui illustrent parfaitement la permanence de la guerre dans le monde actuel.

À méditer

LES ENFANTS, VICTIMES PAR MILLIONS DES CONFLITS

L'ONG Save the Children alerte, dans son rapport annuel « La Guerre faite aux enfants », sur les conditions de vie des mineurs dans les pays en guerre. Seize millions d'enfants vivent sous la menace d'une guerre. Les bombardements d'hôpitaux et d'écoles ou l'utilisation d'armes chimiques en font des victimes collatérales de ces conflits. Des dizaines de milliers de mineurs ont été tués ou blessés à la guerre l'année dernière. Les pays les plus touchés sont l'Afghanistan, la Syrie et le Yémen, principalement en raison des bombardements.

L'Afghanistan, toujours en guerre

« C'est au printemps que l'on sait comment le reste de l'année va se dérouler », dit un proverbe afghan; le printemps a été une nouvelle fois très meurtrier en Afghanistan. Le 30 avril 2018, un double attentat tue plusieurs dizaines de personnes à Kaboul, dont neuf journalistes. Pourtant coutumiers de ce genre d'attaques – une dizaine sur les quatre premiers mois de 2018 –, ces neuf journalistes ont été victimes d'un deuxième attentat-suicide commis par un kamikaze qui s'était glissé parmi eux, caméra au poing. La médiatisation de cet événement a rappelé que le pays demeure en guerre permanente depuis 2001.

Alors que l'Afghanistan sert de refuge à al-Qaïda, les États-Unis de George Bush décident de lancer une opération militaire à la tête d'une coalition internationale, afin de renverser le régime des talibans. Ils installent au pouvoir le Pachtoun Ahmid Karzaï, mais celui-ci ne parvient pas à imposer son autorité sur l'État. Accusé de corruption et largement soumis au contrôle des anciens chefs de guerre, le président ne peut empêcher le retour des talibans. Depuis 2014, l'universitaire et ancien haut fonctionnaire international Ashraf Ghani lui succède après sa victoire aux élections présidentielles; mais son crédit politique reste faible alors que son accession au pouvoir coïncide avec le retrait des troupes de l'OTAN.

L'Afghanistan vit désormais sous la menace permanente des attentats perpétrés par les talibans ou l'organisation État islamique (EI). Ces violences à répétition reflètent l'incapacité de l'État à installer son autorité sur le pays.

L'essentiel

Malgré la victoire internationale rapide du début des années 2000, conséquence de la dissymétrie des moyens militaires, la guerre en Afghanistan illustre la difficulté pour une puissance étrangère d'occuper un État et de se faire accepter par la population.

Le saviez-vous

UNE NOUVELLE GUERRE DE L'OPIUM

Selon l'Office des Nations unies contre la drogue et le crime (ONUDC), la production d'opium a progressé de près de 87 % en 2017. L'extension de la culture du pavot est une des conséquences de l'incapacité des autorités afghanes d'assurer le contrôle de l'État. L'Afghanistan a ainsi produit près de 9 000 tonnes de pavot en 2017 contre 4 800 tonnes l'année précédente, soit plus de la moitié de la production mondiale. Les cultures de pavot progressent à mesure que l'État recule. Selon l'ONU, la drogue en Afghanistan représente plus de 65 % du PIB en 2017.

La guerre civile yéménite

À partir de 2004, la minorité chiite concentrée au nord du Yémen, dans le gouvernorat de Saada, à la frontière avec l'Arabie saoudite, déclenche les hostilités avec le gouvernement central. Les chiites s'estiment en effet marginalisés dans un pays majoritairement sunnite. La police réprime cette contestation et tue son leader, Hussein Badreddine al-Houthi, qui donne son nom aux rebelles, les houthistes. Le conflit prend très vite une dimension internationale; l'Iran soutient les rebelles alors que l'Arabie saoudite effectue des frappes aériennes contre les manifestants.

Le printemps arabe vient compliquer la situation. Le président Ali Abdallah Saleh quitte le pouvoir en 2012 et se réfugie en Arabie saoudite après le bombardement du palais présidentiel. Son vice-président Abd Rabbo Mansour Hadi remporte les élections et prend la tête de la République du

Yémen. Il reçoit le soutien du Conseil de coopération du golfe (CCG), une coalition de monarchies arabes dominée par l'Arabie saoudite. Le nouveau gouvernement prévoit de transformer le pays en un État fédéral composé de six provinces, mais les rebelles houthistes refusent le découpage proposé et reprennent l'offensive.

En septembre 2014, ils entrent dans la capitale, Sanaa ; quelques mois plus tard, ils assiègent le palais présidentiel. Face à cette avancée des rebelles, l'Arabie saoudite bombarde les positions rebelles. Le Yémen devient dès lors le terrain d'une guerre menée par procuration entre l'Arabie saoudite sunnite et l'Iran chiite. Le pays est désormais profondément fragmenté entre de nombreuses factions qui poursuivent la guerre sans avoir les moyens de la gagner.

L'essentiel

Cette guerre civile a causé la mort de plus de 10000 personnes entre mars 2015 et août 2016, selon une estimation des Nations unies. La plupart sont des civils, victimes des bombardements de la coalition. Depuis, les exactions se poursuivent et les épidémies, notamment de choléra, tuent massivement. Le pays s'est enlisé dans le chaos et traverse une profonde crise humanitaire. Le risque de famine est grand dans cette région déstabilisée alors que plus de vingt millions d'habitants dépendent de l'aide alimentaire.

Le saviez-vous

UN SALEH PEUT EN CACHER UN AUTRE

Le président du Yémen de 1978 à 2012, Ali Abdallah Saleh a dû quitter le pouvoir face à l'ampleur des manifestations. Mais il ne s'est pas pour autant résigné à renoncer à son autorité puisqu'il a choisi de soutenir les rebelles houthistes en 2015 afin de reprendre le pouvoir malgré leur opposition passée. Face à l'enlisement de la rébellion, il a décidé une nouvelle fois de changer de camp en se rapprochant de l'Arabie saoudite en décembre 2017 pour apparaître comme un recours possible au chaos. Cette nouvelle trahison ne lui a pas été pardonnée ; deux jours plus tard, il était exécuté par des militants houthistes.

Son neveu, Tarek Saleh, dont la mort avait pourtant été annoncée le même jour que son oncle, a donné signe de vie et s'est montré disponible auprès de l'Arabie saoudite pour reprendre du service. Il a ainsi rejoint la liste des successeurs potentiels auprès du propre fils de l'ancien président, Ahmad Ali. Malgré les printemps arabes, les Saleh semblent encore avoir de beaux jours devant eux.

Fiche 6 : Des sociétés sous la menace permanente du terrorisme

Comme en Afghanistan ou au Yémen, le monde vit sous la menace permanente du terrorisme, depuis les attentats de 2001. L'attaque du World Trade Center a prouvé qu'il était possible de viser la première puissance de la planète depuis un endroit pourtant reculé et a priori isolé. La terreur s'est imposée dans nos sociétés contemporaines. Puisqu'un attentat peut survenir partout et à n'importe quel moment, le monde entier est devenu un champ de bataille.

Un État islamique vaincu, mais toujours actif

Depuis la fin de l'année 2017, l'État islamique a été vaincu. Il a perdu ses deux capitales autoproclamées que sont Mossoul en Irak et Rakka en Syrie à la suite d'une reconquête militaire. Il ne contrôle plus désormais qu'un millier de kilomètres carrés et dispose, selon l'ONU, de 20 000 à 30 000 combattants toujours actifs. Ses opérations militaires se poursuivent notamment en Libye et en Égypte.

En 2014, le groupe État islamique en Irak et au Levant annonçait la restauration du califat sur un territoire de près de 100 000 km² de part et d'autre de la frontière entre la Syrie et l'Irak afin de restaurer l'unité du peuple musulman sunnite, par-delà les frontières dessinées par les puissances coloniales, tout en redonnant vie à un régime politique qui a fait la grandeur de la civilisation musulmane sous les Omeyyades, les Abbassides, les Fatimides puis les Ottomans.

Sur les ruines des interventions étrangères lancées à la suite des attentats de 2001, ce groupe terroriste n'a pas eu de mal à recruter parmi les sunnites irakiens ou syriens marginalisés par leurs gouvernants. La maîtrise d'un territoire a permis à l'État islamique de se construire en tant que puissance, en se finançant par des pillages, des trafics d'antiquités ou de pétrole et des taxes imposées sur les populations civiles et les entreprises.

Attention

Si aujourd'hui l'État islamique n'est plus une puissance territoriale, il reste néanmoins actif et continue de perpétrer des attentats. Il forme toujours un réseau armé et dispose de moyens financiers importants même s'il a perdu 80 % de ses ressources ; les terroristes avaient en effet investi dans de nombreuses sociétés, notamment des bureaux de change, des compagnies de taxi ou des entreprises d'import-export qui lui fournissent encore des revenus conséquents lui permettant de subsister.

Le saviez-vous LAFARGE, UN FINANCEMENT EN BÉTON

Alors que la justice enquête sur les canaux de financement de l'État islamique, le groupe français Lafarge, spécialisé dans les matériaux de construction, est accusé d'avoir rétribué des groupes terroristes pour maintenir son activité dans le nord de la Syrie. La justice soupçonne sa filiale Lafarge Cement Syria d'avoir effectué des donations à des groupes armés, versé une taxe à l'État islamique, acheté des matières premières aux groupes terroristes et payé une commission pour les transporteurs. La justice accuse également le groupe d'avoir vendu du ciment à l'État islamique. Plusieurs cadres de Lafarge ont été mis en examen pour « financement du terrorisme ».

La menace djihadiste au Sahel

Dans la zone sahélienne, au sud du Sahara, les réseaux terroristes ont trouvé un endroit idéal pour s'implanter. Ces espaces sont immenses et désertiques ; ils sont souvent mal contrôlés par les États souverains. Les terres sont riches en ressources, ce qui garantit la présence d'étrangers. Les populations sont pauvres, ce qui permet aux réseaux terroristes de recruter facilement.

Plusieurs groupes agissent dans la région parmi lesquels al-Qaïda au Maghreb islamique (AQMI), l'État islamique dans le grand Sahara (EIGS) ou des réseaux dont la portée est plus restreinte comme Boko Haram dont l'action est centrée sur le Nigeria ou Ansaroul Islam au Burkina Faso.

Au Mali, au Niger et au Burkina Faso, le groupe État islamique dans le grand Sahara est actif depuis 2015. Il fait régner la peur en menant des attaques contre les autorités ; des soldats sont régulièrement tués et le groupe a revendiqué l'assassinat du maire de Koutougou au nord du Burkina Faso en 2018. Il combat également l'enseignement en français en attaquant les écoles et les professeurs à l'aide de kalachnikovs. Face à la peur, une partie de la population a choisi de déserter la région.

Plus à l'est, au Nigeria, pays le plus peuplé d'Afrique disposant d'importantes ressources, le groupe Boko Haram (littéralement « livre interdit » pour dénoncer l'occidentalisation de l'enseignement) est actif depuis 2002. Il recrute massivement dans le nord du pays marqué par une forte pauvreté. Depuis 2009, il est en guerre ouverte avec le gouvernement et mène des attentats-suicides et des enlèvements. Depuis 2015, il a prêté allégeance à l'État islamique et se fait appeler État islamique en Afrique de l'Ouest tout en internationalisant son action en direction du Cameroun, du Tchad et du Niger. Il cherche à recréer un califat, mais son assise territoriale reste aléatoire.

Le saviez-vous

QUE SONT DEVENUES LES LYCÉENNES DE CHIBOK ?

Dans la nuit du 14 au 15 avril 2014, 276 lycéennes de Chibok, au nord-est du Nigeria, avaient été enlevées dans leur dortoir par le groupe islamiste Boko Haram. Le mouvement « Bring Back Our Girls » (ramenez-nous nos filles) avait donné une portée internationale à cet enlèvement pour dénoncer la réduction de ces jeunes filles à l'état d'esclaves. 57 lycéennes avaient réussi à s'échapper en 2014. En octobre 2016, 21 jeunes filles ont été libérées après trente mois de détention, à la suite de négociations entre le gouvernement nigérian et Boko Haram. En 2017, 107 lycéennes se sont évadées ou ont été libérées. Mais on estime qu'aujourd'hui plus de 100 jeunes filles de Chibok demeurent sous le contrôle des terroristes. Elles ne constituent qu'une minorité des milliers de personnes enlevées par la secte nigériane et leur sort a été paradoxalement moins médiatisé au Nigeria que dans le reste du monde.

Des sociétés occidentales insécures

Pourtant éloignées des zones de présence massive des terroristes, les sociétés occidentales sont régulièrement frappées par des attentats qui entretiennent un climat de terreur. Ce sentiment d'insécurité n'est pas directement proportionnel à l'ampleur de la menace, mais il est la conséquence de l'impossibilité de contrôler les attaques terroristes. L'Europe et les États-Unis sont régulièrement frappés depuis 2001. Le 11 mars 2004, plusieurs bombes explosaient dans des trains madrilènes provoquant la mort de 200 personnes. En 2005, quatre explosions dans les transports publics londoniens causaient la mort de 56 personnes. Berlin était visée en décembre 2016 par une attaque au camion bélier. En 2017, New York et Toronto ont été également ciblées.

L'essentiel

La France n'est pas épargnée. En janvier 2015, les attentats visaient la rédaction de *Charlie Hebdo* et l'Hyper-Cacher de la porte de Vincennes. Le 13 novembre 2015, plusieurs attaques simultanées dans Paris provoquaient la mort de 130 personnes. Le 14 juillet 2016, un attentat semait la terreur sur la promenade des Anglais de Nice. En mars 2018, le sacrifice d'Arnaud Beltrame dans l'Aude rappelait une nouvelle fois au pays la permanence de cette menace.

Le terrorisme est par essence impossible à contrôler, d'autant plus quand l'ennemi est intérieur. Malgré le renforcement des mesures sécuritaires pour éviter les attentats, ceux-ci continuent. Ces mesures destinées à rassurer la population contribuent paradoxalement à renforcer le sentiment d'insécurité. Le terrorisme constitue ainsi la principale faille de sécurité de nos sociétés contemporaines.

Fiche 7 : Les tensions pour le contrôle des espaces maritimes

Les tensions ne s'arrêtent pas aux cotes mais se poursuivent pour le contrôle des espaces maritimes. Les terres émergées donnent en effet droit à l'exploitation par la pêche et la maîtrise des ressources pétrolières, minières et biologiques dans les zones économiques exclusives (ZEE) depuis la convention sur le droit de la mer de Montego Bay de 1982. Chaque pays côtier contrôle en effet un espace maritime au-delà de ses eaux territoriales qui s'étend jusqu'à 200 milles des côtes (370 km) ; la ZEE peut être portée jusqu'à 350 milles (648 km) si le plateau continental le justifie.

Une Russie très active sur les océans

Outre ses ambitions géopolitiques terrestres, la Russie a également de très fortes prétentions sur les mers.

Le partage des îles Kouriles demeure un sujet d'affrontement entre la Russie et le Japon depuis 1945. À la fin de la Seconde Guerre mondiale, l'URSS profite de la faiblesse du Japon pour prendre le contrôle du sud de l'île de Sakhaline et de toutes les îles Kouriles ; 17 000 Japonais sont contraints à l'exil. En 1956, une déclaration commune met fin au conflit. Néanmoins, le Japon continue de réclamer la souveraineté sur quatre îles des Kouriles du sud. Des négociations sont en cours entre les deux États pour aboutir à un partage ou à une gestion commune des îles contestées, mais le chef du Kremlin ne semble pas prêt à lâcher du terrain.

Les appétits russes sont encore plus prégnants dans l'océan Arctique. L'amélioration des techniques de forage ainsi que la fonte de la banquise permettent d'envisager des gisements offshore de plus en plus éloignés des côtes. La Russie demande à l'ONU une extension de sa ZEE en défendant l'idée que la dorsale de Lomonossov est une prolongation de son plateau continental. Le Canada et les États-Unis contestent cette revendication et chacun défend âprement ses intérêts dans cette « nouvelle guerre froide ».

Les ambitions fortes de la Chine

Autre pays émergent très actif sur les océans, la Chine a de très fortes ambitions au large de ses côtes. La marine chinoise a connu, depuis 2010, un effort intense de modernisation et le pays poursuit sa stratégie de contrôle d'îlots pour former un « collier de perles » dans l'océan Indien.

Dans la mer de Chine orientale, les îlots inhabités des Senkaku (Diaoyu pour les Chinois) sont revendiqués pour l'accès à des nappes pétrolières sous-marines, malgré l'administration par le Japon depuis 1972. Par une présence active des garde-côtes, associée à une démarche juridique auprès de la Commission des limites du plateau continental (CLPC), la Chine réclame la reconnaissance de « ses droits historiques » sur ces îles.

Plus au sud, le pays est très actif dans la mer de Chine méridionale en revendiquant les îles Paracels (en concurrence avec Taïwan et le Vietnam) et les îles Spratleys (en compétition avec Taïwan, le Vietnam, les Philippines et Brunei).

À méditer

UNE DRAGUE DIPLOMATIQUE

Depuis 2013, la Chine aménage des îlots artificiels grâce à des navires de drague de plus en plus puissants et de plus en plus rapides. Le dernier mis en service, le *Tiankun*, opérationnel depuis 2018, permet d'amasser 6 000 m³ de sable chaque heure en le prélevant jusqu'à 35 m de profondeur. Une fois aménagés, les polders sont dotés de canons antiaériens et de hangars pouvant accueillir des avions de chasse. Une piste d'atterrissage complète le dispositif. Ils réalisent ainsi le dessein du Kun, dont le navire de drague tire son nom. Dans la mythologie chinoise, cet énorme poisson dispose en effet du pouvoir de se transformer en oiseau, le Peng.

La présence mondiale de la France

La France contrôle une zone économique exclusive de près de 11 millions de kilomètres carrés, soit vingt fois la superficie de son territoire métropolitain. Cet espace maritime est réparti sur tous les océans grâce à ses régions et collectivités d'outre-mer.

Le contrôle de cette ZEE est parfois contesté par d'autres États qui remettent en cause la présence étrangère dans leur espace proche. L'îlot Tromelin, un banc de sable inhabité, perdu dans l'océan Indien, au large de Madagascar, crée ainsi des remous avec l'île Maurice. Si cet îlot ne mesure que 1 500 m de longueur sur 700 m de large, il donne droit au contrôle de 280 000 km² d'espace maritime. Alors que l'île Maurice accorde des droits de pêche à des navires asiatiques pour cette zone contestée, la France a proposé « une cogestion économique, scientifique et environnementale ».

Le saviez-vous

Dans l'océan Pacifique, l'îlot de Clipperton a déjà donné lieu à un accord de partage avec le Mexique. Cet atoll inhabité situé à plus de 10 000 km de la métropole, à 5 000 km de Tahiti et à plus de 1 000 km du port mexicain d'Acapulco sert de décharge et de lieu de refuge pour les oiseaux migrateurs. Repaire de pêcheurs et de narcotrafiquants, cette île a une souveraineté partagée entre la France et le Mexique depuis 2007. Elle dispose de son propre code postal (98 799) même si elle semble complètement oubliée par les autorités françaises.

À méditer

UNE IGNORANCE ABYSSALE

Disputés, les océans n'en sont pas moins méconnus. Seuls 3 % des fonds sous-marins sont aujourd'hui cartographiés, ce qui fait des abysses un espace encore plus méconnu que Mars. En dépit des sondages de surface et des relevés satellitaires, la cartographie des fonds sous-marins progresse peu, car elle est très coûteuse. Lors des recherches pour retrouver l'épave de l'avion de la Malaysia Airlines disparu en 2014, les scientifiques ont ainsi découvert un volcan immergé de plus de 2 000 m de haut ainsi qu'une fosse de plus de 6 000 m de profondeur au large de l'Australie.

Fiche 8 : L'impuissance de la gouvernance internationale

La permanence de la guerre est le meilleur révélateur de l'échec de la gouvernance internationale. Formée en 1945 pour assurer la paix, l'Organisation des Nations unies (ONU) a été rendue impuissante par la bipolarisation du monde jusqu'en 1991. La fin de la guerre froide devait marquer son triomphe, mais la gouvernance internationale peine à exister.

Une ONU paralysée par le droit de veto

Si l'ONU est aujourd'hui fortement critiquée pour son impuissance, il faut au moins lui reconnaître sa capacité à s'imposer dans le temps et à demeurer une plate-forme de discussion internationale. Son inefficacité est largement due à la paralysie du Conseil de sécurité, en raison du droit de veto accordé aux cinq membres permanents. 195 propositions de résolution ont ainsi été bloquées par un veto depuis la création de l'ONU par la conférence de San Francisco en 1945.

Le saviez-vous

LE VETO, UN DROIT QUI REMONTE À 1945

Le Conseil de sécurité de l'ONU se compose de quinze membres. Dix États sont des membres non permanents élus pour deux ans selon un critère de représentativité géographique (cinq sièges pour l'Afrique et l'Asie, deux sièges pour l'Amérique latine, deux sièges pour l'Europe occidentale et un siège pour l'Europe orientale). Cinq États ont été désignés comme membres permanents et immuables depuis 1945 (les États-Unis, la Russie, la Chine, le Royaume-Uni et la France). Ces cinq derniers, considérés comme les vainqueurs de la Seconde Guerre mondiale, peuvent s'opposer à une résolution en usant de leur droit de veto (littéralement, en latin, « je m'oppose »). Pour être adoptée, une résolution doit obtenir neuf votes favorables et ne pas être bloquée par l'un des cinq États membres permanents. Ce droit confère à ces derniers un pouvoir considérable dans la conduite des affaires du monde.

Pendant la guerre froide, l'ONU a été rendue impuissante par l'utilisation systématique par l'URSS de son droit de veto. Depuis 1991, la Russie continue d'utiliser régulièrement cette arme de choix. L'intervention en Syrie a ainsi été bloquée par douze recours au droit de veto de la part de la Russie depuis 2011 afin de protéger son allié au Moyen-Orient. À six reprises, le veto a été commun avec la Chine. Les résolutions les plus contraignantes pour le régime de Bachar el-Assad ont été rejetées. Seule la résolution 2254 de décembre 2015 à propos de l'aide humanitaire n'a pas fait l'objet du refus des Russes, mais elle n'a pas été suivie d'effets sur le terrain.

Attention

La Russie n'est pas le seul État à faire usage de son droit de veto. Les États-Unis par exemple opposent systématiquement un droit de veto à toute résolution condamnant la politique israélienne. En décembre 2016, Barack Obama s'était distingué par l'abstention des États-Unis face à la résolution 2334 condamnant la colonisation israélienne en Palestine. Néanmoins, ce genre de situation est aujourd'hui peu probable sous la présidence de Donald Trump.

L'ancien secrétaire général de l'ONU, Kofi Annan (décédé en 2018), et certains États membres, comme la France, défendent une réforme du droit de veto pour limiter ce pouvoir de nuisance. Un projet signé par une centaine de pays propose en effet le renoncement pour les États membres permanents au droit de veto en cas de crimes de masse. Mais ce projet de réforme est bloqué par la Russie, la Chine et les États-Unis.

Une adaptation nécessaire face à la montée en puissance des émergents

L'autre grand reproche souvent adressé à la gouvernance internationale est son inadaptation aux équilibres géopolitiques contemporains. La montée en puissance de certaines économies du Sud nécessite une redéfinition des rapports mondiaux.

La réforme du Conseil de sécurité de l'ONU est un serpent de mer depuis sa création en 1945. Ce projet est particulièrement défendu par l'Inde, l'Allemagne, le Japon et le Brésil qui se sont associés pour demander une entrée conjointe au Conseil de sécurité en tant que membre permanent. Selon eux, cette réforme doit être le reflet des changements du monde contemporain. Ces États mettent en avant leur qualité de membres non permanents réguliers et actifs, leur poids économique et leur engagement important en faveur des Casques bleus. L'Afrique du Sud revendique également un siège de membre permanent pour porter la voix du continent africain dont le milliard d'habitants n'est pas représenté au Conseil de sécurité.

Au niveau économique, ce basculement du centre de gravité de l'économie mondiale a été pris en compte en 1999 par l'instauration du G20 pour rassembler les vingt premières puissances mondiales et concurrencer le G8 établi progressivement à partir des années 1970 et qui réunit les huit plus puissantes économies du Nord.

Attention

Néanmoins, il y a peu de chances d'observer prochainement une transposition géopolitique de ces changements, car les projets de réforme de l'ONU sont systématiquement refusés par les Occidentaux, par crainte de voir leur influence se diluer dans un ensemble plus large. Ils continuent d'imposer leurs règles de nomination dans les grandes instances internationales. Au niveau financier, par exemple, la direction de la Banque mondiale revient systématiquement à un Américain alors que celle du Fonds monétaire international (FMI) échoit à un Européen.

Fiche 9 : Le retour du service national en France

Le président de la République, Emmanuel Macron, s'est engagé à rétablir un nouveau « service obligatoire, ouvert aux femmes et aux hommes » pour que chaque jeune Français s'engage pendant plusieurs mois au service de la nation.

La professionnalisation des armées depuis 1997

La loi du 28 octobre 1997 portant réforme du service national a mis fin au service militaire obligatoire imaginé à la Révolution française et réaffirmé en 1905. Selon l'article 1 de la loi Jourdan-Delbrel de 1798, « tout Français est soldat et se doit à la défense de sa patrie ». Les batailles napoléoniennes, les conquêtes coloniales puis les guerres mondiales ont justifié le maintien de cette conscription généralisée.

En 1996, sur décision du président de la République, Jacques Chirac, souhaitant mettre en place « une armée moderne », la conscription est suspendue puis supprimée l'année suivante par une loi. La guerre doit être une affaire de spécialistes chevronnés et non plus de conscrits inexpérimentés. L'idéologie néolibérale n'est pas non plus tout à fait étrangère à cette volonté de faire des économies sur le budget de la défense tout en réduisant le poids de l'État. 200 000 militaires professionnels assurent désormais la protection nationale dans une armée de métier, exigée par une guerre devenue technologique et par le maniement d'armements sophistiqués.

À méditer

UNE ARMÉE FANTASMÉE

L'armée française semble jouir d'une très bonne image si l'on en croit le succès de films populaires comme *La Grande Vadrouille* ou *La Septième Compagnie*. Ce bon filon a d'ailleurs largement été repris par la télévision, notamment dans la télé-réalité ; TF1 proposait, en 2005, *La Première Compagnie* et M6, en 2016, *Garde-à-vous*. Cependant, si les Français aiment voir au cinéma ou à la télévision leur armée, l'exemption avait atteint un stade quasi industriel avant la suppression du service national. En 1992, seul un quart d'une classe d'âge effectuait son service national.

Le retour d'un service universel

La volonté de l'actuel président de la République a été précédée par une série de dispositifs qui ont cherché à se substituer au service national.

Après la crise des banlieues de 2005, Jacques Chirac lui-même annonce la création d'un service civil volontaire pour une durée de six, neuf ou douze mois auprès d'une organisation ayant une mission d'intérêt général. Cette expérience est devenue en 2010 le service civique qui permet une intégration professionnelle rémunérée en partie sur le budget de l'État.

Outre ces dispositifs spécifiques, « un parcours de citoyenneté » est enseigné aux élèves dans les classes de troisième et de première. Il s'accompagne d'une journée Défense et Citoyenneté qui maintient un contact direct entre la jeunesse et la communauté militaire.

Le retour du service national n'a donc pas uniquement une portée militaire. Il est surtout présenté comme un moyen d'entretenir le creuset national. Le nouveau service national universel (SNU) doit agir comme une école de la cohésion en donnant conscience à la jeunesse d'un avenir en commun. C'est pourquoi il réserve aux jeunes de 16 ans un stage de quinze jours passé en internat, un deuxième moment auprès des associations et un troisième volet facultatif d'engagement de plusieurs mois avant l'âge de 25 ans. L'un des objectifs avoués dans le rapport parlementaire sur le service national universel est de « faire se rencontrer les jeunesses de France ».

Attention

La question du financement de ce dispositif sera cependant déterminante. Le coût est estimé entre 2 et 3 milliards d'euros par an alors que la Défense a déjà perdu 20 % de son budget en euros constants depuis vingt-cinq ans. Les difficultés de l'encadrement et les problèmes de locaux, alors que de nombreuses casernes ont été fermées, devront être également réglés.

Le saviez-vous

LE RETOUR DU SERVICE MILITAIRE, UNE TENDANCE EUROPÉENNE

La décision française de rétablir le service national est loin d'être isolée. Bien au contraire, elle prend place dans un mouvement européen en faveur du retour du service militaire. Le service obligatoire a subi un net recul dans les années 2000 avant d'être de nouveau en vogue. La conscription a été supprimée en 2001 en Espagne, en 2006 en Italie, en 2008 en Pologne ou encore en 2011 en Allemagne. En 2013, deux référendums pour supprimer le service obligatoire ont été organisés en Autriche et en Suisse ; ils se sont traduits par une forte victoire en faveur du maintien du service militaire obligatoire. D'autres États ont déjà décidé de le rétablir, comme la Lituanie en 2015 ou la Suède en 2018 qui a par ailleurs distribué un livre à tous les foyers pour savoir réagir « en cas de crise ou de guerre ». Le débat se pose en Croatie, en Slovénie et même en Allemagne. La Norvège s'est distinguée en devenant le premier pays du continent à rendre obligatoire le service militaire pour les femmes.

Chapitre 2

Des risques d'éclatement

DANS CE CHAPITRE :

- **Les tendances indépendantistes en Europe**
- **La multiplication des zones grises dans la mondialisation**
- **Les changements de statut dans la République française**

Alors que le monde est devenu un village global, la maxime *Small is beautiful* semble plus que jamais d'actualité. Les tendances indépendantistes fleurissent partout dans le monde, loin de l'idéal universaliste porté par la mondialisation libérale. Les États semblent aujourd'hui remis en cause par deux tendances de fond, l'affirmation des structures supranationales d'un côté et les velléités sécessionnistes des autorités régionales de l'autre.

Ce mouvement de recomposition géopolitique est à resituer dans le contexte plus global de la prolifération étatique. Depuis 1945, le nombre d'États a été multiplié par quatre ; l'ONU est ainsi passée de 51 membres fondateurs à 193 membres aujourd'hui (sur les 197 États reconnus). De nombreux territoires revêtent par ailleurs les attributs d'un État sans pour autant en avoir le titre ; ces zones grises de la mondialisation sont la conséquence de cette même tendance à l'éclatement.

Le XIXe siècle est resté comme l'ère des empires, marquée notamment par les unifications allemandes et italiennes ; les XXe et XXIe siècles connaissent une tendance contradictoire à la suite de la dislocation des empires, à la décolonisation et à la chute de l'URSS. Celle-ci se traduit aujourd'hui par la multiplication des projets indépendantistes, conséquence de l'affirmation d'identités locales souvent mêlée à des motivations économiques. Le monde risque alors l'émiettement, voire la balkanisation, face à ces tendances sécessionnistes à l'œuvre à différentes échelles et à différents degrés.

Fiche 10 : La construction européenne sous la menace du Brexit

Le Premier ministre britannique, David Cameron (2010-2016), rêvait d'obtenir de nouvelles concessions sur le modèle du rabais britannique décroché par Margaret Thatcher lors du sommet de Fontainebleau en 1984. Le référendum sur la participation du Royaume-Uni à l'Union européenne ne devait être qu'une menace, mais la manœuvre politique s'est traduite par une crise profonde. Le Royaume-Uni, qui n'avait intégré la Communauté économique européenne qu'en 1973, doit quitter l'ensemble européen le 29 mars 2019.

À méditer

MIEUX VAUT DEUX FOIS QU'UNE ?

Le référendum proposé aux Britanniques en juin 2016 n'est en réalité pas inédit. Les Britanniques ont déjà été consultés en juin 1975 pour confirmer par un vote populaire l'adhésion à la Communauté économique européenne. À l'époque, ils s'étaient prononcés à une forte majorité (67,2 %) pour le maintien dans l'Europe. Il faut dire que Margaret Thatcher avait donné de sa personne lors de la campagne en revêtant un pull orné du drapeau des neuf États membres...

La question était cette fois peut-être trop explicite. En 1975, les Britanniques devaient se prononcer sur cette question : « Pensez-vous que le Royaume-Uni doive rester dans la Communauté européenne ? » ; en 2016, on les a interrogés sur la question suivante : « Pensez-vous que le Royaume-Uni doive rester un membre de l'Union européenne ou quitter l'Union européenne ? »

Un vote en faveur de la souveraineté britannique

Le référendum britannique s'est traduit par une crise profonde dont seule la construction européenne a le secret. Phénomène inédit, à la suite d'une consultation populaire, un État décidait unilatéralement de quitter l'ensemble européen. Les Britanniques n'étaient certes pas réputés pour la vigueur de leur engagement européen, mais le départ de ce partenaire fait craindre un possible éclatement de l'Europe.

Malgré l'engagement du Premier ministre en faveur du maintien dans l'Union, 51,89 % des votants se sont exprimés, le 23 juin 2016, pour le Brexit. La campagne a surtout été marquée par la vigueur du discours souverainiste entretenu notamment par le Parti pour l'indépendance du Royaume-Uni, l'UKIP.

Le saviez-vous

La volonté de retrouver la souveraineté du parlement afin de reprendre le contrôle de la politique migratoire est apparue centrale dans la campagne. Ces discours ont surtout séduit les populations les moins intégrées à la mondialisation libérale ; les villes sinistrées du nord de l'Angleterre se sont prononcées aux deux tiers en faveur du départ de l'Union européenne, contrairement à Londres qui votait dans les mêmes proportions en faveur du maintien

À méditer

UNE EUROPE RENFORCÉE PAR LE BREXIT ?

La décision britannique faisait craindre un effet domino menaçant l'édifice européen dans son entier, encouragé notamment par les extrêmes droites européennes. Cependant, cette menace semble très vite dépassée. À l'été 2016, *Le Monde* a publié une enquête menée dans six pays de l'Union européenne (Espagne, France, Belgique, Italie, Allemagne et Pologne) qui met en évidence un « regain du sentiment pro-européen après le Brexit ». 89 % des Polonais interrogés, 81 % des Allemands et 67 % des Français ont ainsi déclaré que l'appartenance à l'Union européenne est « une bonne chose ». Une majorité des citoyens sondés pense également que « l'Union va repartir sur de nouvelles bases et s'en sortira renforcée ».

Des négociations difficiles

L'Union européenne et le Royaume-Uni ont tous deux intérêts à une négociation rapide ; la première veut fermer le plus rapidement possible la parenthèse centrifuge alors que le second entend négocier au mieux sa sortie. Cependant, les négociations sont âpres et la crainte d'un échec est présente dans tous les esprits.

La tenue de ces négociations est confiée à la conservatrice Theresa May, deuxième femme à occuper le poste de Première ministre après Margaret Thatcher (1979-1990). Les principales figures de la sortie de l'Union européenne l'entourent dans cette tâche ardue, à l'image de Boris Johnson nommé secrétaire d'État des Affaires étrangères et du Commonwealth, avant sa démission en juillet 2018. En face, c'est au Français Michel Barnier que revient cette mission, en hommage peut-être aux plus belles heures de l'Entente cordiale entre les deux pays.

Plusieurs scénarios sont envisagés pour sortir de la crise. Le Brexit pourrait être plus ou moins dur en fonction de la relation à venir entre les deux anciens partenaires. Le Royaume-Uni pourrait être amené à quitter l'union douanière (qui crée une zone de libre-échange en Europe), le marché intérieur européen (qui garantit les quatre libertés de circulation : biens, services, capitaux et travailleurs) ou encore l'Espace économique européen (qui inclut également des accords sur la politique de concurrence, la protection des consommateurs ou l'éducation). Mais puisqu'il n'y a pas de précédent en la matière, tout peut arriver, notamment un nouvel accord d'association.

Le saviez-vous

La principale crainte pour le Royaume-Uni est celle d'un décrochage économique. Au premier trimestre 2018, le PIB du Royaume-Uni n'a progressé que de 0,1 %, soit la pire croissance enregistrée par le pays depuis 2012 ; le gouvernement invoque la neige qui aurait ralenti l'activité du pays, mais les spécialistes mettent davantage en avant les conséquences du Brexit.

À méditer

UNE PORTE DE SORTIE HONORABLE, LE MAINTIEN DANS L'UNION ?

La Chambre des Lords a adopté le 30 avril 2018 un amendement au projet de loi sur le Brexit qui donne au parlement le pouvoir d'empêcher le gouvernement de quitter l'Union en l'absence d'accord.

Ce ne serait pas la première fois que le parlement contourne le peuple en matière d'Union européenne. Alors que la France et les Pays-Bas avaient rejeté le traité de constitution européenne en 2005 par référendum, le même texte renommé traité de Lisbonne a été adopté par voie parlementaire en 2008.

Fiche 11 : Le Royaume-Uni, péril en la demeure

Ce n'est pas uniquement la construction européenne qui est menacée par le Brexit, mais également le Royaume-Uni lui-même, une construction politique qui remonte pourtant à 1707. En effet, ce référendum a mis en évidence l'éclatement du sentiment européen au Royaume-Uni. L'Écosse et l'Irlande du Nord ont voté en majorité pour le maintien dans l'Union (respectivement 62 % et 55,8 %), contrairement à l'Angleterre et au pays de Galles qui ont voté majoritairement pour le départ (respectivement 53,4 % et 52,5 %).

À méditer

UN REGRET BRITANNIQUE ?

En dépit des difficultés du Brexit, les Britanniques ne semblent pas regretter leur vote. Certes, depuis juin 2017, le sentiment pro-européen dépasse très légèrement la volonté de divorcer d'avec l'Europe dans les sondages d'opinion. De plus, 8 % des partisans du Brexit ont changé d'avis depuis le référendum, mais, dans le même temps, 7 % des partisans du maintien ont basculé dans l'autre camp. Des universitaires britanniques ont ainsi montré, début 2018, qu'il n'y avait pas de mouvement général de regret dans l'opinion publique britannique. Seul un Britannique sur huit se définit comme européen. La *Britishness* a encore de beaux jours devant elle, avec ou sans l'Écosse et l'Irlande.

L'Écosse, la menace d'une crise constitutionnelle

En 2014, les Écossais interrogés par référendum s'étaient prononcés contre la sortie du Royaume-Uni ; le non l'avait emporté à 55 % contre 45 % pour le oui. L'un des arguments avancés dans la campagne était précisément que la sortie du Royaume-Uni entraînerait automatiquement une sortie de l'Union européenne qui se traduirait par un isolement de l'Écosse sur la scène internationale. Le vote de 2016 a relancé le débat sur l'indépendance du pays, désormais présentée comme un moyen de demeurer dans l'ensemble européen.

Attention

L'ensemble des 32 circonscriptions écossaises ont voté en faveur du maintien dans l'Union, mais ces électeurs n'ont pas pu faire basculer le vote face à la démographie anglaise. Quelques heures après le résultat, le leader du Parti national écossais (SNP), Angus Robertson, a évoqué « une crise constitutionnelle » ; la Première ministre elle-même, Nicola Sturgeon, a précisé que l'Écosse voyait « son avenir au sein de l'Union européenne ».

Dans ces conditions, un nouveau référendum sur l'indépendance de l'Écosse pourrait être organisé. Cependant, selon la constitution britannique, pour qu'un tel référendum puisse avoir lieu, la Première ministre écossaise doit recevoir l'accord du gouvernement britannique et du parlement de Westminster. Or, la Première ministre britannique, Theresa May, refuse catégoriquement cette idée.

L'Irlande, le retour de la guerre ?

En Irlande, la question de la sortie du Royaume-Uni de l'Union ravive les tensions du passé. En effet, le divorce entre Londres et l'Union européenne transforme en profondeur le statut de la frontière entre la République d'Irlande, indépendante, et l'Irlande du Nord, l'une des quatre nations constitutives du Royaume-Uni. Cette frontière interne à l'Union deviendrait dès lors une frontière extérieure, très difficile à gérer pour l'économie de l'île et son identité.

Attention

Ironie de l'histoire, cette question se pose alors que l'Irlande célèbre le 20e anniversaire de l'accord du Vendredi saint qui mettait fin à trente ans de guerre civile en Irlande du Nord. Le retour de la frontière pourrait se traduire par de nouveaux troubles identitaires alors que les clôtures et les portails de la guerre civile sont toujours debout pour séparer les deux communautés. L'engagement pour ou contre le maintien dans l'Union ajoute une ligne de fracture à une île déjà fortement divisée ; elle reprend en partie la division confessionnelle puisque les catholiques d'Irlande du Nord se sont montrés très attachés au maintien.

Le Brexit porte donc en lui la possibilité d'un retour de la guerre, mais il ouvre également une perspective tout autre, la réunification des deux Irlande dans le cas de la dislocation du Royaume-Uni.

Le saviez-vous

« LES TROUBLES » EN IRLANDE DU NORD

Pendant trois décennies, les nationalistes irlandais souhaitant la réunification de leur île se sont opposés aux loyalistes, partisans du maintien dans le Royaume-Uni. À partir de 1969, face à la violence des protestants, la Provisional Irish Republican Army choisit la lutte armée pour mettre fin à la présence britannique par des attentats et des assassinats ciblés. L'armée anglaise déployée pour rétablir l'ordre commet des exactions dont la plus célèbre est le *Bloody Sunday*, popularisé par le groupe de rock U2, journée du 30 janvier 1972, au cours de laquelle 14 militants catholiques sont tués. Margaret Thatcher, alors Premier ministre du Royaume-Uni, échappe de peu à un attentat en 1984 alors que les leaders du mouvement indépendantiste meurent tour à tour de grèves de la faim. En 1998, Tony Blair met fin au conflit par le Good Friday Agreement, « l'accord du Vendredi saint », après la mort de 3 500 personnes.

Fiche 12 : La Catalogne ou la tentation indépendantiste

D'après la constitution de 1978, la Catalogne forme l'une des 17 communautés autonomes espagnoles. Elle bénéficie de la garantie d'une large autonomie que certains souhaitent voir encore se renforcer.

La tentation indépendantiste

Si la Catalogne ne représente que 6 % de la superficie de l'Espagne, elle produit 19 % du PIB national en 2016 (soit un PIB équivalant à celui de pays comme la Grèce ou le Portugal). Elle est ainsi parfois qualifiée de locomotive économique espagnole, notamment grâce à son potentiel touristique ou industriel. Associé à des particularités culturelles comme la langue catalane, reconnue comme langue co-officielle, ce dynamisme économique est mis en avant par les partisans de l'indépendance.

La région bénéficie d'un statut d'autonomie négociée en 2006 qui lui accorde « une réalité nationale ». Si les indépendantistes sont minoritaires avant 2015 (14 députés en 2010, 24 en 2012), ils sont majoritaires depuis (72 sièges entre 2015 et 2017, 70 depuis décembre 2017 sur les 135 du parlement catalan).

L'essentiel

L'indépendantisme reste cependant minoritaire dans la population même si le mode de scrutin ne permet pas cette représentativité. Néanmoins, l'adhésion populaire à la cause indépendantiste est croissante. Un sondage trimestriel effectué par la généralité de Catalogne depuis plus de dix ans donne désormais plus de 40 % de la population en faveur de l'indépendance.

Le bras de fer avec Madrid

La brutalité avec laquelle a agi le gouvernement espagnol explique largement l'ampleur de la crise politique dans un pays qui a connu la guerre civile et le franquisme.

Le 1er octobre 2017, les indépendantistes ont organisé une consultation populaire pour mettre en lumière le soutien de la population à la cause qu'ils défendent. Deux millions de Catalans, soit 43 % des électeurs, se sont prononcés à 90 % pour l'indépendance de leur région. Le référendum a cependant été jugé illégal par le pouvoir central espagnol.

La proclamation symbolique de l'indépendance de la République catalane le 27 octobre 2017 par le Parlement catalan a provoqué un durcissement des relations avec Madrid. Le pouvoir central a alors décidé de mettre sous tutelle la Catalogne, de destituer le gouvernement de Carles Puigdemont, de dissoudre le parlement et de convoquer de nouvelles élections.

Les nouvelles élections ont confirmé le succès des indépendantistes, mais le gouvernement est resté impassible. La plupart des leaders indépendantistes sont donc dans l'impossibilité de gouverner. L'Espagne a notamment lancé un mandat d'arrêt international contre Carles Puigdemont qui vit depuis en exil en Belgique. D'autres ministres indépendantistes ont été emprisonnés pour « rébellion et sédition ». Vingt-cinq dirigeants indépendantistes ont été mis en examen par la justice espagnole. Les médias publics, TV3 et Catalunya Radio, ont été mis sous tutelle par le gouvernement.

Le saviez-vous

LA MENACE DU TRANSFERT DE LA DETTE

Pour faire basculer l'opinion publique et contrer les arguments des indépendantistes, le gouvernement central a agité la menace de la dette. Le potentiel économique de la région a en effet comme corollaire une dette importante (76 milliards d'euros). Surtout, en cas d'indépendance, Madrid a fait savoir qu'une partie de la dette nationale serait transférée à la Catalogne, ce qui représenterait alors une somme abyssale estimée entre 110 % et 130 % du PIB régional.

Une impasse politique et financière

Ce bras de fer a plongé l'Espagne dans l'impasse. Politiquement, l'intransigeance du gouvernement central dirigé par le parti populaire de Mariano Rajoy a été mal acceptée par l'opinion publique espagnole. Aux élections du 21 décembre 2017, le parti populaire n'a remporté que 4,24 % des voix en Catalogne, largement distancé par les partis indépendantistes et par le parti centriste Ciudadanos, crédité de plus de 25 % des voix. En juin 2018, Mariano Rajoy a été contraint de quitter le pouvoir face à une motion de censure au parlement déposée par le Parti socialiste (PSOE) de Pedro Sanchez qui a conduit ce dernier à la tête du gouvernement.

Économiquement, la crise catalane risque de coûter cher. Le ministre espagnol de l'Économie l'a évalué à 1 milliard d'euros. Les prévisions de croissance de l'Espagne tout entière ont été revues à la baisse pour 2018, passant de 2,6 % à 2,3 %.

MANUEL VALLS, FUTUR MAIRE DE BARCELONE ?

Le saviez-vous

L'ancien Premier ministre de François Hollande (mars 2014 – décembre 2016) a annoncé sa candidature à la mairie de Barcelone en vue des élections de mai 2019, sous la bannière de Ciudadanos. Natif de la capitale catalane, cette élection serait pour lui un moyen de défendre la cause unioniste, mais également de sortir du relatif anonymat dans lequel il est plongé en tant que député de La République en marche.

Même s'il est naturalisé français depuis l'âge de 20 ans, il est tout à fait en droit de présenter sa candidature en Catalogne puisqu'en vertu du traité de Maastricht, les citoyens européens peuvent voter et se présenter aux élections municipales et européennes dans un État membre autre que leur pays d'origine.

Fiche 13 : L’Ukraine, tiraillée entre deux influences

À l’autre bout de l’Europe, les tentations indépendantistes sont également très vives. Depuis son indépendance en 1991, l’Ukraine est un *torn country*, un pays divisé entre deux influences, tiraillé entre le retour sous la protection russe ou le rapprochement avec l’Europe. Ce pays d’Europe orientale, qualifié de « terres de sang » par l’historien américain contemporain Thimothy Snyder, se retrouve plongé dans une guerre civile.

Entre europhilie et russophilie

Depuis la chute de l’URSS, l’Ukraine est divisée en deux tendances contradictoires ; alors que l’est du pays reste globalement nostalgique de la période soviétique, l’ouest se tourne davantage vers l’Europe pour s’ancrer dans la mondialisation. Les élections font régulièrement ressortir ces divisions ethniques et politiques.

En 2004, la victoire de Victor Iouchtchenko à l’élection présidentielle marque un succès des europhiles. La Révolution orange porte un espoir de réforme et de lutte contre la corruption. Mais, les tensions entre le président et son Premier ministre, Ioulia Timochenko, aboutissent très vite à la démission de cette égérie de la révolution alors que l’empoisonnement du président fait taire les espoirs de réforme.

Dès 2010, le retour au pouvoir de Victor Ianoukovitch marque un retournement pour l’Ukraine qui se tourne à nouveau vers la Russie. Le président fait emprisonner Ioulia Timochenko pour abus de pouvoir. Il renforce le partenariat privilégié avec le voisin russe et rompt les négociations d’adhésion avec l’Union européenne. Face à cette reprise en main du pouvoir, synonyme pour une partie de la population de retour vers le passé, une révolution éclate depuis la place Maïdan de Kiev et chasse du pouvoir le président Ianoukovitch en février 2014.

Attention

La légitimité des nouvelles autorités installées grâce au soutien de l’Union européenne est cependant très vite contestée par la Russie qui encourage un soulèvement des pro-Russes pour contester ce qu’ils considèrent comme un coup d’État. Les manifestations éclatent dans l’est russophone de l’Ukraine, principalement dans la région du Donbass. En mars 2014, la Crimée proclame son indépendance vis-à-vis de l’Ukraine et son rattachement à la Russie à la suite d’un référendum d’autodétermination. La Russie défend le droit des peuples à disposer d’eux-mêmes alors que les Occidentaux dénoncent, par une série de protestations diplomatiques suivies de mesures économiques, un coup de force.

Le saviez-vous

LA CRIMÉE : UN PRÊTÉ POUR UN RENDU

L'annexion de la Crimée par la Russie en mars 2014 a permis à la Russie de restaurer sa puissance géopolitique perdue tout en semant l'effroi parmi les populations d'Europe de l'Est qui ont fait le choix de l'Europe. Il s'agit en réalité d'un retour aux sources pour cette péninsule contrôlée par la Russie depuis la fin du XVIIIe siècle et la conquête de Catherine II.

Par un simple décret de 1954, Nikita Khrouchtchev avait en effet décidé de donner la Crimée à l'Ukraine, alors que cette république faisait partie de l'URSS. Ce don avait été présenté comme un remerciement pour l'allégeance de l'Ukraine envers la Russie, afin de célébrer le tricentenaire du traité de Pereïaslav par lequel les cosaques ukrainiens se soumettaient à la puissance voisine. Cette décision prend tout son sens en 1991 quand l'Ukraine devient indépendante et que la Crimée se retrouve partie intégrante d'une république avec laquelle elle a pourtant peu de liens.

L'enlisement dans la guerre

Depuis 2014, une guerre demeure dans l'est du pays. Soutenus par la Russie qui continue pourtant de nier son implication directe, les rebelles pro-russes ont autoproclamé les Républiques populaires de Donetsk et de Louhansk. Face à ces soulèvements indépendantistes, l'Ukraine décide d'une réponse militaire. L'armée ukrainienne a réussi une percée significative de l'été 2014 à l'hiver 2015. Pour mettre fin à cette reconquête militaire de l'est de l'Ukraine, la Russie décide de faire intervenir son armée, contraignant Kiev à conclure les accords de paix de Minsk-I puis Minsk-II, en 2015.

L'essentiel

Même si l'intensité des combats a diminué, la guerre se poursuit et a fait plus de 11 000 morts et 1,5 million de réfugiés. 470 km de front opposent l'armée ukrainienne aux rebelles pro-russes soutenus par la Russie. Un million de personnes continuent de vivre à moins de cinq kilomètres des positions militaires. Même au cœur du *no man's land* qui s'étend entre les positions de l'armée ukrainienne et celles des séparatistes, des centaines d'habitants survivent encore dans cette zone dont le statut n'est même pas évoqué dans les accords de paix, soumis à la menace permanente des balles et des obus qui traversent cette nouvelle frontière.

La Russie refuse toujours de libérer les prisonniers politiques, dont le nombre est estimé à environ soixante-dix. Parmi eux, le cinéaste ukrainien Oleg Sentsov – qui a été récompensé par le prix Sakharov, remis par le parlement européen fin octobre 2018, alors qu'il venait de terminer une grève de la faim de 145 jours. Ce prix destiné à promouvoir les droits de l'homme témoigne de la volonté des Occidentaux de soutenir la résistance de l'Ukraine, tout en se gardant bien de ménager la Russie. Arrêté en 2015 pour avoir jeté un cocktail Molotov sur les locaux d'une organisation prorusse en Crimée, Oleg Sentsov a été condamné à vingt ans de réclusion, à l'issue d'un procès qualifié de « stalinien » par l'ONG Amnesty International. Il a, depuis, reçu le soutien de nombreuses personnalités comme le président Emmanuel Macron ou l'acteur Johnny Depp, même si la Russie continue de dénoncer une ingérence dans ses affaires internes et refuse de céder aux demandes de remise en liberté.

Le saviez-vous

PETRO POROCHENKO, UN PRÉSIDENT NE DEVRAIT PAS FAIRE ÇA

Soutenu par les États-Unis et l'Union européenne, Petro Porochenko devait être l'artisan du redressement de l'Ukraine et de son intégration dans la mondialisation. Il est désormais retranché dans la Bankova, le siège de l'administration présidentielle ukrainienne, et critiqué de toutes parts par ses anciens alliés. Alors que l'élection présidentielle doit avoir lieu au printemps 2019, sa cote de popularité plafonne à 15 %.

Il était pourtant l'une des figures de la révolution de Maïdan et avait remporté les élections dès le premier tour avec 54 % des voix. Mais il a échoué sur l'autel de la lutte anticorruption. En avril 2016, les *Panama papers* ont en effet épinglé les montages financiers hasardeux de ce puissant oligarque, à la tête d'un empire commercial considérable, de la confiserie à la banque. Alors que son pays était déchiré par la guerre, les fichiers du cabinet panaméen Mossack Fonseca ont en effet révélé que ses avocats montaient au même moment une structure offshore complexe pour abriter ses différentes affaires aux îles Vierges britanniques.

Fiche 14 : Le Groenland, en froid avec le Danemark

La deuxième plus grande île de la planète (derrière l'Australie) se prépare à vivre une nouvelle aventure. Cette terre de glace sublimée par les aurores boréales, grande comme quatre fois la France, peuplée de seulement 55 800 habitants, aborde avec fébrilité une nouvelle ère de son histoire, celle de l'indépendance par rapport au Danemark.

Un territoire autonome

Le Groenland forme depuis 1953 le troisième élément de la Communauté du royaume danois, aux côtés de la métropole et des îles Féroé. En tant que « pays constitutif », les habitants du Groenland bénéficient des mêmes droits que les citoyens danois. Mais, contrairement au Danemark, cette région a fait le choix de se retirer en 1985 de la Communauté économique européenne par un référendum.

Cette « terre verte » découverte au xe siècle par les Vikings, peuplée en très grande majorité d'Inuits, bénéficie déjà d'une très large autonomie par rapport à l'ancienne puissance coloniale. Depuis la loi d'autonomie interne (*hjemmestyre*, en danois) de 1979, le pays a son propre gouvernement et un parlement indépendant. Il est représenté au parlement danois par deux députés.

À méditer

UN MINISTRE PEU RECONNAISSANT

Malgré cette aide conséquente, Vittus Qujaukitsoq, alors ministre groenlandais du Travail, de l'Industrie, du Commerce, de l'Énergie et des Affaires étrangères, n'a pas hésité à porter plainte, en avril 2017, contre le Danemark auprès des Nations unies, sans pour autant demander l'aval du Premier ministre groenlandais, Kim Kielsen. Il accuse alors son propre pays de n'avoir pas protégé le Groenland contre la pollution nucléaire causée par les États-Unis autour de la base de Thulé, au nord de l'île. Le crash d'un avion militaire américain en 1968 transportant quatre bombes à hydrogène avait entraîné une vague de maladies chez les travailleurs inuits qui avaient dû nettoyer le site. Afin d'effacer cet affront fait à la métropole danoise, le gouvernement groenlandais a très vite décidé de retirer sa plainte.

Trente ans plus tard, la loi d'autonomie renforcée (*selvstyre*) de 2009 lui accorde de nouvelles compétences comme la gestion des ressources. Le groenlandais devient dès lors langue officielle unique même si le danois reste majoritairement utilisé. Cette deuxième loi garantit également le droit à l'autodétermination.

Attention

Mais le budget de ce territoire reste largement dépendant de la contribution financière danoise accordée chaque année ; 3,9 milliards de couronnes, soit l'équivalent de 500 millions d'euros, sont en effet accordées comme subvention, ce qui représente plus de la moitié du budget gouvernemental groenlandais.

Craintes et espoirs de l'indépendance

Si le principe de l'indépendance est acquis depuis 2009, il reste au gouvernement groenlandais à en fixer les modalités. Les forces politiques groenlandaises soutiennent largement cette indépendance, mais elles se divisent sur le rythme à adopter pour y parvenir et aucune n'est véritablement prête à endosser la responsabilité d'un tel saut dans l'inconnu.

L'avenir financier du Groenland reste incertain ; le Danemark a d'ores et déjà annoncé qu'il mettra fin à sa contribution financière si le Groenland accède à la souveraineté. Reste alors à trouver des moyens de substitution pour financer le nouvel État à naître. Un sondage de 2017 révèle en effet que 78 % des Groenlandais se prononcent contre la déclaration de l'indépendance si elle se traduit par une dégradation de leur niveau de vie.

L'espoir repose alors sur les richesses du sous-sol de l'Arctique que la fonte des glaces rend de plus en plus accessibles. Des compagnies étrangères exploitent déjà des hydrocarbures grâce à des gisements offshore à l'est du pays. L'exploitation d'uranium ou encore de terres rares attise les convoitises des investisseurs occidentaux et chinois. Pour l'heure, 90 % des exportations du pays dépendent encore de la pêche.

Le saviez-vous

VERS L'AUTODÉTERMINATION DES ÎLES FÉROÉ

Cet archipel de dix-huit îles balayées par les vents de l'Atlantique Nord, situé entre l'Islande, l'Écosse et le Danemark, adopte la même voie de l'autodétermination. Sur ces tas de cailloux inhospitaliers où vivent plus de moutons que d'habitants (80 000 contre 50 000), l'autodétermination se heurte à des difficultés de financement alors que les îles sont largement dépendantes de la mono-activité de la pêche et des subventions de la couronne danoise.

Fiche 15 : La multiplication des zones grises

Loin du monde lisse représenté par les planisphères qui proposent une mosaïque d'États séparés par des frontières bien nettes, les zones grises désignent des territoires incontrôlés par les États, aux mains d'acteurs alternatifs. Totalement invisibles sur la carte politique, ces espaces sont pourtant très nombreux sur le globe.

Des États faillis

La zone grise apparaît sur la scène internationale comme une menace. Elle est une manifestation tangible de la mutation des guerres contemporaines et, en particulier, de la multiplication des guerres civiles. Ces territoires devenus inaccessibles et hostiles vivent en marge de la mondialisation.

Ce sont des zones de non-droit qui prennent place en marge d'États faillis. L'État, censé détenir « le monopole de la violence légitime » pour citer Max Weber (1864-1920), n'exerce plus ses compétences régaliennes dans le cas d'un État failli. Le monopole de la violence est contesté par des groupes paramilitaires ou des organisations terroristes qui prennent de fait le contrôle d'une partie d'un territoire. La violence est désormais privatisée au détriment de la gouvernance étatique.

Ces zones grises donnent lieu à de nombreux trafics (matières premières, armes, drogue, êtres humains, etc.) qui fournissent des moyens de subsistance aux groupes armés qui contrôlent les territoires.

Cette faillite de l'État se traduit souvent par des violences communautaires, une fuite massive de la population et un déclin économique. Elle introduit donc souvent un cercle vicieux qui contribue encore à affaiblir les États.

Le Sahara occidental, un conflit hérité de la décolonisation

Sur les planisphères traditionnels, le Maroc apparaît comme une longue bande de terres qui s'étend au nord-ouest de l'Afrique. Cependant, depuis 1976 et le départ de la puissance coloniale espagnole, plus d'un tiers de la superficie du pays échappe au contrôle de l'État. Au sud du pays, le Sahara occidental est contrôlé par les indépendantistes du front Polisario.

Le saviez-vous

UN CLASSEMENT DES ÉTATS EN DÉLIQUESCENCE

L'ONG Fund for Peace propose chaque année, depuis 2005, un classement des États faillis, The Fragile States Index, construit à partir de douze critères de nature sociale, économique et politique. Dans le classement 2017, parmi les États en situation très critique, se trouvent uniquement des pays d'Afrique et du Moyen-Orient (Soudan du Sud, Somalie, République centrafricaine, Yémen et Syrie). À l'inverse, un seul État est représenté dans la catégorie « très durable », la Finlande. Cet indicateur est cependant limité puisqu'il n'est réservé qu'aux pays membres des Nations unies et exclut donc de fait de nombreuses zones grises de la planète.

Ce mouvement nationaliste, né en 1973 pour dénoncer l'occupation du Sahara occidental, proclame, au moment du départ des Espagnols, la République arabe sahraouie démocratique (RASD) dont le gouvernement en exil s'est installé en Algérie. Une grande partie des Sahraouis se sont également réfugiés dans d'immenses camps dans le désert algérien.

Depuis 1991, en dépit du cessez-le-feu obtenu par l'ONU entre les deux parties, ni le Maroc ni le front Polisario n'ont réussi à obtenir la reconnaissance institutionnelle de leur contrôle du territoire. L'ONU y conserve plusieurs postes d'observation pour garantir la paix.

Cette zone désertique attise les convoitises du fait de l'importance de ses ressources, notamment halieutiques. Le front Polisario utilise d'ailleurs cette ressource pour internationaliser sa cause en dénonçant régulièrement les accords de pêche passés entre le Maroc et l'Union européenne.

L'essentiel

Le règlement du conflit semble cependant plus proche que jamais. En 2017, le Maroc a accepté de reconnaître l'existence de la République arabe sahraouie démocratique, condition exigée pour pouvoir réintégrer l'Union africaine qu'il avait quittée en 1984. Le Maroc s'est également retiré unilatéralement d'une zone contestée dans la région de Guerguerat, au sud. Cet apaisement illustre bien la volonté du Maroc de sortir de l'enfermement politique et stratégique qui a conduit le pays à une asphyxie économique.

Le Haut-Karabakh, une république caucasienne en marche vers l'autodétermination

Outre la décolonisation, la dislocation de l'URSS en 1991 a également donné naissance à de nombreuses zones grises. Dans le Caucase du Sud, notamment, coincés entre l'Iran, la Turquie et la Russie, plusieurs territoires peuvent répondre à la définition parmi lesquels le Haut-Karabakh.

Cette province arménienne rattachée à l'Azerbaïdjan par Staline en 1921 a proclamé son indépendance en 1991. Après trois ans de guerre entre l'Arménie et l'Azerbaïdjan et un lourd bilan de 30 000 morts, les deux États ont accepté un cessez-le-feu qui n'a cependant pas réglé le conflit.

L'Azerbaïdjan refuse de perdre ce territoire qui lui a été officiellement confié. L'Arménie souhaite en prendre le contrôle au nom d'un peuplement largement arménien. La République d'Artsakh, nom donné à cet état autoproclamé, entend bien faire respecter son droit à l'indépendance. Cette république transcaucasienne assure la gouvernance d'un territoire grand comme un département français, en ayant son propre gouvernement, un parlement autonome et une administration effective.

Attention

Le Haut-Karabakh fait partie de ces conflits qui sont dits « gelés » sans pour autant être véritablement réglés. Le groupe de Minsk coprésidé par la Russie, la France et les États-Unis cherche à rétablir la paix dans la région depuis 1992, mais cette mission semble aujourd'hui au point mort.

Le saviez-vous

PLUS PROCHE DE NOUS ENCORE, LA TRANSNISTRIE

La Transnistrie, officiellement République moldave du Dniestr, semble, elle aussi, tout droit sortie d'un album de Tintin. Cette république indépendante, sise aux confins orientaux de la Moldavie, fait également partie de ces zones grises formées à la chute de l'URSS. Elle dispose de sa propre capitale, Tiraspol, d'un gouvernement et d'un parlement autonomes ainsi que de tous les attributs caractérisant un État. Cependant, comme les autres, elle n'est pas reconnue par les autres États du monde et n'a donc pas d'existence légale.

Fiche 16 : La Corse, une collectivité territoriale à statut particulier

Cette tendance à l'émiettement n'épargne pas la République française. La Corse est à la fois la plus petite (8681 km²), la moins peuplée (330 000 habitants) ou encore la plus pauvre des régions françaises métropolitaines. Cette petite montagne dans la mer, plus longtemps génoise que française, affiche plus que jamais ses particularismes, notamment depuis l'élection à la tête de son administration d'un tandem nationaliste.

Un statut particulier confirmé

Depuis le 1er janvier 2018, la collectivité de Corse (et non plus « collectivité territoriale de Corse ») est devenue une structure administrative distincte de l'État en lieu et place des départements de Corse-du-Sud et de Haute-Corse.

Départementalisée en 1790, la Corse a en effet été divisée en deux départements en 1975 en raison de la régionalisation qui rendait impossible la constitution de régions métropolitaines ne comprenant qu'un seul département. Dès 1982, soit quatre ans avant les autres régions métropolitaines, la Corse devint une région métropolitaine dotée d'une assemblée aux compétences étendues.

L'essentiel

À l'instar d'autres régions insulaires européennes bénéficiant d'un statut d'autonomie, comme la Sardaigne toute proche, la Corse est devenue en 1991 une collectivité territoriale à statut particulier. En 2002, cette collectivité a obtenu des compétences nouvelles, sans pour autant modifier son statut.

Depuis 2015, la Corse a gagné en autonomie. Par la loi NOTRe (nouvelle organisation territoriale de la république), la collectivité de Corse a été créée pour administrer librement le territoire. Ce statut particulier de la Corse doit désormais être inscrit dans la Constitution à l'article 72-5. Elle pourra alors adapter les lois de la République aux spécificités insulaires.

LYON ET PARIS, DEUX AUTRES TERRITOIRES AUX STATUTS COMPLEXES

Le saviez-vous

Outre les régions d'outre-mer, deux autres territoires bénéficient d'un statut spécifique dans la République française.

À compter du 1er janvier 2019, la Ville de Paris deviendra une collectivité unique à statut particulier pour exercer les compétences de la commune et du département de Paris. Alors que la ville n'élit son maire que depuis 1975, elle profite de la décentralisation pour renforcer son autonomie. Paris ne sera cependant que la deuxième ville française dotée du titre de « collectivité territoriale à statut spécifique ». Depuis la loi MAPTAM de 2014 (loi de modernisation de l'action publique territoriale et d'affirmation des métropoles), la métropole de Lyon a acquis les compétences de la communauté urbaine de Lyon et du département du Rhône.

Une alliance de circonstance entre nationalistes

Cette autonomisation de la Corse s'est accélérée après la victoire des nationalistes aux élections de 2015. L'île est désormais dirigée par un tandem formé par Gilles Simeoni, président du conseil exécutif, et Jean-Guy Talamoni, président de l'Assemblée de Corse. Réélu en décembre 2017 avec près de 57 % des voix au second tour des élections territoriales, le duo entend obtenir plus d'autonomie pour la Corse.

Les deux hommes ont pourtant dû dépasser leurs différences pour sortir le nationalisme corse du marasme politique dans lequel il était. Ils ont surtout dû lisser leurs désaccords pour éviter les affrontements alors que l'un est autonomiste et l'autre indépendantiste. Le leader du parti autonomiste Inseme por a Corsica (« Ensemble pour la Corse »), Gilles Simeoni, prône un statut d'autonomie avec des pouvoirs régaliens tout en restant au sein de la République française. À l'inverse, pour le leader du parti indépendantiste Corsica libera (« Corse libre »), Jean-Guy Talamoni, l'objectif est que la Corse devienne un pays à part entière.

Les deux leaders se sont accordés sur des objectifs communs tels que l'officialisation de la langue corse, l'amnistie des prisonniers politiques ou encore la création d'un statut de résident pour protéger l'île de la spéculation foncière. Jean-Guy Talamoni s'est par ailleurs engagé à ne pas évoquer l'indépendance de la Corse avant 2021.

L'indépendance de la Corse est-elle possible ?

Si pour une partie des nationalistes, l'objectif ultime demeure l'indépendance de l'île de Beauté, d'un point de vue économique, cette indépendance paraît difficile à envisager.

La Corse peut pourtant se targuer d'avoir le deuxième meilleur taux de croissance derrière l'Île-de-France ; en dix ans, son PIB par habitant a augmenté d'environ 2 % chaque année. Cependant, elle reste de loin la plus pauvre des régions métropolitaines avec un PIB par habitant largement inférieur à la moyenne nationale (26 954 euros contre 32 967 euros en 2015) ou avec un taux de pauvreté largement supérieure au reste du territoire (20 % contre 13,9 %).

Cette situation lui a permis d'obtenir un traitement de faveur de la part de l'État, notamment dénoncé dans un rapport de la Cour des comptes de 2016 au nom du principe général de l'égalité devant l'impôt. Les vins locaux bénéficient ainsi d'une exemption totale ; le tabac a une taxation réduite par rapport à la métropole. Les entreprises et les ménages bénéficient en outre d'avantages fiscaux.

Attention

La Corse doit donc en grande partie son dynamisme économique à l'aide de la métropole. La structure de l'emploi est révélatrice de l'importance de ces aides publiques ; avec 93 fonctionnaires pour 1 000 habitants, la Corse bénéficie d'un encadrement par l'emploi public supérieur au reste du territoire (84 agents pour 1 000 habitants en moyenne).

Surtout, sa structure productive est peu diversifiée. Son industrie manufacturière est très peu développée, son agriculture produit peu de valeur ajoutée et ses services métropolitains restent encore beaucoup trop faibles.

À méditer

UNE ADMINISTRATION PROVISOIRE QUI DURE

Le contrôle exercé par la France sur la Corse ne devait être que provisoire. Après une occupation de plusieurs siècles de l'île et confrontée à son incapacité à rétablir l'ordre, la république de Gênes confia la Corse à la France. En 1729, Louis XV accède à la demande de la république de Gênes et envoie des troupes françaises occuper la Corse. En 1768, la France demande à Gênes de payer l'aide octroyée tout en accordant un délai de dix ans à la République italienne. Puisqu'au bout des dix ans, Gênes n'est pas parvenue à rembourser son puissant allié français, la Corse est devenue française.

Fiche 17 : L'autodétermination pour la Nouvelle-Calédonie

En vertu de l'accord de Nouméa, conclu en 1998, cet archipel français perdu dans le Pacifique Sud au large de l'Australie devait se prononcer sur son avenir politique le 4 novembre 2018. Cependant, malgré le succès de la cause loyaliste lors de ce référendum, l'avenir politique de la Nouvelle-Calédonie demeure incertain.

Un archipel profondément divisé

Quand la France prend possession de ces îles au milieu du XIXe siècle, elle y voit surtout la possibilité de créer un nouveau bagne pour seconder celui de Guyane. Le premier convoi arrive de métropole dès 1864, mais c'est la Commune de Paris qui a fourni l'essentiel des bagnards de Nouvelle-Calédonie. Le bagne ferme en 1924. Cependant, cela ne tarit pas les transferts de population depuis la métropole. La Nouvelle-Calédonie est en effet l'une des seules colonies de peuplement françaises avec l'Algérie.

Ce peuplement se fait au détriment de la population locale autochtone, les Kanaks, qui sont progressivement marginalisés et relégués dans des réserves lors du « grand cantonnement ». Dans les années 1980, les Kanaks sèment le trouble pour obtenir réparation. Les accords de Matignon (1988) et de Nouméa (1998) visent à construire « un destin commun » pour restaurer la paix sociale sur l'archipel. Ils prévoient de réattribuer les terres aux Kanaks et une pleine reconnaissance de l'identité kanake. La Nouvelle-Calédonie gagne en autonomie et dispose de larges compétences dans les domaines économique, social et culturel. L'État participe notamment au financement d'une usine de production de nickel dans le nord de l'île principale, peuplé majoritairement par des Kanaks.

Attention

En dépit de la politique de rééquilibrage en faveur des Kanaks, les fractures restent profondes au sein de la population néocalédonienne. Les Kanaks sont très peu diplômés et concentrent l'essentiel des problèmes sociaux. L'agglomération de Nouméa est un symbole de cette fracture ; elle est profondément fragmentée entre une partie nord pauvre à dominante kanake et une partie sud aisée, peuplée majoritairement par des Européens.

LA GROTTE D'OUVÉA CONTINUE DE HANTER LES MÉMOIRES

Le saviez-vous

Le 5 mai 2018, lors de sa visite officielle, Emmanuel Macron, s'est rendu à Ouvéa, dans la grotte de Gossanah. Cette première visite présidentielle sur ce lieu symbolique des tensions entre la métropole et les indépendantistes consacre une volonté de réconciliation. Entre les deux tours de l'élection présidentielle de 1988, des gendarmes sont pris en otage dans cette grotte par un groupe de militants indépendantistes. L'assaut cause la mort de dix-neuf Kanaks et de deux gendarmes. Les blessures restent très profondes. La nature porte encore les traces de cet affrontement ; à proximité de la grotte, des troncs calcinés aux lance-flammes sont toujours debout et les rochers portent des éclats de balles.

Un avenir politique qui demeure incertain

Le 4 novembre 2018, plus de 80 % des électeurs inscrits sur la liste référendaire se sont mobilisés pour se prononcer contre la pleine souveraineté de l'île. Emmanuel Macron a salué ce résultat comme une « marque de confiance en la République », tout en exprimant sa « fierté que la majorité des Calédoniens aient choisi la France ».

Même si les Kanaks forment la première communauté de l'archipel (105000 personnes, soit près de 39 % des 270000 Néo-Calédoniens), la relative bonne santé économique de l'île a pesé en faveur du maintien dans la République française. Le niveau de vie est largement supérieur à celui des îles voisines et le PIB par habitant est proche de celui de la métropole même s'il reste inférieur (29271 euros contre 33409 euros en 2015).

Cependant, le soir du scrutin, les indépendantistes semblaient à la fête, contrairement aux loyalistes. Ces derniers, partisans du maintien dans la République, espéraient une victoire plus large afin de renégocier l'accord de 1998. La victoire confortable du non avec 56,7 % des suffrages ne semble pas suffisante pour remettre en cause le processus d'autodétermination en cours. En effet, les accords de Nouméa prévoient la possibilité d'organiser un deuxième référendum d'ici 2020 et, en cas de résultat identique, un troisième dans un délai supplémentaire de deux ans.

Le saviez-vous UN CADEAU HAUTEMENT SYMBOLIQUE

Lors de sa visite officielle en mai 2018, Emmanuel Macron n'est pas venu les mains vides. Il a remis au gouvernement du territoire l'acte officiel de prise de possession de l'archipel daté du 24 septembre 1853. Ce document administratif conclu au temps de Napoléon III a quitté les archives nationales d'outre-mer d'Aix-en-Provence pour rejoindre les archives territoriales de Nouméa. Il marque l'annexion par la France de ce territoire découvert par l'explorateur britannique James Cook en 1774. Ce transfert symbolique est un nouveau geste mémoriel en faveur de l'apaisement entre la Nouvelle-Calédonie et son ancienne puissance coloniale.

PARTIE 2
DES SOCIÉTÉS DIVISÉES

DANS CETTE PARTIE...

Jean-Jacques Rousseau plaçait déjà l'égalité comme condition primordiale à l'établissement de toute société légitime dans son *Discours sur l'origine et les fondements de l'inégalité parmi les hommes* de 1755. Le creusement des inégalités dans le monde nourrit la peur de l'autre et contribue à l'affirmation des particularismes identitaires, culturels, religieux ou ethniques. Le sentiment d'appartenance à un même groupe s'étiole dans de nombreuses sociétés, menaçant le vivre-ensemble sur l'autel de la division.

Les inégalités défient les équilibres mondiaux et alimentent le repli sur soi des sociétés face aux migrations. Elles nourrissent la violence sociale en ruinant la confiance portée dans les édifices sociaux. Elles risquent ainsi de détruire en leur sein les sociétés humaines en raison du sentiment d'injustice qui gagne les classes sociales les moins favorisées. Le libre-échange devait généraliser la richesse et assurer la paix dans le monde ; il se traduit au contraire par un renforcement des clivages et des tensions.

Le vivre-ensemble est alors remis en cause à des échelles et des degrés divers. La répression des minorités se poursuit malgré les progrès de la justice internationale face aux génocides du XXe siècle. Les divisions ethniques et religieuses restent prégnantes jusque dans les sociétés occidentales. L'idéal de solidarité est menacé alors que des individus ne se retrouvent plus dans le sentiment d'une communauté partagée. Ces fractures se traduisent par un éclatement des sociétés en entre-soi aux modes de vie de plus en plus distincts.

Chapitre 3

Le creusement des inégalités

DANS CE CHAPITRE :

- **L'exclusion des plus pauvres**
- **La crise migratoire**
- **La persistance des inégalités en France**

Le succès mondial du livre de Thomas Piketty, *Le Capital au* XXIe *siècle*, vendu à près de trois millions d'exemplaires et bientôt adapté en film, illustre l'ampleur des interrogations sur les inégalités dans le monde. Elles ne sont pourtant pas nouvelles et peuvent même être considérées comme constitutives du capitalisme, mais elles prennent aujourd'hui une ampleur jusqu'alors inégalée. 1 % de la population mondiale détient désormais la moitié de la richesse alors que dans le même temps 850 millions de personnes vivent avec moins de 1,9 dollar par jour.

Ces inégalités sont à l'origine de situations humanitaires dramatiques dans lesquelles des populations souffrent encore de la faim alors que, sur la Terre, les disponibilités alimentaires sont supérieures aux besoins. Elles contraignent des milliers de personnes à quitter leur domicile et leur famille pour rechercher un cadre de vie plus sûr et plus favorable.

Plus généralement, elles constituent un risque de délitement pour les sociétés contemporaines. Le sentiment d'injustice de ceux qui en souffrent peut se transformer en une menace pour les édifices sociaux et pour la démocratie elle-même. La vigueur du populisme dans le monde n'est certainement pas étrangère à l'ampleur de ces écarts économiques.

Fiche 18 : Le creusement des écarts de salaires et de patrimoine

Depuis 1980, les 1 % les plus riches ont capté 27 % de la croissance alors que les 50 % les plus pauvres concentraient dans le même temps 12 % de la croissance mondiale. Loin de se résorber, les inégalités ont donc tendance à se creuser. La croissance de 2017 a ainsi été répartie de manière pour le moins inéquitable ; 82 % des 3910 milliards de dollars créés cette année-là ont profité aux 1 % les plus riches.

Un principe constitutif du capitalisme

Si elle est aujourd'hui objet de critiques, l'inégalité est présentée par les théoriciens du libéralisme comme un principe moteur de la croissance.

L'essentiel

Selon les grands penseurs du libre-échange, au premier rang desquels Adam Smith (1723-1790), l'inégalité des fortunes profite à tous, puisqu'elle rend les situations meilleures, même pour les plus pauvres. En effet, grâce à leur épargne, les riches accumulent du capital qu'ils investissent ensuite dans des entreprises pour créer des emplois. L'accumulation de richesses par une minorité profite donc également aux pauvres, qui vendent leur travail pour vivre.

Cette théorie du ruissellement a ensuite été affinée au XXe siècle en y ajoutant notamment le critère de l'innovation ; les plus riches, disposés à payer des prix élevés pour des produits innovants, financeraient ainsi la recherche et donc le développement. Puisque la machine est bien faite, les plus pauvres en profitent ensuite avec la diminution du prix de ces produits innovants.

Le creusement des inégalités est donc un principe naturel qui encourage la croissance puisque les ressources reviennent à ceux qui épargnent et investissent le plus au détriment des autres. Mais dans un second temps, les inégalités sont censées reculer et profiter davantage au capital humain.

Le saviez-vous

LES ABEILLES POUR MODÈLE

La fameuse « Fable des abeilles » de Bernard Mandeville (1670-1733) est invoquée par Adam Smith pour justifier la nécessité de l'inégalité entre les hommes. Dans cette ruche, les dépenses du riche donnent du travail aux pauvres. Jupiter, indigné par ce goût du luxe, inculque l'honnêteté dans la ruche. « La vertu seule ne peut faire vivre les nations / Dans la magnificence ; ceux qui veulent revoir / Un âge d'or, doivent aussi être disposés / À se nourrir de glands, que vivre honnêtes. » L'égalité devient donc synonyme de frugalité.

Une redistribution des cartes au niveau mondial

Si les très riches profitent largement de la croissance, quel que soit le pays dans lequel ils vivent, les classes moyennes occidentales apparaissent comme les grandes perdantes de la mondialisation. Elles avaient largement profité des Trente Glorieuses pour se constituer, mais subissent désormais la concurrence de travailleurs du monde entier. D'après la World Wealth and Income Database, base de données sur les inégalités de richesse et de revenus dans le monde, leurs revenus ont stagné face au nouvel ordre international de répartition des richesses. Cette baisse relative des revenus des Occidentaux devrait se traduire par une convergence des revenus moyens dans le monde.

La croissance des inégalités est cependant variable en fonction des pays, ce qui montre que les pouvoirs publics ont un rôle à jouer au niveau de leur régulation. Alors que l'Europe et les États-Unis étaient à un niveau comparable en 1980, le creusement des inégalités est plus fort aux États-Unis, conséquence de la baisse massive des impôts des plus riches, des disparités de plus en plus grandes en termes d'éducation et d'une baisse relative du salaire minimum. Ces inégalités se traduisent également au niveau du patrimoine. Aux États-Unis, les 1 % les plus riches possèdent 39 % du patrimoine alors qu'en Europe les classes moyennes ont pu accéder à l'immobilier, ce qui crée des écarts moins importants.

Le saviez-vous

UNE FORTE INSPIRATION ANIMALIÈRE

Outre les abeilles, l'éléphant inspire aussi les économistes. L'Américain Branko Milanović (né en 1953) représente ainsi la montée des inégalités de revenus par « la courbe de l'éléphant ». En reprenant sur un graphique, l'évolution du revenu réel des ménages entre 1988 et 2008, en fonction des différents percentiles de revenus, l'économiste a mis en évidence un pachyderme. Le corps est symbolisé par l'augmentation du revenu des 50 % les plus pauvres. Le creux de la trompe reprend la baisse des revenus pour les classes moyennes des pays industrialisés. Les 10 % les plus riches forment alors la trompe, du fait de la très forte augmentation de leurs revenus.

Une menace sur le travail et la société

D'autres économistes mettent en évidence le caractère néfaste des inégalités. Pour Joseph Stiglitz, prix Nobel d'économie en 2001, les inégalités réduisent la consommation ; l'épargne des plus riches échappe à l'économie et contribue à une insuffisance de la demande globale. Elles portent atteinte aux biens publics (routes, ports, soins médicaux, éducation ou recherche fondamentale) qui ne sont pas une priorité pour les plus favorisés, car ils ont les moyens de les financer. Les inégalités atteindraient également la motivation et le rendement des travailleurs face au creusement des écarts de salaires entre les employés et les dirigeants alors que la création de richesses profite d'abord aux actionnaires.

Les inégalités constituent plus généralement une force de désunion pour la société. L'iniquité dans le partage de la richesse alimente le sentiment d'injustice économique et se traduit par des phénomènes de rejet. Les sociétés démocratiques sont gagnées par la défiance et la déréliction.

À méditer

« NOUS SOMMES LES 99 % »

Depuis 2011, le mouvement pacifique Occupy Wall Street dénonce les abus du capitalisme financier. Le mouvement est parti du quartier de la Bourse à New York dans le parc Zuccotti ; d'un simple sit-in, il s'est transformé en une véritable occupation. La mobilisation a ensuite essaimé vers d'autres grandes villes des États-Unis avant de se propager dans plus de 1 500 villes dans près de la moitié des États du monde. Elle a trouvé une déclinaison dans le mouvement des Indignés, né à Madrid en mai 2011. Si la mobilisation est aujourd'hui moins visible, l'idéal égalitariste porté par ces mouvements reste bien vivant.

Fiche 19 : Une sous-alimentation endémique dans les PMA

Dans les cas les plus extrêmes, les inégalités peuvent provoquer des crises alimentaires. Si la malnutrition est un problème mondial en tant que déséquilibre de la ration alimentaire quotidienne, la sous-alimentation se concentre dans les pays les moins avancés (PMA). Cette situation chronique de carence alimentaire peut se traduire par une famine, une crise localisée dans le temps et dans l'espace qui entraîne une forte mortalité.

20 millions de personnes affectées par la famine

Les agences internationales estiment à environ 2 milliards, le nombre de personnes souffrant de malnutrition, dont plus de la moitié sont victimes de sous-alimentation. Parmi le milliard de personnes sous-alimentées, 20 millions sont affectés par la famine.

En 2017, alors que la sécheresse, liée au phénomène climatique El Niño, sévissait dans une bonne partie de l'Afrique, le secrétaire général de l'ONU, Antonio Guterres, a évoqué « la pire catastrophe humanitaire depuis la Seconde Guerre mondiale ».

38 pays ont alors demandé l'aide alimentaire pour faire face à cette situation exceptionnelle. Les sécheresses de 2015 et 2016 ont provoqué une baisse des récoltes et une surmortalité des cheptels de bétail. Face à la chute de la production, les populations ont été contraintes de tuer leurs bêtes pour se nourrir ou de manger les semences conservées originellement pour être replantées l'année suivante.

Le saviez-vous

UNE PÂTE À TARTINER CONTRE LA FAMINE EN SOMALIE

Une entreprise normande, Nutriset, s'est spécialisée dans la production et la commercialisation de produits nutritionnels pour lutter contre la malnutrition. Le produit vedette de sa gamme, le Plumpy'Nut®, breveté depuis 1997, est une pâte brune à base d'arachide, d'huiles végétales et de lait en poudre. Distribuée par l'aide alimentaire, elle est appréciée des enfants pour son goût sucré et facile à administrer, car elle se présente sous la forme d'un sachet en aluminium prêt à l'emploi. Plus de 40 000 tonnes sont ainsi produites chaque année en Normandie avant d'être expédiées vers les zones de famine.

Attention

Outre ces famines, les carences alimentaires portent atteinte au développement. D'après le rapport sur la nutrition mondiale de l'ONU, un enfant qui mange à sa faim a 33 % de chances supplémentaires d'échapper à la pauvreté à l'âge adulte. À l'inverse, les carences alimentaires provoquent un retard au niveau cognitif, des performances scolaires moins bonnes et des maladies chroniques.

Une réalité surtout politique

Si la sécheresse demeure une cause importante de ces crises, l'élément déclencheur est souvent politique. Lors des conflits, les gouvernements n'hésitent pas à utiliser la ressource alimentaire comme une arme afin d'annihiler toute capacité de résistance. Des régions entières sont privées de ravitaillement alors que les récoltes et les bétails sont parfois volés. Le conseil de sécurité de l'ONU a reconnu ce lien entre la faim et les conflits dans une résolution votée en mai 2018.

En Éthiopie, dans la région Somali, à la frontière avec Djibouti et la Somalie, une sévère famine sévit depuis 2017. Les affrontements ethniques ont provoqué le déplacement de milliers de personnes. La sécheresse a compliqué les disponibilités alimentaires. Mais c'est surtout le gouvernement qui est accusé par les organisations internationales d'être responsable de la crise. Le régime a cherché à en minimiser la portée pour éviter d'écorner son image de puissance économique et d'allié stratégique dans la lutte contre le terrorisme en Afrique de l'Est.

À méditer

UN PROBLÈME DE STIGMATISATION ?

La classification en pays les moins avancés (PMA) décidée par l'ONU en 1971 devait permettre de lutter contre l'extrême pauvreté en concentrant les aides dans les espaces les plus en difficulté. Elle a peut-être produit l'effet inverse. Cette classification rassemblant aujourd'hui 47 États est accusée de stigmatiser les pays pauvres et de faire fuir les investisseurs en quête de sécurité. L'image de PMA renvoie à l'extrême pauvreté, mais aussi à la violence sociale et aux troubles politiques qui l'accompagnent souvent. Les détracteurs de cette taxinomie internationale insistent sur la difficulté à sortir du statut de PMA ; seuls cinq États ont en effet quitté le statut : le Botswana (1994), le Cap-Vert (2007), les Maldives (2011), les Samoa (2014) ou encore la Guinée équatoriale (2017).

Les difficultés de la lutte contre la famine

Dès lors que l'aide alimentaire se transforme elle-même un enjeu du conflit, il devient difficile d'intervenir sereinement pour les associations internationales. Elles sont parfois contraintes à des opérations de largage de vivres, n'hésitant pas à braver les limites des autorisations des États ravitaillés.

Les humanitaires peuvent également être pris pour cible. Plusieurs attaques ont eu lieu ces dernières années au cœur des camps de déplacés dans lesquels interviennent les humanitaires. Au même titre que les journalistes, les humanitaires incarnent un symbole de domination étrangère.

L'essentiel

La lutte contre la famine est donc complexe et globale. Elle ne peut se résumer à une question agricole. Les experts insistent sur la nécessité d'améliorer les infrastructures pour faciliter l'approvisionnement ou encore sur l'importance de l'encadrement de la spéculation alimentaire. Mais l'essentiel reste la lutte contre la pauvreté et la réduction des risques de conflits ou de catastrophes.

Fiche 20 : La crise humanitaire et sociale au Venezuela

Depuis la mort de l'ancien président Hugo Chavez (1999-2013), le Venezuela est plongé dans une crise profonde. Le successeur désigné, Nicolas Maduro, était chargé d'entretenir le flambeau du bolivarisme, pour que le Venezuela demeure le fer de lance de la lutte contre l'impérialisme des États-Unis. Quelques années plus tard, l'économie vénézuélienne est au bord de la faillite, et Nicolas Maduro se retrouve désormais contesté au sein même de son camp.

Une crise économique et financière profonde

L'augmentation très forte des prix du pétrole dans les années 2000 a modifié en profondeur la structure économique de l'État vénézuélien, devenu un État rentier, et a permis au président Chavez de financer ses réformes et sa politique sociale. La récente chute du cours du baril a précipité une des économies les plus florissantes d'Amérique latine dans une crise profonde.

En novembre 2017, le pays a été déclaré « en défaut partiel » par l'agence de notation Standard and Poor's. Depuis 2013, le Venezuela traverse une période de récession ; selon le Fonds monétaire international, le PIB s'est réduit d'un tiers en perdant notamment 16 % de sa valeur en 2016, 12 % en 2017 et 18 % en 2018

Les salaires réels se sont effondrés et le salaire minimum est désormais plus faible que celui de tous les autres pays de la région, y compris Haïti pourtant classé parmi les PMA. Les Vénézuéliens subissent la pénurie des denrées alimentaires et des produits de consommation courante. Les importations se sont écroulées alors que le pays est largement dépendant des échanges. Les productions locales ont souvent été abandonnées au profit du pétrole ou au nom de l'idéologie bolivarienne ; autrefois exportateur de café, cette denrée est désormais devenue introuvable.

Attention

L'hyperinflation menace et rappelle le contexte financier de l'Allemagne des années 1920. Les chiffres sont difficilement concevables, car l'inflation dépasse 1 000 000 % en 2018 selon le FMI. Le gouvernement tente de combler les déficits en utilisant la création monétaire. Mais cette impression massive de billets met en péril la confiance, fait baisser la valeur de la monnaie et provoque une hausse vertigineuse des prix. Pour y remédier, Nicolas Maduro envisage de supprimer cinq zéros au bolivar. Pour l'heure, le plus gros billet, celui de 100 000 bolivars, vaut moins de 1 cent de dollar au marché noir.

Le saviez-vous

UNE CRYPTOMONNAIE POUR SAUVER L'ÉCONOMIE VÉNÉZUÉLIENNE

Pour tenter de lutter contre cette crise monétaire, les Vénézuéliens se débarrassent à tout prix de leurs bolivars contre des dollars, mais aussi des bitcoins. Le gouvernement a donc imaginé une cryptomonnaie, le petro, dont le prix de départ est fixé à 60 dollars, soit la valeur d'un baril de pétrole début 2018. Elle doit répondre au problème de manque de liquidité du pays et enrayer l'hyperinflation. Son cours sera garanti par les réserves nationales de pétrole, le Venezuela possédant les plus importantes réserves de pétrole prouvées de la planète. L'envolée récente du cours du bitcoin a probablement inspiré Nicolas Maduro pour la mise en place de cette nouvelle monnaie.

La remise en cause du chavisme

Hugo Chavez avait pourtant pris les devants en installant son poulain Nicolas Maduro, vice-président de la République, plusieurs mois avant sa mort ; devenu président par intérim au moment du décès d'Hugo Chavez, Nicolas Maduro a fait confirmer cette décision par une élection en avril 2013.

En mai 2018, Nicolas Maduro a été réélu au terme d'un scrutin contesté. Les partisans de son ancien mentor dénoncent désormais la corruption massive qui a entouré le vote. Une grande partie des chavistes a lâché Maduro et considère que la simple chute des cours du pétrole n'est pas seule responsable de l'ampleur des difficultés économiques.

Pour prendre de court l'opposition, Maduro a décidé d'avancer l'élection de plusieurs mois. Surtout, il s'est assuré d'éliminer ses opposants. Les droits politiques des deux principaux chefs de l'opposition ont été retirés. Henrique Capriles Radonski, leader du parti Primero Justicia, candidat à deux reprises à la présidentielle et Leopoldo Lopez, chef du mouvement Voluntad Popular ont été respectivement condamnés à treize ans et six mois de prison. Les grandes figures dissidentes du chavisme ont par ailleurs été exclues de la présidentielle.

Attention

La communauté internationale dénonce ce manquement à la démocratie. Les mouvements populaires, la Mesa de la Unidad Democrática (MUD), d'une part, puis le Frente Amplio, d'autre part, tentent de résister à Maduro. Des condamnations internationales soutiennent les mouvements contestataires, mais elles alimentent également la propagande officielle qui dénonce un complot des États-Unis contre les Vénézuéliens.

UN MANIFESTANT EN FEU POUR LA PHOTO DE L'ANNÉE

Le saviez-vous

Chaque année, le jury du World Press Photo désigne une photo de l'année pour mettre en lumière une situation préoccupante dans le monde. Le prix 2018 est revenu à un photographe de l'Agence France-Presse, Ronaldo Schemidt, dont le cliché représente un homme en flamme lors d'une manifestation contre le président Maduro en mai 2017. Cette image concentre l'attention sur la situation préoccupante des Vénézuéliens, tout en étant beaucoup moins polémique que l'édition 2017 qui avait récompensé un cliché pris sur le vif de l'assassin de l'ambassadeur de Russie en Turquie.

L'exode massif de la population

Face à ces difficultés, près de 10 % de la population vénézuélienne a choisi de quitter le pays. L'université de Caracas estime à plus de 2,5 millions le nombre d'expatriés. Si l'exil était déjà monnaie courante sous la présidence Chavez, l'émigration a changé de nature ; ce ne sont plus uniquement des classes moyennes ou supérieures qui désertent leur pays par idéologie. Cet exode massif se traduit par une crise régionale dans toute l'Amérique latine.

La Colombie est l'État le plus massivement impacté avec 1 million de Vénézuéliens qui ont franchi la frontière ; le pays a d'ailleurs fait appel à l'aide internationale pour encadrer cet afflux massif. D'autres pays de la région accueillent également des Vénézuéliens en fuite : 200 000 en Équateur, plus de 100 000 au Pérou ou encore 50 000 en Argentine.

Les réseaux sociaux permettent à la diaspora de s'organiser et de trouver des logements et des emplois souvent informels. Les *arepas*, traditionnelles galettes de maïs vénézuéliennes, sont désormais disponibles dans toute l'Amérique latine.

50 TONNES DE JAMBON POUR CALMER LES VÉNÉZUÉLIENS

À méditer

En fin d'année 2017, des milliers de Vénézuéliens ont manifesté contre les pénuries dont le symbole mis en avant comme un étendard était le *pernil de cerdo*, un jambon à l'os rôti qui est un des plats traditionnels des fêtes de fin d'année. Comme souvent, Nicolas Maduro a désigné un coupable tout trouvé : le Portugal, principal exportateur de ce jambon. La baisse des approvisionnements est présentée comme un sabotage pour alimenter la colère de l'opinion publique vénézuélienne. Le salut est venu d'un pays voisin, la Colombie qui a envoyé en urgence par camion 50 tonnes de jambon pour calmer la colère des manifestants.

Fiche 21 : Les migrations, symbole d'un monde inégal

À l'instar des Vénézuéliens, des milliers de personnes sont contraintes de quitter leur pays pour fuir la misère ou la guerre. Contrairement à l'imaginaire actuel, les migrations ne sont pas un phénomène nouveau ; « le principe de mobilité est au cœur du fonctionnement des sociétés anciennes », rappelle le professeur Paul-André Rosental en invoquant la paléontologie et l'archéologie. La découverte récente d'une jeune métisse de 90 000 ans en Sibérie témoigne de ces éternels brassages de population. Les migrations prennent cependant des proportions beaucoup plus grandes et alimentent des discours politiques faisant souvent fi des réalités économiques.

Des hommes et des chiffres

Selon Catherine Wihtol de Wenden, spécialiste reconnue de la question migratoire, le volume des migrants a triplé en 30 ans (passant de 75 millions de personnes en 1965 à plus de 200 millions au début du XXIe siècle). Cette augmentation a connu une accélération fulgurante depuis 2005 ; en 2015, plus de 230 000 millions de migrants vivent dans un autre pays que leur pays d'origine. Parmi eux, 53 millions ont le statut de réfugié.

Cette très forte augmentation est la conséquence de la multiplication des conflits, de la facilitation des transports dans la mondialisation et de l'organisation des réseaux grâce aux nouvelles technologies de l'information et de la communication.

Depuis l'été 2017, le flux de migrants vers le vieux continent s'est tari mais l'Europe peine toujours à gérer ce qui constitue le plus grand afflux migratoire depuis la Seconde Guerre mondiale.

L'essentiel

Selon le Haut-Commissariat aux réfugiés (HCR), agence des Nations unies, les Syriens forment la première nationalité représentée avec 12 millions de déplacés sur une population totale de 23 millions. La plupart de ces réfugiés ont fui dans les pays voisins ; les migrations coûtent cher et ce ne sont souvent que les minorités les plus favorisées qui peuvent rejoindre les pays du Nord.

Plus de 90 % des réfugiés se trouvent ainsi dans des pays économiquement moins développés, loin des fantasmes du « grand remplacement » entretenu par les extrêmes droites dans les pays du Nord. D'après les chiffres du HCR, les principales terres d'accueil sont souvent les pays d'origine des déplacés eux-mêmes ; le HCR considère en effet qu'un migrant ne doit pas nécessairement franchir une frontière pour être considéré comme tel. Ainsi, les principaux pays d'accueil des migrants sont la Colombie (7,4 millions), la Syrie (7,1 millions), l'Irak (5,3 millions), la République démocratique du Congo (3,3 millions) ou encore le Soudan (2,7 millions). Le Moyen-Orient concentre à lui seul un tiers des réfugiés dans le monde ; la Turquie accueille ainsi 3,1 millions de réfugiés (soit environ 440 pour 10 000 habitants) et le Liban 1,2 million (soit plus de 2 500 pour 10 000 habitants).

Attention

La situation catastrophique en Syrie focalise l'attention et fait oublier que la majorité des migrants arrivés en Europe sont Africains ; selon l'agence Frontex, chargée de surveiller les frontières européennes, 93 % des personnes qui ont débarqué en Italie en 2016 sont africaines. Selon l'Organisation internationale des migrations (OIM), parmi les dix premières nationalités des migrants arrivés en Italie, neufs sont africaines, le Bangladesh constituant la seule exception.

À méditer

À LA VOILE CONTRE LES PEURS

Afin de sensibiliser les opinions publiques à la question migratoire, une centaine de jeunes originaires de plusieurs pays de la Francophonie ont traversé la Méditerranée entre La Rochelle et Tanger à bord de l'*Hermione*. Ce navire de guerre mythique du XVIIIe siècle, reconstruit à l'identique entre 1997 et 2014, a fait la route inverse des migrants à l'initiative de l'Organisation internationale de la francophonie (OIF) pour porter haut les valeurs de la liberté. Il a dû affronter plusieurs tempêtes, mais est finalement arrivé à bon port ; de là à dire que la liberté triomphe toujours...

La crise de l'accueil

Face à l'ampleur du mouvement migratoire, les frontières se ferment et les sociétés d'accueil deviennent réticentes.

Dans les zones proches des conflits, les migrants sont souvent entassés dans des camps. Plus de 20 millions de personnes vivent dans ces installations de fortune. Dans le camp de Zaatari, en Jordanie, 80 000 réfugiés survivent dans des conditions misérables grâce à l'aide internationale. Au Liban, les immenses camps de réfugiés créent des tensions très fortes ; un attentat-suicide causé par un djihadiste infiltré dans le camp de réfugiés, dans la ville d'Ersal, au nord du pays, a alimenté un vaste mouvement de rejet contre les dizaines de milliers de déplacés syriens installés en périphérie. Conçus comme provisoires, les camps deviennent pourtant parfois pérennes, comme celui de Chatila à Beyrouth, aménagé en 1948.

Dans les pays du Nord, la crise européenne illustre parfaitement ce refus. L'Union européenne a été largement critiquée pour son mécanisme de répartition des migrants entre les différents pays européens. En Allemagne, la chancelière Angela Merkel a très vite remis en cause sa politique d'accueil des réfugiés et a dû faire face à une fronde de ses partenaires de coalition. Le gouvernement populiste italien a quant à lui décidé de ne plus laisser accoster les navires des ONG recueillant des migrants en Méditerranée. Aux États-Unis, l'administration Trump a adopté un décret pour séparer les enfants de leurs parents lors des arrestations à la frontière. Ce décret, retiré suite à un tollé mondial, est symptomatique de cette volonté de rejet.

À méditer

LA MORT COMME COMPAGNON DE VOYAGE

Les migrations tuent chaque année plusieurs milliers de personnes, notamment aux portes de l'Europe. Les études montrent que le nombre de décès est proportionnel au degré de fermeture des frontières. Il est estimé à plus de 40 000 personnes depuis les années 1990. Cette mort reste souvent anonyme ; elle prend parfois un visage, comme celui d'Aylan Kurdi, ce petit garçon de 3 ans dont le corps a été photographié sur une plage turque en 2015. Un sculpteur britannique, Jason deCaires Taylor a voulu redonner à tous ces morts une identité ; il a immergé ses œuvres au large des Canaries pour donner naissance à un musée unique au monde, ouvert aux seuls plongeurs. *Le Radeau de Lampedusa* ou *Le Rubicon* gisent désormais, eux aussi, au fond de la Méditerranée.

Des effets positifs sur l'économie masqués par des craintes identitaires

La fermeture des pays du Nord aux migrations est paradoxale si l'on considère leur situation démographique. La faible croissance de la population, associée au vieillissement de la population active, représente un risque de remise en cause du système redistributif. Économiquement, les migrations apparaissent comme une solution potentielle face à ces difficultés, mais la crainte d'une mutation identitaire semble plus forte.

Selon l'agence Eurostat, la population active européenne totalisera 242 millions de travailleurs en 2050 contre 333 millions actuellement. L'âge médian devrait passer dans le même temps de 41 à 47 ans. Surtout, le déséquilibre dans la répartition entre les actifs et les plus de 65 ans se creuse : il est actuellement de 4 pour 1 et estimé à 2 pour 1 en 2050. L'intégration des immigrés peut répondre à ce déséquilibre démographique annoncé et créer de la richesse dans les sociétés d'accueil.

À méditer

Pour les sociétés de départ, loin de l'image caricaturale du *brain drain* qui viderait un pays de ses talents, les diasporas peuvent également contribuer au développement économique. Les réfugiés intégrés peuvent fournir des capitaux pour leur pays d'origine grâce aux transferts d'argent ; l'Inde reçoit ainsi plus de 70 milliards de dollars chaque année grâce à sa diaspora. Les ressortissants peuvent également alimenter le *soft power* de leur pays d'origine. Ils peuvent aussi contribuer à faire évoluer le pays dont ils sont originaires en diffusant des idées nouvelles.

Fiche 22 : Un monde de murs

La chute du mur de Berlin en 1989 portait en elle l'espoir de la disparition des séparations entre les peuples, mais la crise migratoire actuelle a redonné aux murs une cure de jouvence. Même si l'idée d'établir une clôture entre les peuples pour se protéger de l'étranger est aussi vieille que l'humanité, l'explosion actuelle du nombre de murs dans le monde interroge.

Une vague de construction sans précédent

Élisabeth Vallet, politologue canadienne, a popularisé l'idée selon laquelle les 68 à 75 murs construits ou annoncés dans le monde représenteraient une longueur égale à la circonférence de la Terre, soit environ 40 000 km. Ces séparations matérielles sont diverses, allant de la simple clôture à un véritable mur de béton. Selon les estimations, entre 6 % et 18 % des frontières terrestres sont fermées par une barrière construite par l'homme.

Ces murs sont un moyen de filtrer les migrations et répondent à des enjeux sécuritaires. Les attentats du 11 septembre 2001 ont ainsi donné un coup d'accélérateur à leur construction. Ils donnent une réalité tangible à la volonté de réaffirmation de la souveraineté des États face à la mondialisation. Ils apportent une réponse concrète et visuelle à l'impression d'une perte de contrôle induite par les facilités de circulation.

L'essentiel

Certaines clôtures cherchent directement à empêcher les mobilités comme celles aménagées en Inde à la frontière avec le Bangladesh ou même celles érigées en Europe à Calais ou à Ceuta et Melilla, autour des enclaves espagnoles au Maroc. D'autres marquent le souhait de donner réalité à une volonté régalienne comme le mur de sable traversant le Sahara occidental. Enfin, certains murs sont le résultat de guerres, comme la frontière coréenne ou le mur de sécurité aménagé aux frontières d'Israël.

Le saviez-vous

LA MURAILLE DE CHINE, LA MÈRE DES MURS

Dès le VIIe siècle avant notre ère, les Chinois construisaient le premier mur politique de l'histoire, Wan Li Chang Cheng, passé à la postérité sous le nom de Grande Muraille. Nul ne sait si l'on y acquiert véritablement « la bravitude », mais ce mur est souvent présenté comme le plus grand cimetière du monde ; plus d'un million de travailleurs sont morts pour construire cet édifice de plus de 50 000 km de long.

Une réalité plus complexe qu'il n'y paraît

La frontière entre les États-Unis et le Mexique est emblématique de cet engouement actuel pour les murs. La construction d'un mur avec le Mexique figurait en bonne place parmi les arguments avancés par Donald Trump pour redresser les États-Unis. En dépit des difficultés du financement d'un tel projet, la construction de dispositifs pour fermer un peu plus la frontière sud des États-Unis est en cours.

Cependant, loin des fantasmes d'une barrière infranchissable, cette frontière est au contraire l'une des plus actives au monde. Elle est qualifiée par les géographes de *smart border* pour ses capacités sélectives. Rien n'arrête les flux de capitaux entre ces deux pays membres de l'Alliance de libre-échange nord-américaine (ALENA). L'automatisation des contrôles aux frontières permet de limiter le ralentissement des flux de marchandises, venus notamment des *maquiladoras* fabriquant au Mexique des produits manufacturés pour profiter du différentiel socio-économique. Cependant, les clôtures qui complètent la discontinuité du Rio Grande, les patrouilles aux frontières et les contrôles aux *check-points* encadrent de manière drastique les mobilités humaines.

Le saviez-vous

Loin de l'idée d'un simple mur, la frontière entre les États-Unis et le Mexique peut alors apparaître comme une des plus actives au monde ; 1,5 milliard de dollars s'échangent chaque jour et des milliers de personnes traversent les *twin cities* par l'un des 48 points de passage.

À méditer

DES FRONTIÈRES TRÈS SÉLECTIVES

Alors que le monde entier est focalisé sur le double mouvement paradoxal de fermeture des frontières aux migrations et d'ouverture à la mondialisation, le géographe et géopolitologue français Stéphane Rosière insiste sur la sélectivité des frontières. Il distingue une *business class citizenship* pour laquelle la mobilité est valorisée contrairement aux « migrants *low cost* », refoulés aux frontières. Loin des murs, les migrations du savoir notamment pour les étudiants, les mobilités d'affaires, les expatriations professionnelles sont valorisées par la mondialisation. Les murs semblent donc à géographie variable.

Fiche 23 : Les inégalités sociales de santé

D'autres phénomènes plus insidieux sont aussi révélateurs des inégalités. L'état de santé d'un individu dépend souvent de la position qu'il occupe dans la hiérarchie sociale, ce qui se traduit par un gradient social de santé. Plus la position sociale d'un individu est élevée, plus son espérance de vie est importante. Ainsi, en France, un cadre a une espérance de vie moyenne de six ans plus longue qu'un ouvrier et un écart de revenu du simple au double se traduit par une réduction de moitié de la probabilité de mourir dans l'année. Pour être en bonne santé, mieux vaut donc être riche.

Des inégalités persistantes

La position socio-économique d'un individu demeure un déterminant important au niveau de sa mortalité. Les courbes de l'espérance de vie et du niveau social sont étroitement liées. Les 20 % des Français les plus pauvres ont une mortalité 40 % supérieure à la moyenne ; la réciproque est vraie avec une mortalité 45 % inférieure à la moyenne pour les 20 % les plus riches.

L'essentiel

La catégorie socioprofessionnelle est souvent déterminante pour l'espérance de vie. À 35 ans, un ouvrier peut espérer vivre encore – en moyenne – 42,6 ans, contre 49 ans pour les cadres. Ces écarts restent globalement stables depuis la fin des Trente Glorieuses malgré l'augmentation générale de l'espérance de vie à la naissance (de 69 à 79,4 ans pour les hommes et de 76,9 à 85,4 ans en moyenne pour les femmes entre 1975 et 2016).

Le saviez-vous

L'OBÉSITÉ, UN PROBLÈME SOCIAL

Les études sur l'obésité en France mettent en évidence la forte corrélation entre le poids et le niveau socio-économique. Les deux courbes sont inversement proportionnelles. La probabilité d'être obèse est ainsi deux fois plus élevée pour les personnes dont le niveau d'éducation est faible. Par exemple, 30 % des femmes ayant un revenu mensuel inférieur à 450 euros souffrent d'obésité contre 7 % seulement pour celles qui disposent de plus de 4 200 euros. L'accès à une alimentation saine, aux équipements sportifs, le stress ou encore des prédispositions génétiques sont à l'origine de ces écarts. On retrouve cette même répartition au niveau territorial. Le département souffrant le plus d'obésité est le Nord avec 25,6 % de sa population, soit 10 points de plus que la moyenne nationale.

Il existe ainsi des disparités géographiques en matière de santé. Conséquence de la structure des emplois, la surmortalité est particulièrement forte dans les Hauts-de-France et le centre de la Bretagne. C'est la concentration de personnes à la position socio-économique défavorable dans ces territoires qui expliquent largement ces écarts. En revanche, un cadre des Hauts-de-France a quasiment la même espérance de vie qu'un cadre du sud du pays.

Le poids des variables socio-économiques

Une multiplicité de facteurs entre en jeu pour expliquer cette inégalité dans le domaine de la santé. Les cadres sont en moyenne moins soumis aux risques professionnels que les ouvriers. Statistiquement, leur vie est souvent plus saine, notamment dans le rapport avec l'alcool ou le tabac. L'argent permet en outre de disposer d'une mutuelle et donc d'un meilleur remboursement sur le reste à charge alors que le coût des soins peut constituer un motif de renoncement.

Plus généralement, les catégories favorisées ont davantage recours aux soins. L'encadrement par des personnels de santé est souvent meilleur dans les quartiers ou les régions favorisées. Le sociologue Luc Boltanski a par ailleurs montré que le rapport à la santé n'est pas le même en fonction des classes sociales ; alors que les classes populaires privilégient un rapport curatif, les classes supérieures adoptent une attitude largement préventive. La relation avec le médecin est elle-même socialement déterminée ; les patients issus des classes populaires la conçoivent davantage comme un rapport d'autorité. La diffusion des progrès thérapeutiques est elle aussi socialement marquée ; les campagnes de prévention sont ainsi souvent mieux appropriées par les milieux aisés.

À méditer

MORTALITÉ : LE GRAND ÉCART

Le géographe Emmanuel Vigneron a analysé les écarts de mortalité tout au long de la ligne de RER qui traverse l'Île-de-France du nord au sud. En moins d'un quart d'heure de trajet, le risque de mourir sur une année donnée est quasiment deux fois plus grand dans la Plaine-Saint-Denis que dans le centre de Paris. Aux inégalités de revenus, se couplent des facteurs structurels ; on compte en moyenne 1,6 médecin spécialiste pour 100 000 habitants à Aubervilliers contre 68 dans le VIe arrondissement de Paris.

Il a ensuite transposé son modèle sur l'autoroute A1. Par rapport à la moyenne nationale, les habitants d'Hénin-Beaumont ont ainsi 61 % de risque supplémentaire de mortalité prématurée avant 65 ans alors que ceux de Senlis ont 9 % de risque de morts prématurées en moins par rapport à cette même moyenne. Là encore, les facteurs sociaux expliquent largement ces différences.

Fiche 24 : Macron, président des riches ?

L'exacerbation des inégalités conduit une partie de l'opposition à attaquer sous cet angle l'actuel président de la République. Face à un président « jupitérien » s'efforçant de prendre de la hauteur pour renouer avec la stature présidentielle après « une présidence normale », le surnom de « président des riches » constitue un angle d'attaque régulier pour dénoncer les mesures économiques et sociales du gouvernement. Ce qualificatif peut recouvrir deux idées qu'il convient d'interroger. Emmanuel Macron mène-t-il une politique en faveur des plus riches ? Est-il le représentant de la classe favorisée ?

À méditer

OU PLUTÔT « PRÉSIDENT DES TRÈS RICHES »

L'ancien président de la République François Hollande n'a pas résisté à la tentation de critiquer son successeur qui n'est autre que son ancien conseiller, lors de la promotion de son livre *Les Leçons du pouvoir* (2018). Dans l'émission *Quotidien* diffusée sur TMC, à la question : « Emmanuel Macron est-il le président des riches ? », François Hollande, qui s'était déjà davantage illustré par son talent humoristique que par sa cote de popularité, a répondu : « Non, ce n'est pas vrai. Il est le président des très riches. » La polémique est telle que le Premier ministre lui a répondu dès le lendemain, dénonçant les travers de l'amertume face à un échec personnel.

Des mesures en faveur des plus riches ?

Le gouvernement avait pourtant axé sa communication sur le pouvoir d'achat. C'est précisément cette question qui constitue actuellement sa principale difficulté.

L'essentiel

Plusieurs mesures adoptées par la majorité semblent profiter aux plus favorisés. La transformation de l'impôt sur la fortune (ISF) en impôt sur la fortune immobilière (IFI) exonère les patrimoines financiers de cet impôt supplémentaire créé en 1982 par le gouvernement Mauroy. Les 330 000 contribuables assujettis à l'ISF réalisent ainsi une économie moyenne de 9 700 euros. Autre mesure fiscale avantageuse pour les gros patrimoines, l'instauration d'un prélèvement forfaitaire unique (PFU), une *flat tax* de 30 % sur les revenus du capital, qui met en place une fiscalité sur le patrimoine plus avantageuse que la fiscalité sur le travail. La baisse de l'impôt sur les sociétés pourrait également profiter aux grands actionnaires. La suppression de l'*exit tax* pour 2019 va dans le même sens ; elle impose depuis 2011 une fiscalité supplémentaire sur les plus-values des contribuables qui choisissent de transférer leur résidence fiscale à l'étranger pour tenter de limiter l'évasion fiscale.

Face à cela, d'autres mesures ont été prises pour les moins favorisés. La baisse des cotisations sociales de 3,15 points doit profiter aux salariés du privé malgré la hausse de la contribution sociale généralisée (CSG) de 1,7 point. Le gain moyen annoncé est d'environ 250 euros par an pour le salaire minimum. La suppression progressive de la taxe d'habitation profite d'abord aux ménages les moins riches. La revalorisation des prestations sociales (prime d'activité, allocation aux adultes handicapés ou encore l'allocation de solidarité aux personnes âgées) doit également profiter aux populations fragiles.

Attention

Cependant, selon l'étude menée par l'Observatoire français des conjonctures économiques (OFCE), organisme indépendant de prévision et d'évaluation des politiques publiques, les mesures fiscales du gouvernement profitent bien aux plus riches en 2018. Les 5 % les plus riches bénéficient ainsi d'un pouvoir d'achat revalorisé de 1,6 %, alors que les 5 % des ménages les plus pauvres ont un pouvoir d'achat qui stagne, en raison de la hausse de la fiscalité sur le tabac ou les carburants.

L'OFCE propose également une autre lecture de ces mesures fiscales en prenant en compte l'ensemble des réformes qui doivent entrer en vigueur d'ici à 2020. Cette fois, le tableau est beaucoup plus équilibré. Fin 2019, toutes les catégories de revenus bénéficieront des mesures du gouvernement. Mais cette redistribution ne sera véritablement efficace que dans un contexte de croissance économique.

À méditer

UN PRÉSIDENT DES VILLES ?

Parmi les attaques efficaces de l'opposition figure également le qualificatif de « président des villes ». Écho à la fable de La Fontaine ou simple déclinaison du « président des riches », cette formule trouve sa consistance dans plusieurs mesures adoptées par le gouvernement. Les fermetures des classes dans les écoles rurales, la hausse du prix des carburants et la réduction de la vitesse sur les routes départementales dans un monde où la voiture est souvent indispensable, ou encore le souhait de réduire le réseau ferré national, font naître autant de craintes qui pèsent sur le monde rural. Plus qu'« un président des riches », Emmanuel Macron serait alors peut-être « le président des villes » même si ce qualificatif ne correspond pas à son assise électorale qui ne révèle pas de fracture entre les grandes villes et le monde rural.

Un président soutenu par les riches ?

Si l'étude des bénéficiaires de la politique fiscale du gouvernement ne permet pas réellement d'établir qu'Emmanuel Macron est bien « le président des riches », un regard sur son assise électorale s'impose. À l'occasion du premier anniversaire de son mandat, des sondages ont été réalisés pour étudier ses partisans et ses détracteurs.

L'essentiel

Une enquête menée par Ipsos-Sopra Steria en mai 2018 pour le centre de recherche de Sciences Po (Cevipof) semble donner de la consistance à l'idée d'un président soutenu par les riches. L'étude distingue trois catégories de Français : « les passionnés » (33 %), « les détracteurs » (39 %) et « les partagés » (28 %). Les « passionnés » sont des électeurs plutôt âgés dont la plupart sont diplômés et favorisés. 48 % de cette assise électorale est composée d'électeurs gagnant plus de 6 000 euros par mois. 40 % ont un niveau de qualification supérieur ou égal à bac + 4. À défaut d'être un président pour les riches, Emmanuel Macron est un président soutenu par les plus aisés.

À l'inverse, le profil type du « détracteur » est diamétralement opposé. Les ouvriers représentent 45 % des « détracteurs » et 51 % des foyers gagnant moins de 1250 euros par mois font partie de cette catégorie. D'après l'enquête, les « détracteurs » se retrouvent davantage dans d'autres personnalités politiques parmi lesquelles arrivent en tête à égalité Marine Le Pen et Jean-Luc Mélenchon.

À méditer

UN PLAN PAUVRETÉ POUR CASSER SON IMAGE

Pour se départir de cette image négative, le chef de l'État a présenté lui-même début septembre 2018 un vaste plan de lutte contre « les inégalités de destin » qui assignent dans la pauvreté font perdurer la précarité « de génération en génération ». Détaillées au Musée de l'homme, lieu dédié à « l'évolution des sociétés », ces mesures ciblent la petite enfance, le retour à l'emploi et le système de protection sociale pour rendre plus efficace « le pognon de dingue » dépensé pour la protection sociale, pour reprendre les mots d'un président filmé par ses propres conseillers, lors d'une réunion de travail préparatoire à ce plan. La pauvreté frappe toujours 13,6 % des Français et 19,1 % des moins de 18 ans. L'expérimentation des cantines scolaires à 1 euro, l'obligation de se former jusqu'à 18 ans ou encore un accompagnement renforcé des chômeurs longue durée doivent constituer les premières pierres de « l'État providence du XXIe siècle ».

Fiche 25 : L'exclusion par le logement

Le logement, au même titre que la santé, contribue à la mise en évidence des inégalités entre les personnes. En France, le mal-logement persiste malgré les progrès accomplis depuis l'appel du 1er février 1954 lancé par l'abbé Pierre en faveur des mal-logés. En 2018, les sans-abris se sont retrouvés une nouvelle fois au cœur des préoccupations politiques, tant cette exclusion par le logement reste mal comprise dans une société où l'opulence règne.

Le mal-logement, facteur d'exclusion

L'effondrement de deux immeubles vétustes dans le centre-ville de Marseille le 5 novembre 2018 a relancé la controverse sur l'indignité du logement. Huit personnes ont trouvé la mort à quelques centaines de mètres de l'emblématique Vieux Port.

En France, 4 millions de personnes souffrent de mal-logement, selon le 23e rapport de la Fondation Abbé-Pierre, parmi lesquelles 2,8 millions vivent dans des conditions de logement particulièrement difficiles. Derrière cette expression se cachent des réalités très hétérogènes dans le rapport à l'habitat.

L'essentiel

En net recul depuis plusieurs décennies, la suroccupation connaît une recrudescence. L'INSEE étudie ainsi la qualité de vie d'un ménage en fonction du nombre de pièces dont il dispose ; selon cet indice, chacun doit pouvoir disposer de sa propre pièce dans un mode d'occupation classique d'un logement. Plus de 7 millions de foyers vivent dans un logement en surpeuplement modéré (une pièce manque) et près d'1 million habite un logement en surpeuplement accentué (deux pièces font défaut). Cette suroccupation affecte principalement les jeunes ; le taux de surpeuplement est de 15 % pour les moins de 30 ans contre 3,5 % pour les plus de 55 ans. Il se traduit par un coût social difficile à déterminer avec précision (échec scolaire, risque pour la santé, conflits familiaux, etc.).

La précarité énergétique affecte également la qualité de vie et le coût du logement. Entre 7 et 8 millions de logements en France ont un bilan énergétique étiqueté F ou G. Le gouvernement prévoit la mise en place d'un vaste plan de rénovation destiné prioritairement aux plus modestes. Face à l'urgence, le chèque énergie permet aux plus modestes de financer un minimum énergétique.

La Loi ELAN, relative à l'évolution du logement, de l'aménagement et du numérique souhaite par ailleurs construire mieux et moins cher pour faciliter l'accès à un logement de qualité pour tous. Elle prévoit notamment la possibilité d'encadrer les loyers dans les zones tendues, de règlementer les plateformes de locations meublées pour limiter la tension du marché ou encore de rendre plus efficace la lutte contre les marchands de sommeil par la possibilité de confisquer leurs biens.

Attention

Dans le monde, 1,2 milliard de personnes vivent dans des habitats précaires et des bidonvilles selon le rapport sur le logement urbain de 2017 publiés par le World Ressources Institute.

Le saviez-vous

LES IMPRIMANTES 3D POUR LUTTER CONTRE LE MAL-LOGEMENT

Il y a quelques années, on présentait les conteneurs comme une solution miracle à la crise du logement. L'imprimante 3D a supplanté l'espoir placé en ces boîtes métalliques standardisées. En mars 2018, l'ONG américaine New Story a présenté au public texan une habitation en béton d'environ 55 m², imprimé en seulement 24 heures pour un coût de 4 000 dollars (moins de 3 300 euros). L'imprimante 3D capable de fabriquer cette habitation en béton liquide a été imaginée par une start-up américaine, Icon. Elle devrait bientôt prendre la route du Salvador. En Chine, une autre entreprise est parvenue à imprimer 10 maisons en un jour pour 3 500 euros pièce. En Russie, en Italie ou même à Nantes, les projets ne manquent pas pour fabriquer des maisons accessibles, dans des délais inégalables par les constructions traditionnelles.

Les sans domicile fixe, acteurs malgré eux de l'actualité

Ils sont omniprésents dans nos villes et restent pourtant très peu connus ou étudiés. Les SDF vivent dans la marginalité, conséquence d'une extrême diversité de situations et de parcours. Ils se concentrent surtout dans les centres urbains, en raison des ressources, des réseaux de sociabilité et des structures d'accueil qu'elles proposent.

La polémique née après les propos du secrétaire d'État chargé du logement a eu au moins le mérite de faire progresser la connaissance des sans-abri. La mairie de Paris a en effet organisé « une nuit de la solidarité » rassemblant 1700 bénévoles et environ 300 professionnels pour les comptabiliser. Lors de cette nuit du 15 au 16 février 2018, 2952 personnes dormaient dehors alors que 672 avaient trouvé refuge dans des hébergements provisoires, ce qui porte le total du nombre de sans-abri à plus de 3600 personnes pour la seule ville de Paris.

À méditer

UN MINISTRE MAL RÉVEILLÉ

Le secrétaire d'État auprès du ministre de la Cohésion des territoires, Julien Denormandie, a perdu une occasion de se taire au micro de la matinale de France Inter le 30 janvier 2018. Il a d'abord rappelé la promesse de campagne d'Emmanuel Macron selon laquelle plus personne ne devait dormir dans la rue d'ici à la fin 2018. Il a ensuite insisté sur le chiffre de 13 000 places d'hébergement d'urgence mises en place pour accompagner les sans domicile fixe pendant l'hiver. Mais c'est une autre donnée statistique qui lui a valu des critiques acerbes ; selon lui, « c'est à peu près une cinquantaine d'hommes isolés en Île-de-France qui dorment dehors ». Les représentants de la République en marche sont visiblement en difficulté quand il s'agit d'évoquer cette question puisque quelques jours après le secrétaire d'État, un député a affirmé que « l'immense majorité des SDF » choisissait de « dormir dans la rue ».

Le saviez-vous

Selon la dernière enquête de l'INSEE de 2012, 141500 personnes sont considérées comme sans domicile en France, dont 28000 en Île-de-France.

À compter de novembre 2018, la mairie de Paris a ouvert un hébergement d'urgence pour femmes seules au sein même des salons dorés de l'hôtel de ville de la capitale. Cette politique destinée tout autant à montrer l'exemple qu'à préparer des élections municipales qui s'annoncent délicates, a au moins le mérite de trancher avec l'inaction coutumière en le domaine. Cette mesure permet également à la France de se distinguer comme terre d'accueil alors que d'autres pays comme la Hongrie viennent d'adopter des mesures pour bannir les sans-domicile-fixe des rues.

À méditer

DES ÉLUS DANS LA RUE

En plein hiver 2018, des élus parisiens, issus de différentes sensibilités politiques, ont décidé de dormir dehors pour dénoncer l'exclusion des sans domicile fixe. Cette initiative symbolique a été vivement critiquée sur les réseaux sociaux comme un simple coup de communication, au mieux inutile, au pire destiné à attirer l'attention non pas sur les plus vulnérables, mais sur les élus eux-mêmes. Des esprits taquins allant jusqu'à s'interroger sur la pertinence d'un tel geste, en mettant en avant l'idée selon laquelle il aurait mieux valu accueillir les SDF chez eux, dans des appartements chauffés et décents, plutôt que d'aller dormir avec les SDF dans la rue...

Fiche 26 : Les inégalités scolaires

L'école est elle aussi profondément inégalitaire. Ce constat, pourtant ancien, a été une nouvelle fois dressé par la Cour des comptes dans un rapport rendu public en octobre 2018. D'après les dernières données disponibles de l'enquête Pisa, réalisée tous les trois ans au sein de l'OCDE, la France continue d'occuper le milieu du classement, loin derrière Singapour. Outre les performances scolaires, ce classement met en évidence le poids de l'origine sociale sur les résultats des enfants. Au titre de cet indice de statut économique, social et culturel, la France occupe, cette fois, la tête du classement.

Le saviez-vous

L'ENQUÊTE PISA, UN PIS-ALLER ?

Depuis l'an 2000, l'OCDE réalise tous les trois ans le Programme international pour le suivi des acquis des élèves (PISA). Malgré les critiques, l'enquête s'est imposée comme un baromètre indispensable de comparaison des politiques éducatives. Dans les 72 pays participants à l'étude, plus de 500 000 jeunes passent des tests écrits et répondent à un questionnaire sur l'environnement familial. Un échantillon représentatif d'élèves âgés de 15 ans est sélectionné pour mettre en évidence un niveau moyen en mathématiques, en compréhension de l'écrit et en sciences. Les premières places du concours se disputent systématiquement entre Singapour, Hong Kong, la Corée du Sud ou le Japon.

La reproduction sociale des inégalités

La sociologie de l'éducation met en évidence une perpétuation des inégalités par le système scolaire. En traitant les enfants à égalité, avec pour seul critère d'appréciation l'effort et le mérite, l'école française participe à la reproduction sociale des inégalités. Dans les années 1970, Pierre Bourdieu insistait déjà sur cet « héritage » socioculturel des enfants qui conditionne souvent leur parcours.

Dès les premières années de la scolarisation, les inégalités sociales pèsent sur la réussite. Le redoublement au cours préparatoire est conditionné par l'origine sociale ; s'il ne concerne que 2 % des enfants, il touche davantage les enfants des classes sociales défavorisées. Le dédoublement des classes de cours préparatoire en zone d'éducation prioritaire, mis en place depuis la rentrée 2017, vise précisément à lutter contre ce premier verrou à la réussite scolaire.

Les parcours proposés par le collège accentuent le poids des déterminants sociaux. Les choix d'enseignements optionnels (classes bilingues, langues anciennes ou encore classes à horaires aménagés en musique, danse ou théâtre) fournissent aux familles aisées des stratégies d'évitement pour différencier les parcours de leurs enfants. Cette distinction des profils permet néanmoins d'assurer de la mixité sociale dans certains établissements alors que ces filières sélectives peuvent par ailleurs permettre à une minorité de s'affranchir des déterminants sociaux. Elles restent pour autant déterminantes pour la fragmentation sociale. À l'inverse, près de 9 enfants sur 10 en sections d'enseignement général et professionnel adapté (Segpa) sont d'origine populaire.

Le lycée poursuit cette stratégie de différenciation des trajectoires scolaires. 77 % des enfants de cadres supérieurs bacheliers sont titulaires d'un baccalauréat général contre 38 % pour les enfants d'ouvrier. Cette surreprésentation des enfants d'origine favorisée dans la filière générale est encore plus grande dans la filière scientifique que dans la filière littéraire.

Attention

Ces clivages se perpétuent après le baccalauréat. En dépit de la massification des études supérieures, certaines filières semblent encore réservées aux élites ; moins du quart des effectifs des classes préparatoires aux grandes écoles (CPGE) et seulement 15 % des normaliens sont d'origine populaire. Ces mécanismes assurent aux enfants des catégories aisées de la rejoindre à leur tour et empêchent les enfants des catégories populaires de quitter leur milieu d'origine.

Une politique de concentration des moyens

Pour sortir de ce déterminisme, le ministère de l'Éducation nationale met en place depuis 1981 une politique de concentration des moyens dans les zones où les conditions sociales représentent un facteur d'échec. En fonction de critères sociaux, une carte de l'enseignement prioritaire est définie pour tenter de rétablir l'égalité entre les élèves. Le nombre d'enfants par classe y est réduit par rapport au reste des établissements. Cette politique prévoit également un meilleur encadrement par des équipes pédagogiques renforcées et mieux rémunérées.

Cependant, l'éducation prioritaire reste confrontée à des problèmes spécifiques, notamment la violence scolaire. Les signalements d'actes violents sont trois fois plus nombreux que dans l'enseignement traditionnel. Ce climat dégradé donne aux établissements de l'enseignement prioritaire une mauvaise réputation qui contribue à leur enfermement.

Attention

L'éducation prioritaire est ainsi parfois accusée de renforcer les inégalités qu'elle était pourtant censée combattre. En donnant aux établissements concernés une image dégradée, elle participe à une logique de stigmatisation. Les demandes de dérogation à la carte scolaire sont plus importantes pour ces établissements que pour le réseau traditionnel. Les stratégies de fuite des familles aisées conduisent également les enfants les plus favorisés vers l'enseignement privé.

Dans un rapport du 17 octobre, la Cour des comptes dresse un bilan bien sombre de cette politique de dissociation des moyens. Elle ne permettrait pas réellement de lutter contre les inégalités de résultats en dépit d'un coût important (1,7 million d'euros, soit 3 % du budget total de l'Éducation nationale). Parmi les pistes envisagées, figurent là encore des idées déjà éprouvées comme la réduction du nombre d'élèves par classe.

À méditer

NOUVEAU MINISTRE, NOUVELLE RÉFORME

La tradition selon laquelle chaque nouveau ministre de l'Éducation nationale suspend les réformes de ses prédécesseurs tout en définissant des nouvelles, s'est une nouvelle fois confirmée à la rentrée 2017. Au dispositif « plus de maîtres que de classes » qui instaurait la présence de deux enseignants dans les classes de CP de l'éducation prioritaire, Jean-Michel Blanquer a préféré un dédoublement des classes de CP. À la rentrée 2018, les classes de CE1 des établissements des quartiers les plus défavorisés ont bénéficié du même dispositif. Cet accompagnement renforcé doit permettre un meilleur apprentissage des fondamentaux. Outre les problèmes de locaux, cette politique a été accusée de provoquer en corollaire la fermeture de classe dans les milieux ruraux.

L'enseignement privé, une source de fragmentation

Depuis la loi Debré de 1959, l'État prend en charge le fonctionnement et la rémunération du personnel des établissements privés sous contrat alors que les frais d'inscription des parents participent aux frais d'entretien. L'État finance donc lui-même un réseau concurrent à l'enseignement public. Environ 20 % des élèves du second degré sont scolarisés dans l'enseignement privé en France. Si son coût est variable, l'enseignement privé est plébiscité par certaines catégories sociales comme les chefs d'entreprise dont 43 % des enfants y sont scolarisés ou les agriculteurs à hauteur de 35 %.

Les établissements privés bénéficient d'une bonne image fondée sur la culture du résultat et un certain entre-soi qui favorise la confiance des familles. Les classements annuels des lycées publiés dans la presse confortent régulièrement cette image. L'écart de recrutement social a tendance à se creuser à l'avantage du privé. Dans *La Ségrégation scolaire*, le sociologue Pierre Merle a montré que le nombre d'élèves de familles défavorisées était quatre fois plus faible dans les collèges privés que dans leurs homologues publics. Les établissements privés font alors office de refuge pour les familles aisées qui souhaitent échapper aux établissements imposés par la carte scolaire.

Chapitre 4
Une crise du vivre-ensemble

DANS CE CHAPITRE :

- **Les tensions raciales et religieuses dans le monde**
- **Le refus de la différence**
- **Les fractures sociales**

Loin de l'universalisme prôné par la mondialisation libérale, le monde semble au contraire profondément fracturé par la persistance des tensions communautaires. Le massacre de la minorité rohingya est le témoignage le plus éclatant de cette politique de répression contre la différence. Cette tendance ne peut cependant pas être considérée comme un fait social nouveau tant elle a accompagné l'histoire des hommes. Les génocides de la fin du XXe siècle constituent en cela des témoignages récents.

Si les formes semblent moins violentes, les fractures continuent de peser sur le destin des sociétés. Elles sont toutes confrontées à des échelles et des degrés divers aux défis de l'altérité. La cohésion des sociétés est menacée par des forces contradictoires qui détruisent le lien social.

Les tensions religieuses qui divisent les Français, les déterminants ethniques qui constituent toujours de profonds clivages aux États-Unis ou encore la crise de la société mahoraise face aux migrations comoriennes constituent autant de manifestations très différentes de cette crise mondiale du vivre-ensemble dont le déterminant commun est la division qui l'emporte sur la cohésion.

Fiche 27 : La répression de la minorité rohingya en Birmanie

Alors que le Myanmar – nom officiel de la Birmanie depuis 1989 – semblait en voie d'ouverture depuis l'arrivée au pouvoir de la militante des droits de l'homme, Aung San Suu Kyi en 2016, la répression de la minorité rohingya a fait taire les espoirs de normalisation. Depuis août 2017, 900 000 Rohingyas ont dû fuir le pays, face à un déchaînement de violence raciste de l'armée et des milices bouddhistes. Ni les protestations de l'ONU ou des ONG, ni la visite du pape François n'ont permis de mettre fin à la répression.

Un espoir d'ouverture avorté

Les élections législatives birmanes de novembre 2015 laissaient penser à la possibilité d'une sortie de crise dans un État dirigé par un régime militaire autoritaire depuis le coup d'État de 1962. Ces premières élections libres ont permis à la Ligue nationale pour la démocratie (LND) fondée en 1988 par Aung San Suu Kyi de prendre la tête du pays. « La dame de Rangoon », lauréate du prix Nobel de la paix en 1991, est alors devenue chef du gouvernement en occupant la double fonction de conseiller d'État et de ministre des Affaires étrangères.

Attention

Celle qui incarnait hier les espoirs de sortie de crise en Birmanie est aujourd'hui au centre des critiques. Le peuple birman lui reproche d'avoir échoué dans les réformes économiques et sociales alors que les pauvres des bidonvilles avaient largement soutenu *the Lady* lors du scrutin. Le programme d'ouverture de la Birmanie à la mondialisation ne s'est pas encore traduit par des changements notables pour la population.

Les critiques internationales portent sur un autre espoir avorté à la suite de son arrivée au pouvoir. La communauté internationale lui reproche en effet d'être responsable ou au moins de laisser faire le nettoyage ethnique contre la minorité rohingya. Son absence de réaction face au déchaînement de violence des forces de sécurité birmane interroge.

Un peuple d'apatrides

Les Rohingyas forment une minorité musulmane concentrée dans l'État d'Arakan, dans le nord-ouest de la Birmanie, un État composé à 90 % de bouddhistes. Sans existence légale, cette minorité formée par 900 000 à 1,3 million de personnes est qualifiée de « musulmans de l'État Rakhine ».

Une loi de 1982 répertorie en effet 135 « races nationales » présentes dans le pays avant l'installation des colons britanniques, en 1823 et formant la communauté nationale du Myanmar. D'après la junte militaire, les Rohingyas, prétendument arrivés à la fin du XIXe siècle, même si leur présence est attestée par des observateurs étrangers depuis le XVe siècle, sont perçus comme des immigrés illégaux venus du Bangladesh dont la vocation n'est pas de demeurer en Birmanie.

Par le passé, ils ont régulièrement été victimes de flambées de violence. En 2012, des violences intercommunautaires avaient déjà causé la mort de plus de 200 Rohingyas ; 140 000 d'entre eux avaient alors fui la Birmanie pour se réfugier au Bangladesh voisin. À l'époque, cet État à majorité musulmane, qui a connu les massacres confessionnels au moment de la partition des Indes, avait accueilli les réfugiés, au nom de la solidarité religieuse entre musulmans.

À méditer

Apatrides et privés de droits, les Rohingyas n'ont pas pu s'exprimer lors des élections de 2015. Le silence actuel d'Aung San Suu Kyi sur le massacre en cours est interprété par certains observateurs comme une manière de ne pas s'attirer les foudres d'une opinion publique largement hostile à l'égard des musulmans.

Le saviez-vous

ASHIN WIRATHU, ALIAS VÉNÉRABLE W., « LE HITLER BIRMAN »

Loin de l'image de paix souvent associée au bouddhisme, le vénérable Wirathu et son mouvement radical, Ma Ba Tha, appellent de ses vœux l'éradication de la minorité musulmane depuis une vingtaine d'années. Incarcéré entre 2003 et 2012 pour incitation à la haine après le massacre de plusieurs musulmans commis par ses partisans, le moine bouddhiste a été de nouveau condamné en 2018 par le Ma Ha Na, la plus haute autorité du clergé birman. Néanmoins, ce propagandiste très actif envisage de se lancer en politique comme l'autorise désormais l'ouverture démocratique. Le réalisateur suisse Barbet Schroeder lui a consacré un film en 2016 intitulé *Le Vénérable W.* afin de clore sa « trilogie du mal », après *Général Idi Amin Dada : Autoportrait* (1974) et *L'Avocat de la terreur* sur Jacques Vergès (2007).

« Un exemple classique de nettoyage ethnique »

L'ONU a dénoncé la répression actuelle contre la minorité rohingya en évoquant une situation génocidaire par la voix de son haut-commissaire aux droits de l'homme. Les militaires sont accusés de détruire par le feu les villages rohingyas, de pratiquer le viol comme arme de guerre, d'abattre sommairement les enfants ou encore de tirer sur les colonnes de migrants depuis des hélicoptères.

L'essentiel

Un rapport de l'ONU évoque des « crimes horribles » et des « enfants pourchassés et égorgés ». Médecins sans frontières (MSF) avancent le chiffre de 6700 Rohingyas tués entre août et décembre 2017, dont 730 enfants de moins de 5 ans. L'ONG reconnaît néanmoins que ce « chiffre est clairement sous-estimé, car il n'inclut pas les ménages totalement exterminés ni les populations restées au Myanmar ».

Cette minorité fuit par tous les moyens possibles, par bateau à travers le golfe du Bengale et surtout à pied en traversant notamment le fleuve Naf qui fait office de frontière avec le Bangladesh. Les camps de fortune, installés au Bangladesh et en Malaisie, accueillent près d'1 million de réfugiés. Les associations internationales tentent de répondre aux besoins d'urgence, mais le gouvernement bangladais est mal à l'aise à l'idée d'accueillir sur son territoire des migrants alors que sa densité est déjà parmi les plus élevées au monde et que le pays figure parmi les PMA.

Désormais réfugiés dans des camps, les Rohingyas subissent l'opprobre des populations locales face à la pérennisation de l'installation de ces milliers de réfugiés. La concurrence pour l'accès aux ressources de populations déjà largement éprouvées conduit à des tensions régulières alors que l'espoir du retour au pays reste mince face au nationalisme exacerbé des autorités birmanes.

À méditer

DES CLICHÉS POUR ALERTER CONTRE LE MASSACRE

Le prix Pulitzer de la photographie a été remis en 2018 à une série de clichés réalisés par des photojournalistes de l'agence Reuters qui documentent l'exode des Rohingyas. Ces photographies montrent des réfugiés qui traversent le fleuve Naf marquant la frontière entre la Birmanie et le Bangladesh, des vastes camps établis de l'autre côté de la frontière, des personnes qui pleurent ou encore des cadavres de ressortissants de cette minorité. Cette récompense est un plaidoyer en faveur de la liberté de la presse alors que le travail des journalistes est impossible dans cette région de Birmanie. Deux journalistes birmans sont accusés d'« atteinte au secret d'État » pour leur enquête sur un massacre commis à l'encontre des Rohingyas par des militaires ; ils risquent une peine de quatorze ans de prison.

Fiche 28 : Être noir dans les États-Unis de Donald Trump

À l'autre bout du monde, plus de cinquante ans après l'assassinat de Martin Luther King, dix ans après l'élection de Barack Obama, les fractures raciales continuent de diviser. La communauté noire, représentant 12,3 % de la population contre 63,7 % pour les Blancs et 16,7 % pour les Hispaniques, souffre de discriminations.

Des inégalités persistantes

Lors du mouvement pour l'émancipation des Noirs des années 1960, de grandes lois d'égalité ont été votées afin d'assurer l'intégration de la communauté noire. Par le Civil Rights Act de 1964, la discrimination dans les bâtiments publics, l'emploi et les écoles est illégale. Le Voting Rights Act de 1965 renforce le droit de vote des minorités. Ou encore, le Fair Housing Act de 1968 permet la condamnation des discriminations en matière de logement. La discrimination positive (*affirmative action*) devait en outre permettre de gommer ces inégalités.

À méditer

BEYONCÉ À L'UNIVERSITÉ

La reine de la pop n'a pas décidé de reprendre – ou plutôt de commencer – ses études, mais elle est devenue elle-même un objet d'étude. Un musicologue norvégien a en effet proposé d'étudier le *black feminism* à travers un cours intitulé « Beyoncé : genre et race » dispensée au département d'études des arts et de la culture de l'université de Copenhague. 75 élèves ont été attirés par ce cours contre une quarantaine habituellement. L'artiste américaine y a été disséquée au titre de l'intersectionnalité, la convergence de plusieurs types de discriminations ; elle est notamment apparue comme égérie des Blacks Panthers au Super Bowl de 2016 ou comme déesse africaine lors des Grammy Awards.

Après l'université, Beyoncé s'est fait remarquer au Musée du Louvre, en tournant avec Jay-Z un clip pour leur titre *Apeshit*. Ce clip, rapidement devenu viral avec 50 millions de vues en une semaine, multiplie les références culturelles pour promouvoir les droits des femmes et dénoncer l'esclavage.

Attention

Néanmoins, cinq décennies plus tard, force est de constater que les inégalités persistent. En matière d'espérance de vie, l'écart entre les Blancs et les Noirs reste de 3,4 ans au détriment des seconds. Le revenu médian annuel entre les deux communautés a tendance à se creuser ; il est aujourd'hui de

28 000 dollars de moins pour les Noirs (43 300 dollars contre 71 300 dollars). Le taux de chômage reste deux fois supérieur (7,5 % pour les Noirs contre 3,8 % pour les Blancs). La ségrégation résidentielle existe toujours ; 45 % des enfants noirs vivent dans des quartiers de forte concentration de la pauvreté contre 12 % des enfants blancs. Au niveau éducatif, 40 % des Blancs obtiennent le premier grade universitaire contre 20 % des Noirs.

Black Lives Matter

« Les vies noires comptent aussi », c'est ce qu'affirme ce mouvement né en 2013 après l'acquittement du responsable d'un coup de feu mortel contre un adolescent noir, Trayvon Martin, en Floride. Reprenant les stratégies de mobilisation adoptée par le mouvement anticapitaliste Occupy Wall Street de 2011, le mouvement Black Lives Matter est né de la colère contre la complaisance envers les bavures policières commises à l'encontre des Noirs.

L'essentiel

Martin Luther King dénonçait déjà en 1968 la brutalité policière. Les statistiques montrent qu'elles restent largement d'actualité. Alors qu'ils représentent 12,3 % de la population totale, 23 % des personnes tuées par la police américaine en 2017 étaient noires. À crime égal, les peines reçues par les hommes noirs en comparaison avec les hommes blancs durent 19,1 % plus longtemps. Un homme noir a six fois plus de chances de se retrouver en prison qu'un homme blanc.

La chronique judiciaire est régulièrement alimentée par les bavures policières. L'histoire semble se répéter : de jeunes noirs sont assassinés à tort par des policiers armés. À la suite d'une enquête, les policiers sont acquittés et réintégrés dans leur corps d'origine. En 2017, l'acquittement du policier jugé pour la mort du jeune noir, Anthony Lamar Smith, en décembre 2011 a provoqué des troubles dans le Missouri, où est né le mouvement Black Lives Matter. L'année suivante, les deux policiers impliqués dans l'homicide d'Alton Sterling à Baton Rouge (Louisiane) en 2016 ne sont pas poursuivis à la suite d'un non-lieu ; la victime avait pourtant été tuée de plusieurs balles alors que les policiers la maintenaient au sol. En mars 2018, un jeune père de famille noir de 22 ans a été abattu à Sacramento (Californie). Les agents de police ont tiré vingt balles pour arrêter ce fugitif dont ils pensaient qu'il était équipé d'une arme à feu qui s'est révélée être un téléphone portable. En mai 2018, un jury de Floride a accordé quatre dollars de dommages et intérêts à la famille d'un noir tué à travers sa porte de garage en 2014 alors que son voisin se plaignait d'une musique trop forte.

À méditer

COULEUR CAFÉ

Le 29 mai 2018, les amateurs de la chaîne américaine Starbucks ont trouvé porte close devant l'intégralité des 8 000 établissements de l'enseigne aux États-Unis. Les personnels étaient en effet occupés à une formation consacrée au racisme. Cette décision a été prise à la suite d'une polémique née de l'arrestation de deux personnes noires dans un des cafés de la marque. La scène filmée par un téléphone portable de cette arrestation arbitraire par la police répondant à l'appel du personnel du magasin a suscité une vive émotion et un appel au boycott. Pour soigner son image, l'enseigne a décidé de former tout son personnel actuel et d'ajouter ce dispositif aux processus d'intégration des nouveaux employés.

La guerre des mémoires

Le combat racial prend également une dimension mémorielle à travers le débat sur la statuaire publique aux États-Unis, comme l'a rappelé la mort de la militante antiraciste Heather Heyer en août 2017 à Charlottesville (Virginie), renversée par le véhicule d'un militant néonazi. Le réalisateur Spike Lee a d'ailleurs choisi de faire de cet épisode l'épilogue de son film *BlacKkKlansman*, sorti en août 2018. Au travers de l'histoire vraie d'un policier afro-américain du Colorado qui a infiltré le Ku Klux Klan en 1979, ce film récompensé par le Grand Prix du jury à Cannes témoigne ainsi de la persistance de la menace suprématiste.

La lutte mémorielle se cristallise aujourd'hui autour de la statuaire publique de la guerre de Sécession. Omniprésents dans les États du Sud, les monuments à la gloire des généraux sudistes ont été pour la plupart érigés bien après la fin de la guerre qui a opposé entre 1861 et 1865 l'armée des États du Sud à celle du Nord autour de la question de l'esclavage. Ils sont souvent le fait des militants de « la Cause perdue », idéalisant la lutte des confédérés pour la défense de l'esclavage, au cours du XXe siècle.

L'essentiel

À Charlottesville, la statue du général Lee, général en chef des sudistes, a ainsi été érigée en 1924, 54 ans après la mort du militaire, par une association de vétérans nostalgiques du temps de l'esclavage. Elle est donc un symbole révisionniste que veulent voir disparaître les militants antiracistes même si elle continue de trôner dans le parc qui porte son nom alors que d'autres villes américaines ont choisi de déplacer certaines statues, voire de les faire disparaître.

Le saviez-vous

En Alabama, un mémorial a été érigé à Montgomery pour honorer la mémoire des 4400 Afro-américains pendus ou lynchés dans les États du Sud. Inauguré en avril 2018, ce monument entend dénoncer les discriminations raciales d'hier et d'aujourd'hui.

À méditer

50 NUANCES DE BLANCS

La Maison-Blanche a été accusée par les médias américains de faire la promotion d'une Amérique blanche. La photographie officielle des stagiaires de 2018 s'est en effet distinguée par la monochromie des figurants. Sur la centaine d'étudiants réunis autour du président Donald Trump, les jeunes issus de la diversité sont très peu nombreux. Les promotions de stagiaires sous la présidence Obama affichaient une image beaucoup plus représentative des États-Unis, ce qui a conduit la journaliste américaine Victoria Brownworth à détourner le slogan de campagne de Donald Trump en *Trump : Making America segregated again* (« Trump : rendre l'Amérique ségréguée à nouveau »).

Fiche 29 : Vers la fin de l'interdiction des statistiques ethniques en France

En France, les statistiques ethniques restent interdites. Le maire de Béziers, Robert Ménard, déclenchait une polémique en 2015, en présentant des chiffres à propos du nombre d'enfants musulmans dans sa commune, établis à partir des listes des écoles. Trois ans plus tard, le député de la République en marche Aurélien Taché défend pourtant la nécessité de telles statistiques dans son rapport « 72 propositions pour une politique ambitieuse d'intégration des étrangers arrivant en France ».

Le modèle anglo-saxon

L'exemple des pays anglo-saxons est souvent invoqué pour dénoncer ou promouvoir les statistiques ethniques. Aux États-Unis comme au Royaume-Uni, le suivi statistique de la population repose sur le processus d'auto-identification des individus.

Les statistiques ethniques ont pour objectif une meilleure connaissance de la population afin de sonder les discriminations et les réduire. Elles sont à la base de la politique de discrimination positive afin de permettre une meilleure représentativité des groupes sociaux.

Aux États-Unis, certaines universités ont ainsi adopté des quotas ethniques en faveur des étudiants noirs et hispaniques. Cependant, ces mesures sont régulièrement dénoncées devant la Cour suprême ; la discrimination positive a même été abolie en Californie, en Floride, dans l'État de Washington ou encore au Nebraska.

L'essentiel

En Inde, les basses castes disposent de quotas d'embauche dans la fonction publique ou des places réservées dans l'enseignement. Le gouvernement nationaliste hindou envisage d'ailleurs d'étendre ce système aux entreprises privées pour favoriser une meilleure représentativité des différentes classes sociales indiennes.

UN INTOUCHABLE COMME PRÉSIDENT DE L'UNION INDIENNE

Le saviez-vous

Alors que les *dalits* – intouchables – forment une communauté socialement et économiquement marginalisée, un de ses membres, Ram Nath Kovind, occupe le poste de président de l'Union indienne, deuxième intouchable à accéder à cette distinction. Si la fonction de président est essentiellement honorifique, le choix de cet homme porté par le parti nationaliste hindou, le Bharatiya Janata Party (BJP), est un symbole fort en matière d'intégration. Les mauvaises langues y voient néanmoins une opération de séduction en faveur des 200 millions de *dalits* afin d'élargir l'assise électorale de l'actuel Premier ministre Narendra Modi dans la perspective des législatives de 2019.

Un tabou français ?

Le modèle républicain d'intégration selon lequel les individus ne doivent pas être distingués par leur couleur de peau ou leurs origines, rend impossible l'élaboration de données statistiques ethniques en France. Les fractures mémorielles persistantes à propos du fichage des populations sous le régime de Vichy enveniment encore un peu plus le débat.

L'article 8-I de la loi Informatique et libertés du 6 janvier 1978 interdit « les données à caractère personnel qui font apparaître, directement ou indirectement, les origines raciales ou ethniques, les opinions politiques, philosophiques ou religieuses ou l'appartenance syndicale des personnes, ou qui sont relatives à la santé ou à la vie sexuelle de celles-ci ». Seuls les sondages anonymes établis à des fins scientifiques sont autorisés. La collecte des données est strictement encadrée par le Conseil national de l'information statistique (CNIS) et la Commission nationale de l'informatique et des libertés (CNIL).

Dans son rapport, Aurélien Taché regrette ce « manque de statistiques sur les étrangers » ; il constitue selon lui « une difficulté d'objectiver nombre de constats sur la situation des personnes étrangères ». Ces statistiques sont ainsi pensées comme un outil de connaissance qui permettrait de mettre davantage en évidence les mécanismes de discrimination afin de lutter contre ceux-ci.

Attention

Néanmoins, le risque du communautarisme constitue un obstacle important à la réflexion sur la levée de cette interdiction. Contrairement à la tradition anglo-saxonne qui accepte globalement le multiculturalisme, la France a fondé son projet républicain sur une quête d'unité. Cette cohésion républicaine conçoit difficilement la reconnaissance d'aspiration spécifique pour les groupes minoritaires.

À méditer

LE REFUS DE LA MIXITÉ RACIALE EN DÉBAT

Lors du mouvement de blocage des universités de 2018 face à la réforme de l'accès à l'enseignement supérieur, des organisations étudiantes ont organisé des ateliers en « non-mixité raciale ». Ces réunions sont ouvertes uniquement à des groupes qui s'estiment discriminés, en refusant le groupe social majoritaire considéré comme dominant, voire oppresseur. Cette pratique née aux États-Unis dans les années 1960 au cours du mouvement pour les droits civiques a été diffusée en Europe à l'initiative des mouvements féministes. Le gouvernement et certaines associations comme la Ligue contre le racisme et l'antisémitisme (Licra) ou SOS-Racisme ont vivement dénoncé ces rassemblements. Alors que, pour les uns, la non-mixité est un mal nécessaire pour permettre aux opprimés de prendre la parole librement, pour les autres, elle porte un risque de dérive communautaire.

Fiche 30 : Les difficultés de la lutte contre la radicalisation

Ce malaise national dans la reconnaissance de la différence confère souvent une dimension obsessionnelle au débat. La lutte contre la radicalisation djihadiste souffre de cette exacerbation des passions, nourrie par la méconnaissance de l'islam et du djihadisme. L'idée de déradicalisation peut paraître elle-même absurde pour des individus dont l'objectif ultime est de mourir en martyr.

Les prisons françaises, des écoles du djihad ?

Les prisons françaises sont parfois présentées comme des incubateurs du djihadisme. 504 détenus islamistes et 1200 détenus de droit commun repérés comme radicalisés côtoient plus de 70000 personnes écrouées. En 2018, l'agression de plusieurs surveillants par des détenus radicalisés a contraint à repenser la politique carcérale.

Elle privilégiait la dispersion des détenus radicalisés pour éviter l'entretien de cellules djihadistes. Mais ce mélange des prisonniers a conduit à transformer les prisons en écoles de la radicalisation, comme l'illustre le cas de Mohamed Merah. Après une incarcération en 2008 pour un vol de sac à main, ayant nourri chez lui, selon le témoignage de son frère, « un sentiment d'injustice », il effectue plusieurs voyages à l'étranger, avant de commettre une série d'attentats en 2012.

Le saviez-vous

Selon une étude britannique d'octobre 2016, 57 % des djihadistes européens qui ont rejoint les zones de combat auprès des groupes terroristes sont passés par la prison ; 27 % se seraient radicalisés en détention.

Face à l'échec de la politique de dispersion, aux revendications des surveillants pénitentiaires et aux préconisations des chercheurs spécialisés dans la radicalisation, le gouvernement a décidé de modifier en profondeur la lutte contre la radicalisation. 1500 places sont en cours d'aménagement pour isoler dans des « quartiers étanches » les détenus radicalisés.

LA PRISON D'ANNOEULLIN, UN MODÈLE À GÉNÉRALISER

Le saviez-vous

Cette petite ville tranquille de 10 000 habitants située à quelques kilomètres au sud de Lille s'est retrouvée bien malgré elle sous le feu des projecteurs grâce à sa prison. Mise en service en 2011, elle dispose en effet d'un « quartier maison central » que la ministre de la Justice souhaite généraliser. Ce secteur ultra-sécurisé à l'intérieur de la prison était originellement destiné aux figures du grand banditisme condamnées à de longues peines. Mais l'émergence de la question du traitement de la radicalisation dans le débat public en a modifié l'objectif.

Un vaste plan de lutte contre la radicalisation

Début 2018, le gouvernement a annoncé un vaste plan baptisé « Prévenir pour protéger » afin de lutter contre la radicalisation.

Dans le domaine éducatif, la prévention à l'école doit permettre de limiter les dérives. La promotion de la laïcité ou encore la lutte contre les théories du complot sont pensées comme des moyens pour maintenir les élèves à l'écart du djihadisme. Les établissements hors contrat et l'enseignement dans les familles seront l'objet d'une surveillance accrue.

Afin de mieux détecter les dérives djihadistes, le signalement des jeunes radicalisés est encouragé, et les acteurs d'Internet sont mieux impliqués dans le processus d'identification et de retrait des contenus radicaux. Les éducateurs sportifs pourraient également devenir des relais de cette politique de surveillance.

La délicate question du retour des djihadistes

La médiatisation d'Émilie König, une Lorientaise convertie au djihad, a suscité un débat autour de la question du retour des djihadistes après leur engagement dans un combat à l'étranger. Celle qui a été la première femme à rejoindre la liste américaine des « combattants terroristes étrangers » comme recruteuse de l'État islamique, vit désormais en prison dans un camp de réfugiés kurdes. Elle a demandé à être jugée en France.

Depuis 2014, 1700 djihadistes français sont partis en Irak et en Syrie. 278 y ont trouvé la mort. 302 seraient rentrés. Plusieurs de ces combattants ont été interpellés en Syrie et en Irak. En théorie, en tant que ressortissants français, ils peuvent être jugés dans le pays dans lequel ils ont été arrêtés ou extradés vers la France. En outre, ils peuvent bénéficier de la protection consulaire.

Attention

Dans les faits, la question est très sensible. Le gouvernement semble privilégier les jugements à l'étranger, au nom de la sécurité des Français. Néanmoins, la France semble difficilement pouvoir faire confiance à la Syrie pour assurer un jugement équitable, alors qu'elle mène elle-même une guerre contre ce pays. De plus, la France ne peut refuser le retour des familles des djihadistes arrêtés dans les États en guerre. La situation est donc loin d'être réglée.

Le saviez-vous

LUNEL, ÉPICENTRE DU DJIHADISME FRANÇAIS ?

C'est une autre petite ville française de 25 000 habitants, située à l'est de Montpellier, qui a fait parler d'elle, au point qu'un article lui a été consacré dans le *New York Times* le 16 janvier 2018. « Petite Jérusalem » au Moyen Âge du fait de son importante communauté juive, bastion protestant à l'époque moderne, la ville apparaît désormais comme un centre djihadiste. Une vingtaine de combattants de l'État islamique ont été recrutés à Lunel après une rencontre sur les bancs du collège, à la mosquée ou dans le restaurant tenu par l'un des recruteurs. Six Lunellois sont morts en Syrie, soit près de 10 % du total des ressortissants français qui ont perdu la vie dans cette crise humanitaire.

Fiche 31 : La persistance de l'antisémitisme

La permanence des discriminations à l'encontre de la communauté juive constitue un autre dossier sensible pour la société française et sa cohésion. La multiplication des actes antisémites et la persistance d'un discours de haine contre les juifs révèlent que l'antisémitisme n'a pas disparu, plus de 70 ans après la fin de la Seconde Guerre mondiale.

Une haine qui demeure en France

L'assassinat d'Ilan Halimi (2006), la tuerie perpétrée par Mohamed Merah à l'école juive Ozar Hatorah à Toulouse (2012), l'attentat contre l'Hyper-Cacher de Paris (2015) ou encore l'assassinat de Mireille Knoll (2018), même si l'enquête peine à établir le mobile antisémite du crime, montrent bien que ces violences n'ont pas disparu.

On entend souvent, notamment dans les manifestations ou dans la presse, que la communauté juive est victime d'un tiers des délits et des crimes racistes alors qu'elle représente 1 % de la population française. Cependant, ces statistiques restent très difficiles à établir en l'absence de critères religieux dans le recensement et face à l'impossible exhaustivité du décompte des actes racistes.

À méditer

UNE INSTRUMENTALISATION DE L'ANTISÉMITISME CONTRE L'ISLAM ?

La tribune dite « l'appel des 300 contre le nouvel antisémitisme », datée du 21 avril 2018, a établi un parallèle douteux entre la résurgence de l'antisémitisme en France et la présence d'une communauté musulmane. Parmi les signataires de ce texte, on retrouve l'ancien président de la République, Nicolas Sarkozy, et trois anciens Premiers ministres, Bernard Cazeneuve, Manuel Valls et Jean-Pierre Raffarin. Ils exhortent les autorités musulmanes à « frapper d'obsolescence » les versets du Coran qui appelleraient « au meurtre et au châtiment des juifs, des chrétiens et des incroyants » tout en dénonçant « une épuration ethnique à bas bruit ». Des intellectuels musulmans ont dénoncé ce qu'ils considèrent être comme une stigmatisation et rappelé l'incohérence totale de cette demande alors que l'islam sunnite n'a pas d'autorité tutélaire.

Attention

Les préjugés contre la communauté juive restent très vigoureux si l'on en croit les sondages d'opinion ; 20 % des Français jugent encore que « les juifs ont trop de pouvoir », 38 % pensent que « les juifs ont un rapport particulier à l'argent » et 39 % avancent que « pour les juifs français, Israël compte plus que la France ». Outre la teneur des réponses, c'est la pertinence même des questions qui peut interroger, à la suite de cette étude réalisée par l'institut Ipsos et publiée en 2016 après 18 mois d'enquête auprès d'un panel de Français.

La libération de la parole en Pologne

En Europe de l'Est, la question se pose en des termes encore plus durs. Depuis le 1er février 2018, en Pologne, une loi condamne le fait d'attribuer à la nation ou à l'État polonais « la responsabilité ou la coresponsabilité » des crimes nazis commis contre les juifs pendant la Seconde Guerre mondiale. Cette loi mémorielle controversée a entraîné une libération de la parole antisémite en Pologne.

L'évacuation des Polonais des abords des camps de concentration, exclusivement installés par les nazis dans ce pays alors annexé au Reich, fournit un gage scientifique à cette loi mémorielle. Cependant, l'intrusion du pouvoir politique dans l'écriture de l'histoire pose un problème évident.

Attention

La simple visite touristique du site d'Auschwitz-Birkenau permet de mieux comprendre le rapport ambigu entretenu par la nation polonaise avec ce passé douloureux. Les visites officielles proposées par le musée s'arrêtent avant les chambres à gaz et les principaux charniers. La *Judenrampe*, voie ferrée sur laquelle débarquaient les milliers de déportés, a été en partie détruite par la périurbanisation autour d'Owięcim, nom polonais d'Auschwitz.

Attention

Lors de la journée internationale dédiée à la mémoire des victimes de l'Holocauste de 2018, un bandeau sur la chaîne d'information en continu publique TVP Info relayant un message d'un téléspectateur s'interrogeait ainsi : « Pourquoi personne ne veut contrôler l'afflux de juifs ? C'est une plaie pire encore que les islamistes et les communistes réunis. » De même, dans un sondage récent, 51 % des Polonais ne souhaitent pas que leur fille épouse un juif ; là encore, on est en droit de s'interroger sur la pertinence d'un tel sondage.

À méditer

HITLER, UN HÉROS EN INDE ?

Sur la couverture d'un livre pour enfants intitulé *Leaders* qui présente, comme modèles, onze grands dirigeants qui « ont dédié leur vie à améliorer celle de leur peuple », on peut voir le Mahatma Gandhi, Nelson Mandela, Narendra Modi aux côtés... d'Adolf Hitler. Ce livre publié début 2018 en Inde a suscité un tollé international avant d'être retiré de la vente. Cependant, il est révélateur d'un phénomène plus large. Le site indien d'Amazon place *Mein Kampf* parmi les meilleures ventes dans la catégorie « histoire européenne ». Beaucoup d'Indiens admirent en effet la capacité d'Hitler à avoir imposé l'ordre en Allemagne. Les théories raciales servent également d'inspiration aux nationalistes hindous pour alimenter la haine contre les musulmans.

La fin du mythe de l'exception américaine ?

Pour de nombreux juifs américains, l'endémisme de la violence antisémite en Europe s'oppose au sentiment de sécurité qui prévaut de l'autre côté de l'Atlantique. C'est ce mythe de l'exception américaine qui a conduit de nombreux juifs européens à fuir les pogroms du début du XXe siècle ou la montée du nazisme et le génocide. Cependant, l'attentat survenu à Pittsburgh contre la communauté juive samedi 27 octobre 2018 semble remettre en cause cette idée.

Un suprémaciste blanc, Robert Bowers, a alors abattu onze personnes qui célébraient la naissance d'un enfant dans la synagogue de la congrégation *Tree of Life*. Il avait annoncé son intention de passer à l'acte sur les réseaux sociaux quelques heures avant le drame afin de mettre fin à la « contamination » des États-Unis. Témoignage supplémentaire du mobile religieux du crime, en ouvrant le feu, il a hurlé : « Tous les juifs doivent mourir. »

Cette attaque antisémite est la plus meurtrière de l'histoire des États-Unis. Elle a été interprétée comme un symbole de la libération de la violence religieuse et politique depuis l'élection de Donald Trump qui consacre l'avènement au sommet de l'État d'un discours de haine et de division. Selon la principale association américaine de lutte contre l'antisémitisme, l'Anti-Defamation League (ADL), cette fusillade n'est qu'une manifestation de la recrudescence des actes antisémites. Entre 2016 et 2017, ils ont augmenté de 57 %, soit la plus forte hausse jamais enregistrée depuis la mise en place de ce décompte en 1979.

Fiche 32 : Les menaces contre la laïcité

Censées relier les hommes entre eux, les religions ont souvent tendance à les diviser, ce qui a conduit les théoriciens de la République française à mettre en place une séparation stricte entre la foi, qui relève du domaine privé, et la loi, qui relève du domaine public. Issu du grec ancien *laos* qui désigne le peuple, la laïcité doit permettre l'unité de la nation par-delà les différences religieuses. Néanmoins, le principe de laïcité n'empêche pas les tensions et se trouve même parfois instrumentalisé au service de la division entre les communautés.

Une laïcité revisitée

La laïcité est née dans le contexte de lutte contre l'influence de la religion catholique dans le débat public. « Fille aînée de l'Église », la France accorde une grande place à la religion dans la conduite des affaires publiques sous la monarchie. La Révolution française jette les bases de la liberté religieuse et de la séparation entre l'Église et l'État. Les lois Ferry de 1881-1882 rendent l'école « publique, gratuite, laïque et obligatoire ». La loi de 1905 achève de poser ce principe de stricte séparation entre le domaine public et le domaine privé.

L'essentiel

La laïcité est à la fois conçue comme l'ennemi du communautarisme et un puissant vecteur de liberté religieuse, comme le rappellent les deux premiers articles de la loi du 9 décembre 1905 : « La République assure la liberté de conscience. Elle garantit le libre exercice des cultes, et la République ne reconnaît, ne salarie, ni ne subventionne aucun culte. » Refusant les distinctions entre citoyens, la laïcité impose une neutralité de l'État en matière de foi.

Dans les années 2000, elle a été revisitée à la faveur du débat autour de l'émergence des signes visibles de l'islam. La loi du 15 mars 2004, dite « loi Stasi », interdit les signes religieux « ostentatoires » à l'école publique pour les agents et les élèves. Cette loi est complétée par une charte de la laïcité en 2006 imposant « un devoir strict de neutralité religieuse » pour tous les fonctionnaires. En 2010, une loi interdit « la dissimulation du visage » dans l'espace public.

Aucune loi ne prévaut pour les entreprises ; seule exception peut-être, les « établissements chargés d'une mission de service public » sont soumis à la neutralité religieuse depuis une loi de 2015 faisant suite à l'affaire de la crèche Baby-Loup. Une employée d'une crèche de Chanteloup-les-Vignes avait été licenciée pour avoir refusé d'ôter son voile sur son lieu de travail, ce qui a donné lieu à plusieurs années de procédures. Cependant, le comité des droits de l'homme de l'ONU a condamné la France en août 2018 pour discrimination envers cette employée licenciée pour faute grave, et ainsi relancé le débat autour du port du voile.

Le saviez-vous

UN RETOUR AUX SOURCES ?

En 2018, le président de la République a suscité la polémique en prononçant un discours au collège des Bernardins à l'invitation de la Conférence des évêques de France. Il a notamment appelé les catholiques à l'engagement public et invoqué « les racines chrétiennes » de la France tout en affirmant son souhait de « réparer le lien » entre l'Église catholique et l'État. Une grande partie de la classe politique s'est insurgée en dénonçant une atteinte portée à la laïcité. Emmanuel Macron souhaitait sans doute rétablir le dialogue avec les catholiques après une période de tensions liées à l'adoption du mariage pour tous et avant d'entreprendre une série de propositions au niveau bioéthique, mais la voix du président reste impénétrable.

Une laïcité menaçante ?

Cette réaffirmation de la laïcité conduit parfois à une instrumentalisation d'un principe de liberté au service de l'exclusion d'une communauté, les musulmans. L'historien et sociologue Jean Baubérot (né en 1941) n'hésite pas à parler d'une « laïcité falsifiée ». Celle-ci aurait pour objectif la stigmatisation des musulmans en se parant des vertus républicaines partagées que sont la démocratie, la liberté d'expression et l'égalité des sexes.

Cette question divise profondément la classe politique ; les uns accusent les autres d'angélisme face au risque de délitement actuel de la société pendant que les autres dénoncent un détournement du concept originel pour créer un climat de divisions communautaires.

Bouclier contre la radicalisation islamiste pour certains, la laïcité doit demeurer un outil d'émancipation des citoyens pour les autres. La tribune titrée « Contre un nouvel antisémitisme » a révélé cette fracture entre les signataires et leurs détracteurs ; ce texte, comme d'autres manifestations publiques récentes, est accusé de porter la responsabilité des tensions communautaires sur la minorité musulmane.

Attention

La laïcité devient alors fortement identitaire alors que les musulmans sont la minorité la moins acceptée de France. L'indice de tolérance à l'altérité établie par la Commission nationale consultative des droits de l'homme (CNCDH) met en évidence ce renforcement de la méfiance envers l'islam.

Pour 44 % des sondés, « l'islam est une menace pour l'identité de la France ». Pour 61 % d'entre eux, le port du voile peut « poser problème pour vivre en société ».

À méditer

L'HABIT NE FAIT PAS LE MOINE

Le voile révèle le manque de cohérence de la législation actuelle sur la laïcité. Son port est interdit depuis 2004 dans les écoles publiques. Néanmoins, une étudiante a le droit de porter le voile si elle poursuit sa scolarité à l'université alors que ce droit lui est refusé si elle a choisi un cursus dans une classe préparatoire ou dans une section de technicien supérieur puisque ces enseignements sont dispensés dans des lycées. Autre incohérence, ce droit est accordé à l'étudiante, mais il est refusé à l'enseignante. Cette contradiction est un symbole supplémentaire de la difficulté d'aborder avec raison les questions de religion.

Fiche 33 : Le creusement des fractures territoriales

Outre les divisions religieuses, la société française souffre de fractures territoriales. Ces cassures forment autant de menaces pour la cohésion nationale en opposant les habitants les uns aux autres. France du Nord contre France du Sud, France des beaux quartiers contre France des banlieues, voire France des villes contre France des champs forment autant de défis qui menacent l'unité nationale.

La concentration de la richesse dans les grandes villes

Phénomène mondial, la métropolisation concentre la population et les activités les plus qualifiées dans les grandes villes. Elle est la conséquence de la mondialisation qui met en compétition les territoires par-delà les frontières. Or ce phénomène provoque, en revers, le déclin des territoires isolés.

L'essentiel

Le rapport dirigé par Jean Pisani-Ferry pour France-Stratégie (en 2016) a mis en évidence ces fossés qui se creusent entre des territoires dynamiques et d'autres en déprise. Les grandes aires urbaines de plus de 500 000 habitants concentrent environ 40 % de la population et 55 % de la masse salariale ; la production par habitant est de 50 % supérieure à celle du reste du pays. Cela se traduit dans la structure des emplois par une forte concentration des emplois dits « métropolitains » (gestion, conception-recherche, prestations intellectuelles, commerce interentreprises ou culture-loisirs) dans les grandes villes. L'Île-de-France rassemble ainsi 20 % de la population, 30 % du PIB et 60 % des chercheurs, les grandes métropoles régionales assurant le relais de ce dynamisme parisien.

À l'inverse, les villes moyennes et les territoires ruraux isolés souffrent d'un phénomène d'abandon. Ils connaissent un vieillissement de leur population, une fermeture des services publics et plus généralement un déclin démographique.

Attention

Au niveau national, on oppose traditionnellement la France du Nord-Est, ancien bastion industriel, à la France du Sud-Ouest, espace dynamique et rendu attractif par l'héliotropisme. Cette division traditionnelle se creuse ; le PIB par habitant du Sud-Ouest est supérieur de 9,5 % à celui du Nord-Est en 2013 contre 3,5 % en 2000.

La fragmentation urbaine

À une autre échelle, les géographes et les sociologues insistent sur un mécanisme qui divise les territoires : la fragmentation, c'est-à-dire la dissociation des parties par rapport au tout. Les espaces se cloisonnent par des discontinuités mentales et physiques.

À méditer

QUAND LA VILLE SE DÉFAIT

Le sociologue Jacques Donzelot (né en 1943) a mis en évidence ce cloisonnement de la société en différents espaces à part. Il a notamment défini « trois vitesses de la ville » formant autant d'entre-soi pour leurs habitants. La relégation forme « un entre-soi contraint » qui conduit à une exclusion dans des quartiers défavorisés. La périurbanisation se traduit par « un entre-soi protecteur » à la suite du choix de vivre dans un environnement privilégié en dehors de la ville. La gentrification forme quant à elle « un entre-soi valorisateur et sélectif » du fait de la concentration des classes aisées dans les quartiers centraux rénovés. D'après lui, le prix d'un logement détermine souvent la qualité du voisinage.

Les sociétés se replient dans un entre-soi de plus en plus homogène ; chaque espace porte une identité propre et des codes culturels spécifiques, au détriment de la mixité sociale. Cela concerne toutes les classes sociales et prend une forme paroxysmique dans les résidences fermées, nées aux États-Unis sous le nom de *gated communities*. Ce sont des quartiers privatisés gérés par un collectif d'habitants qui se tient à l'écart du reste de la ville par des clôtures périphériques et un portail d'entrée ; c'est sur ce portail par exemple que les fans de Johnny sont allés rendre hommage à leur rocker préféré devant sa résidence fermée de Marnes-la-Coquette.

À méditer

LES RICHES AUSSI VIVENT ENTRE EUX

Monique Pinçon-Charlot (née en 1946) et Michel Pinçon (né en 1942) ont montré dans leurs différents travaux de sociologie portant sur la grande bourgeoisie que les riches sont eux aussi en quête permanente de la compagnie de ceux qui leur ressemblent. Les stratégies d'évitement de la carte scolaire, les rallyes entre jeunes de bonne famille, les lieux de sociabilité sélectifs sont autant de moyens de tisser et d'entretenir ces réseaux qui permettent de vivre à l'écart du reste de la société. Le périphérique est un symbole concret de cette stratégie ; il est couvert sur une bonne partie ouest de Paris pour que les habitants des beaux quartiers ne souffrent pas de cette discontinuité alors qu'il sert de rempart face aux banlieues dans toute la partie nord-est de la capitale.

L'exclusion des banlieues

Un territoire souffre particulièrement de ces espaces d'exclusion ; que l'on parle de « cités », de « banlieues » ou désormais de « quartiers », ces espaces périphériques des grandes villes sont marginalisés.

Ils prennent parfois la forme des grands ensembles, ces immeubles collectifs en tour ou en barre de plus de 500 logements construits pendant les Trente Glorieuses pour faire face au baby-boom et à l'afflux d'immigrés en lien avec la décolonisation. La charte d'Athènes avait imaginé ces immeubles modernes disposant de l'eau courante et d'un système de chauffage. Souvent clos sur eux-mêmes, ils se transforment très vite en lieu de relégation après le départ des classes moyennes.

Attention

Ces quartiers concentrent aujourd'hui les problèmes sociaux, notamment le chômage de masse. 500 000 jeunes sont sans emploi dans les banlieues. L'enclavement est à la fois symbolique et physique ; 40 % des quartiers classés en zone urbaine sensible ont une gare alors que 70 % sont clôturés par une ou plusieurs voies ferrées.

Depuis les années 1980, la politique de la ville imagine différents dispositifs pour concentrer les aides dans ces espaces. La loi Solidarité et renouvellement urbain (SRU) de 2000 impose ainsi la construction de logements sociaux sur tous les territoires pour gagner en mixité sociale.

Le saviez-vous

UN NOUVEAU RAPPORT POUR SORTIR LES BANLIEUES DE LA CRISE

Jean-Louis Borloo, ancien ministre de la Ville et de la Cohésion sociale, a appelé de ses vœux à « une mobilisation nationale » en faveur des banlieues. Chargé de collecter des idées parmi les élus proches du terrain, le rapport Borloo préconise des solutions originales parmi lesquelles la création d'une « académie des leaders » réservée aux jeunes issus de ces quartiers afin de diversifier la haute fonction publique. Puisque la société souffre de ses fractures, il faudrait peut-être lui suggérer d'intégrer la diversité directement dans l'École nationale d'administration (ENA) afin de faire en sorte que les classes sociales se croisent plutôt qu'elles se fassent concurrence.

Fiche 34 : La crise des Ehpad, mieux accompagner la dépendance

L'exclusion concerne également les personnes âgées. Les établissements d'hébergement pour personnes âgées dépendantes (Ehpad) accueillent près de 580 000 personnes, dont l'âge moyen est de 85 ans, dans des conditions qui posent question, dans une société riche et prospère comme la France

Le défi du vieillissement

C'est un phénomène inéluctable et bien identifié que l'on anticipe pourtant trop peu. Le vieillissement de la population est la conséquence de l'allongement de l'espérance de vie. Alors qu'elle n'était que de 47 ans en 1900, l'espérance de vie moyenne s'établit désormais autour de 80 ans. Les personnes âgées de plus de 75 ans seront en outre de plus en plus nombreuses entre 2021 et 2050, étant donné l'arrivée à cet âge des générations nombreuses nées pendant le baby-boom, surnom donné à la période de forte natalité au cours des Trente Glorieuses.

L'essentiel

Au 1er janvier 2018, 9 % de la population française est âgée de 75 ans ou plus. Cette population de 6,1 millions de personnes est composée à 61 % de femmes, étant donné le différentiel de l'espérance de vie entre les sexes. D'après les études prospectives, 16,2 % de la population française aura plus de 75 ans en 2060, ce qui provoquera un doublement de la population âgée de plus de 75 ans. Ce doublement concernera aussi les plus de 85 ans qui passeront de 2 à 5 millions de personnes. Ainsi, 90 % des femmes et 80 % des hommes nés en 1990 dépasseront l'âge de 80 ans en 2070, alors qu'en 2015, seuls 66 % des femmes et 44 % des hommes nés en 1935 sont devenus octogénaires.

Le saviez-vous

UN PAYS DE CENTENAIRES ?

Alors que le record mondial d'espérance de vie est toujours détenu par Jeanne Calment, décédée en 1997 à l'âge de 122 ans, la France pourrait accueillir de plus en plus de centenaires. Notre pays comptait ainsi 21 000 centenaires en 2016, soit vingt fois plus que dans les années 1970. En 2070, 270 000 centenaires vivront en France selon les études prospectives de l'INSEE, soit 13 % des femmes et 5 % des hommes de cette génération. Notre pays est ainsi le premier en Europe en terme de proportion, mais également de probabilité d'y devenir centenaire après 60 ans, devant l'Espagne et l'Italie. Dans le monde, l'ONU estime à plus de 316 000 leur nombre. Le Japon reste le champion dans cette catégorie avec 65 000 centenaires et près de la moitié des 50 personnes les plus âgées du monde.

Cette dynamique inscrite dans la pyramide des âges actuelle se traduira par une massification de la dépendance. Parmi les 12 millions de personnes âgées de plus de 75 ans en 2060, 2,26 millions seront alors dépendantes contre 1,2 million aujourd'hui. Ce vieillissement de la population posera inévitablement la question de la place des personnes âgées dans notre modèle social.

Des structures en souffrance

Jusqu'au début du XXe siècle, la société française, largement rurale et agricole, a conçu le vieillissement comme un moment privé vécu dans la sphère familiale. Devenu un objet social avec la proclamation du droit à l'assistance pour les personnes âgées dans une loi de 1905, il a consacré l'âge d'or des « hospices de vieux ». Depuis, les structures d'accueil se sont nettement améliorées, notamment grâce à la mise en place des Ehpad, mais le système semble désormais à bout de souffle.

Le Comité consultatif national d'éthique (CCNE) a établi en 2018 un rapport très critique envers les politiques de gestion de la dépendance. Au nom de la rationalité économique et de la sécurité physique, les personnes âgées ont été isolées du reste de la société, souvent de force. Elles souffrent alors d'une exclusion collective qui tend vers la « ghettoïsation ». La société française serait alors atteinte d'« âgisme » du fait des discriminations envers les personnes âgées.

L'essentiel

La solitude domine chez les personnes âgées dépendantes. 79 % des personnes âgées de plus de 75 ans ont déclaré ne pas avoir de rapports avec leurs frères et sœurs. 41 % n'ont plus de contact avec leurs enfants. Dans les situations les plus critiques, certains développent des sentiments dépressifs qui peuvent conduire à se donner la mort ou à se laisser mourir. Les plus de 75 ans sont les populations les plus sujettes au suicide avec un taux de 30 suicides pour 100 000 personnes en 2014 contre 14,9 en moyenne nationale.

La crise des structures de dépendance est également documentée par les témoignages des personnels des établissements. Le manque de temps et de moyens conduit à une rationalisation des soins à l'extrême qui ne respecte pas nécessairement la dignité des personnes.

Repenser la dépendance

Le constat très sombre de la CCNE a été corroboré par un rapport parlementaire, préparé par les députées Caroline Fiat et Monique Iborra. Ces deux élues de la Commission des affaires sociales font état d'« une profonde crise » du système et préconisent une série de propositions de réforme, dont certaines ont inspiré la ministre de la Santé, Agnès Buzyn, dans la présentation de son plan de prise en charge de la dépendance.

L'essentiel

Les salariés du secteur revendiquent un meilleur taux d'encadrement. Alors que le ratio actuel est de 0,6 salarié pour un résident, les organisations syndicales demandent une hausse des moyens pour parvenir à un salarié pour un résident (toutes professions confondues). Cela représenterait 200 000 recrutements et un coût proche de 10 milliards. Pour l'heure, une enveloppe supplémentaire de 50 millions d'euros a été déployée en 2018 avant un investissement supplémentaire de plus de 400 millions d'euros sur les sept prochaines années, soit 20 000 postes en équivalent temps plein. Des infirmiers de nuit seront également déployés pour faire face aux urgences médicales.

La baisse du reste à charge pour les résidents et leurs familles fait également partie des principales attentes. Le tarif médian est de 1 949 euros par mois, toutes structures confondues, contre 1 200 euros de pension moyenne pour les résidents. Le développement de la télémédecine doit également permettre des consultations à distance, afin d'en réduire le coût. Depuis plusieurs années, l'instauration d'un cinquième risque de la sécurité sociale pour financer la dépendance est envisagée. Il serait financé par une seconde journée de solidarité et par des assurances individuelles, encouragées par des incitations fiscales.

Le saviez-vous

LE BUSINESS DE LA *SILVER* ÉCONOMIE

Les personnes âgées sont souvent présentées comme une charge financière pour la collectivité, si l'on considère le financement des retraites ou celui de la dépendance. Cependant, ils peuvent au contraire incarner un potentiel économique important puisque la génération des baby-boomeurs a bénéficié d'une bonne conjoncture économique grâce à la forte croissance des Trente Glorieuses. Cette génération a été nourrie au biberon de la consommation, ce qui laisse espérer un fort développement de la *silver* économie dans des secteurs aussi variés que les croisières, la rénovation de l'habitat, l'alimentation, l'assurance ou encore les objets connectés pour prolonger le maintien à domicile. La Poste a ainsi repensé son modèle de développement en proposant de nouveaux services destinés particulièrement aux personnes âgées.

Fiche 35 : Mayotte, une société en crise

Les tensions communautaires prennent une forme exacerbée à Mayotte. En 2011, cet archipel devenait le 101e département français à la suite d'un référendum qui avait approuvé ce choix à plus de 95 %. Loin des espoirs d'hier, les Mahorais ont l'impression de demeurer des oubliés de la république. 8 000 km les séparent physiquement de la métropole alors que les indicateurs économiques et sociaux révèlent le fossé entre celle-ci et ces îles de l'océan Indien.

Des îles à la dérive

À trois reprises, des opérations « île morte » (2011, 2016 et 2018) ont cherché à paralyser complètement l'économie locale pour attirer l'attention des pouvoirs publics et dénoncer l'abandon de l'État.

L'essentiel

Ce territoire est le plus pauvre de France. Son produit intérieur brut par habitant est de 8 661 euros contre plus de 32 967 euros en métropole en 2015. 84 % des 212 000 habitants vivent sous le seuil de pauvreté alors que 30 % résident dans des bidonvilles.

Ayant fait le choix de la France, les Mahorais réclament une égalité réelle par rapport au reste du territoire alors que la départementalisation reste partielle. L'État continue de gérer les routes, les collèges et les lycées. Surtout, les prestations sociales ne sont pas les mêmes qu'en métropole ; le revenu de solidarité active (RSA) est de 268 euros pour une personne seule contre 549 euros en métropole. Même le salaire minimum est différent ; le SMIC brut métropolitain atteint 1 466 euros brut en 2016 (pour 35 heures) contre 1 141 euros brut à Mayotte (pour 39 heures). Néanmoins, Mayotte bénéficie largement des dotations de l'État. L'archipel compte en effet 9 000 entreprises pour un total de 18 000 salariés dans le secteur privé contre 36 000 fonctionnaires.

Le saviez-vous

Les grèves et blocages dénoncent surtout l'insécurité chronique. Des violences dans un lycée de Kahani ont provoqué un vaste mouvement de grève. La gendarmerie n'arrive plus à imposer l'ordre public ; en témoigne une décision récente de ne plus faire remplacer les vitres des véhicules de gendarmerie en leur substituant du plexiglas, moins cher et plus rapide à installer en cas de caillassage.

Les tensions avec les (autres) Comores

Mayotte constitue l'une des quatre îles de l'archipel des Comores avec la Grande Comore, Mohéli et Anjouan, mais ces territoires ont fait un choix différent pour leur avenir ; en 1974, les Mahorais se sont prononcés massivement contre l'indépendance des Comores et ont affirmé, lors de cette consultation, leur appartenance à la République française. Les autres îles ont refusé d'accepter ce choix et ont obtenu plusieurs résolutions de l'ONU pour faire reconnaître l'intégrité de l'archipel.

Les liens familiaux entre les îles et la relative meilleure qualité de vie à Mayotte encouragent les Comoriens à migrer. Les étrangers représentent 41 % de la population à Mayotte dont 94 % sont originaires des Comores. Chaque année, 20 000 clandestins arrivent sur l'archipel français.

Attention

Ces migrations sont facteur de tension. Les Mahorais installés sur l'île opèrent souvent l'amalgame entre sans-papiers et délinquants. Des habitants organisés en collectif enlèvent les étrangers en situation irrégulière lors de rondes pour les remettre à la gendarmerie. Des listes nominatives placardées sur les murs de Mayotte dénoncent les personnes qui emploient ou hébergent des migrants. Les expulsions sont fréquentes et massives (plusieurs centaines par jour), mais peinent à calmer la colère des Mahorais.

Le saviez-vous

MAMOUDZOU, PREMIÈRE MATERNITÉ FRANÇAISE

La maternité de Mamoudzou réalise chaque année plus de 9 500 naissances ; le record est de 23 naissances en 12 heures. Les lits ont été triplés dans les chambres et les femmes en bonne santé sont transférées à peine trois heures après leur accouchement. Ces statistiques reflètent une forte fécondité des Mahoraises (4 enfants par femme), mais elles sont surtout la conséquence de l'immigration ; 70 % des femmes qui accouchent à Mayotte sont Comoriennes. Elles prennent des risques importants pour débarquer sur l'île française avant leur accouchement et profiter ainsi des conditions sanitaires meilleures et du droit du sol ; plus de la moitié des jeunes entre 18 et 24 ans nés dans l'île ont une mère née à l'étranger. À tel point, que le gouvernement envisage un statut d'extraterritorialité pour cette maternité.

À méditer

LES *KWASSA-KWASSA* DE LA DISCORDE

Lors de la campagne présidentielle de 2017, le candidat Macron s'est attiré les foudres des défenseurs des droits de l'homme en plaisantant sur ces petites embarcations – les *kwassa-kwassa* – qui selon lui « pêchent peu » et servent surtout à amener « du Comorien » sur l'île. Depuis 1995, 12 000 Comoriens sont morts sur ces embarcations en tentant de rejoindre Mayotte.

Un plan pour Mayotte

Le gouvernement a présenté en 2018 un nouveau plan pour Mayotte afin de sortir l'île de sa situation de blocage. Les relations restent tendues entre les représentants de l'État et les leaders des collectifs d'habitants. La ministre des Outre-mer, Annick Girardin, a été vivement critiquée lors de sa mission express en mars 2018. À peine dans l'avion, elle annonçait la signature d'un accord alors que les leaders des associations mahoraises n'avaient pas donné leur aval.

Le gouvernement promet « un plan de rattrapage et de développement de Mayotte ». Parmi les annonces figurent le renforcement de la lutte contre l'immigration clandestine, un meilleur accompagnement pour les entreprises, un effort important au niveau de la santé et de l'éducation ou encore la réalisation de grandes infrastructures de transport. Il est cependant évident que ces promesses ne permettront de lever les incompréhensions que si elles sont suivies d'effets.

PARTIE 3
VERS UN MONDE PLUS DÉMOCRATIQUE

DANS CETTE PARTIE…

L'aphorisme de Winston Churchill selon lequel « la démocratie est le pire des régimes, à l'exception de tous les autres déjà essayés par le passé » demeure pleinement actuel alors que de nombreux chercheurs font état d'un recul de la démocratie dans le monde. Qu'il s'agisse d'un véritable mouvement de reflux ou du mythe de la récession démocratique, il est certain que la démocratie n'est pas naturelle et ne s'impose pas d'elle-même en vertu d'un quelconque mouvement vers l'émancipation et la liberté.

Après une période de démocratisation des années 1970 à la fin du XXe siècle, les libertés démocratiques semblent en recul. Dans *L'Âge de la régression* (paru en plusieurs langues en 2017), Arjun Appadurai fait état d'une « fatigue de la démocratie », en ouverture de cette réflexion sur l'effondrement du monde actuel. Plusieurs indicateurs traduisent ce déclin des libertés individuelles. Selon l'indice annuel du magazine *The Economist*, la démocratie accuse un net recul dans le monde, enregistrant en 2017 sa pire performance depuis 2010. La liberté des médias est la plus attaquée. L'index de la fondation Freedom House partage ce constat d'une crise actuelle de la démocratie alors que la liberté recule dans plus de 71 États contre 35 dans lesquels elle progresse. Depuis douze ans, ce solde négatif tend à exprimer un reflux mondial.

Cependant, d'après ce même baromètre unanimement respecté, la démocratie concerne plus de la moitié de l'humanité. En 2017, 88 des 195 pays du monde sont considérés comme libres par la fondation américaine, soit un de plus que l'année précédente, le Timor. Si les libertés sont en danger dans une partie du monde, elles connaissent au contraire des progrès notables par des processus d'ouverture en cours en Arabie saoudite ou à Cuba, une lutte contre la corruption au Brésil, en Afrique du Sud ou à Malte. La France participe de ce même affermissement de la démocratie grâce à ses progrès en matière de transparence de la vie publique.

Chapitre 5
Les progrès de la démocratie dans le monde

DANS CE CHAPITRE :

- **La lutte contre la corruption**
- **Ouverture et soif de réformes**
- **Un effort de transparence**

Après la guerre froide, beaucoup de démocrates pensaient que la démocratie libérale allait se répandre d'elle-même dans le monde. La victoire du capitalisme sur le modèle socialiste devait permettre le triomphe du régime démocratique face aux États totalitaires qui s'étaient traduits par autant de faillites. Régime le plus humain et le plus efficace, il devait advenir naturellement dans toutes les sociétés du monde.

Quelques décennies plus tard, force est de constater que cet espoir n'est pas pleinement comblé. La démocratie connaît néanmoins certains progrès même si elle reste toujours fragile. Une grande partie des espoirs placés dans les printemps arabes se sont traduits par des retours en arrière. Puisqu'un chat échaudé craint l'eau froide, les observateurs sont sceptiques à l'égard des évolutions en cours.

Ces doutes sont légitimes, mais un regard sur le propre passé de la France et de ses révolutions doit permettre de laisser germer les espoirs d'un triomphe de la démocratie. Dans notre pays, elle poursuit par ailleurs sa quête d'exemplarité pour entretenir ou restaurer la confiance avec ses citoyens.

Fiche 36 : L'ouverture en Arabie saoudite, un trompe-l'œil ?

Officiellement dauphin depuis 2017, le prince Mohammed Ben Salmane devrait s'imposer à la tête de l'Arabie saoudite à la mort de son père, Salmane Ben Abdel Aziz, âgé de 83 ans. Depuis l'accession au trône de son père, le jeune Mohammed Ben Salmane, surnommé MBS, a connu une ascension politique fulgurante en écartant le successeur désigné, Mohammed Ben Nayef. Actuel prince héritier, véritable régent du royaume, MBS entend moderniser l'Arabie saoudite pour l'inscrire dans le XXIe siècle.

Un programme économique ambitieux

En rupture avec les usages de la classe politique saoudienne, le prince héritier affiche son admiration pour les nouvelles technologies. Lors d'une visite au siège de Facebook en Californie, il se présente devant les objectifs en jean, le visage bardé d'un casque de réalité virtuelle. L'un des bureaux dans lequel il aime recevoir est une tente installée dans la cour royale de Riyad, abritant plusieurs ordinateurs, de nombreuses télévisions et quelques iPads.

L'essentiel

Ce prince résolument moderne entend sortir l'Arabie saoudite de l'économie de rente. Le programme « Vision 2030 » cherche ainsi à diversifier les sources de revenus pour renforcer la solidité des caisses du royaume. Il a mis en place le premier impôt de l'histoire de son pays, une taxe sur la valeur ajoutée, tout en réduisant les subventions sur l'eau, l'essence et l'électricité. Surtout, il a enclenché un processus de privatisation partielle à hauteur de 5 % de l'entreprise pétrolière publique, Aramco, qui fournit jusqu'alors l'essentiel des devises.

Le saviez-vous

BLACK PANTHER, UNE MISE EN ABYME POUR MBS ?

Alors que les cinémas saoudiens étaient fermés depuis les années 1980, le prince héritier a permis leur réouverture. La première séance tenue en présence du ministre de la Culture saoudien, de diplomates étrangers et de nombreuses personnalités a présenté au public le blockbuster américain *Black Panther*. Ce film produit par les studios Marvel raconte l'histoire d'un jeune monarque, le roi T'Challa, qui retourne dans un pays reculé avant de transformer les codes en vigueur dans le royaume pour le sauver de la destruction. Le choix de la projection n'est sans doute pas anodin.

Ces ressources doivent être réinvesties dans des ambitieux projets comme l'ouverture aux touristes étrangers. Le projet « Mer Rouge » doit donner naissance un complexe d'îlots artificiels pour accueillir des stations balnéaires haut de gamme créées *ex nihilo*. Grâce à un statut juridique à part, ces stations touristiques, dont l'ouverture est prévue pour 2022, pourront servir de l'alcool et accueillir des femmes en maillot de bain.

Cette ouverture lui a valu une reconnaissance mondiale. En récompense de l'inscription d'Aramco sur les registres de la bourse de Londres, Mohammed Ben Salmane a ainsi pu prendre place à la table de la reine Élisabeth en mars 2018 au cours de sa tournée européenne des chefs d'État.

Une libéralisation des mœurs

MBS entend rompre avec la tradition religieuse rigoriste. Au nom du wahhabisme, qui défend un retour aux pratiques en vigueur dans l'islam des origines, les libertés individuelles sont réduites. Les religieux imposent un ordre moral qui conduit à la censure, à l'absence de mixité entre les sexes et à une réglementation très stricte des comportements en public.

Outre la réouverture des cinémas, le prince héritier a autorisé à nouveau les concerts et la programmation de manifestations culturelles. La mixité entre les sexes s'impose désormais. Les femmes ont obtenu le droit de conduire. La police religieuse, la *mouttawa*, chargée de surveiller la société, a été mise au pas par le régent qui a limité son rayon d'action afin de libéraliser les mœurs.

Le saviez-vous

LES RATÉS DE LA COMMUNICATION SAOUDIENNE

Cette libéralisation des loisirs a provoqué quelques ratés qui ne manquent pas d'alimenter les sarcasmes ou les doutes à propos du degré réel d'ouverture de l'Arabie saoudite. Une scène de baiser a été censurée lors de la projection de *Black Panther*. Lors d'un concert du chanteur égyptien, Thamer Hosny, tenu à Djedda, dans l'ouest du pays, les billets mentionnaient explicitement « l'interdiction de danser ou de se trémousser ». De même, lors d'un tournoi de catch, l'organisateur a dû s'excuser pour avoir montré dans ses vidéos de promotion des femmes en maillot de bain. On ne change pas les habitudes du jour au lendemain.

L'essentiel

Ce développement d'une industrie du loisir répond d'abord à un objectif économique. Le prince espère récupérer une grande partie des dépenses de la jeunesse saoudienne dans les infrastructures de loisirs à l'étranger alors que 60 % de la population a moins de 30 ans. Cette politique vise également à attirer les investisseurs en soignant l'image du royaume, souvent associée à l'ultrapuritanisme des wahhabites.

Un régime qui reste autoritaire

Derrière l'ouverture économique et libérale, persiste néanmoins un autoritarisme politique. Pour asseoir son autorité, Mohammed Ben Salmane cherche à faire le ménage dans les cercles dirigeants. Il est comparé par ses opposants à Ouddaï Hussein, le fils du dictateur irakien déchu, connu pour sa violence extrême.

Le premier à en faire les frais est son rival, Mohammed Ben Nayef, ministre de l'Intérieur. Ce neveu de l'actuel roi avait construit sa popularité sur la lutte contre le terrorisme avant de devenir son successeur désigné. En 2017, il a été démis de toutes ses fonctions et contraint de prêter allégeance à MBS face à la télévision d'État. Il vit depuis en résidence surveillée.

Attention

Les arrestations arbitraires se poursuivent. L'association Human Rights Watch accuse l'Arabie saoudite de maintenir en prison des milliers de personnes sans procès. D'après cette association de défense des droits humains, la situation s'est aggravée depuis la prise en main du royaume par le nouveau régent. Sous couvert d'accusations de corruption, le prince élimine ses rivaux potentiels.

L'assassinat du journaliste Jamal Khashoggi, le 2 octobre 2018, au sein même du consulat d'Arabie saoudite à Istanbul, a provoqué un tollé international. Alors que, dans un premier temps, la monarchie saoudienne refusait de reconnaître l'évidence, elle a finalement admis être à l'origine de sa disparition. Cet éditorialiste très critique vis-à-vis du prince héritier a été victime d'un commando d'une quinzaine d'hommes chargé de l'exécuter et de démembrer son corps afin de le faire disparaître. Pour les observateurs internationaux, cet assassinat ciblé porte la marque de Mohammed Ben Salmane, levant le voile sur le vrai visage du prince héritier.

Le saviez-vous

UNE MAIN DE FER DANS UN GANT DE VELOURS

Entre novembre 2017 et février 2018, MBS a enfermé plus de 200 personnalités du royaume dans un palace, le Ritz Carlton de Riyad. Pendant des mois, des princes de la famille royale des Saoud, des ministres, des dirigeants d'entreprises ou encore des patrons de presse ont été tenus enfermés au nom de la lutte contre la corruption et privés de toute communication avec l'extérieur. Ils ont été contraints de rendre des milliards de dollars, déclarés « mal acquis » par le prince et ont dû accepter de plaider coupable pour recouvrer la liberté. Personne n'a été à l'abri du coup de filet ; la première fortune du monde arabe, le prince Walid Ben Talal, a lui aussi été victime de ce procédé avant de verser 6 milliards de dollars. D'après les estimations du *Financial Times*, la monarchie saoudienne a récupéré plus de 13 milliards de dollars grâce à cette opération anticorruption inédite.

Fiche 37 : La passation de pouvoir à Cuba, la fin du système Castro ?

De l'autre côté de l'Atlantique, le renouvellement politique est lui aussi ambigu. Après 59 ans de domination par la famille Castro, Cuba s'est choisi un nouveau dirigeant en 2018 : Miguel Diaz-Canel. S'il semble hasardeux de considérer que ce changement de présidence sonne le glas du système Castro, il devrait au moins permettre une poursuite des réformes engagées.

Une ouverture économique encore limitée

Depuis le dégel des tensions avec les États-Unis, Cuba a accentué son ouverture économique. L'île reste encore sous le joug de l'embargo américain et n'est pas prête à s'inscrire dans les pas de la Chine ou du Vietnam, mais des mesures ont été adoptées sous Raul Castro pour réformer l'économie cubaine.

Depuis 1959 et la chute du dictateur Fulgencio Batista, proche des États-Unis, Cuba souffre d'un embargo économique, commercial et financier imposé par son puissant voisin. L'économie cubaine est peu florissante et les Cubains connaissent encore pénuries et rationnement. Le salaire moyen mensuel cubain est de 740 pesos, soit 22,50 euros. Les tickets de rationnement fournis dans la *libreta*, carnet d'approvisionnement créé en 1963, permettent un accès aux produits de première nécessité, mais les quantités fournies sont très insuffisantes. Pour ceux qui en ont les moyens, le marché noir permet de compléter.

Grâce à la politique d'ouverture, les Cubains peuvent, depuis 2008, fréquenter les hôtels et les restaurants, auparavant réservés aux étrangers. Depuis 2011, ils peuvent acheter des véhicules et des résidences. Ils ont également acquis le droit de posséder des téléphones portables et des ordinateurs même si la connexion Internet reste très faible et étroitement contrôlée.

L'essentiel

Mais la réforme la plus importante a mis fin à la domination sans partage de la fonction publique. Depuis 2010, 178 métiers ont été libéralisés, ce qui permet à plus de 500 000 Cubains d'exercer comme *cuentapropistas*, travailleurs privés, moyennant l'achat d'une licence. Parmi les plus prisées et les plus rentables, la licence de restauration pour ouvrir une maison d'hôtes est suspendue depuis août 2017.

Les auberges privées ont fleuri pour accueillir 4 millions de touristes en 2016. Venus essentiellement d'Amérique du Nord, les touristes fournissent d'importantes ressources économiques pour Cuba, même si la première source de devises du régime reste la location de médecins.

MÉDECINE ET ÉDUCATION, DES SECTEURS BIEN TRAITÉS

Le saviez-vous

Si les conditions de vie des Cubains demeurent difficiles, l'île se distingue dans les classements internationaux pour son système éducatif et sanitaire. D'après les chiffres de l'Unicef, l'analphabétisme n'existe pas à Cuba grâce à une scolarisation unanimement partagée dans les systèmes primaires et secondaires. En 2010, le pays consacrait près de 13 % de son PIB à l'enseignement contre moins de 5 % pour la moyenne mondiale, selon la Banque mondiale. Le système de santé n'est pas en reste. Cuba est l'un des pays les mieux couverts au niveau médical avec plus de 90 000 médecins pour 11 millions d'habitants. Cependant, plus de 25 000 d'entre eux travaillent à l'étranger, ce qui fournit au régime communiste sa première source de revenus, estimée à 11 milliards de dollars annuels, loin devant les 3 milliards générés par le tourisme.

L'absence de changement politique

Au niveau politique, les réformes semblent plus fragiles encore. Le simple résultat du vote du 19 avril 2018 permettant à Miguel Diaz-Canel d'accéder à la présidence du Conseil d'État et du conseil des ministres met en évidence les limites de la rupture; il a été élu à 99,83 % par l'Assemblée nationale soient 603 votes sur 604 possibles. Un seul candidat était en lice, faute de pluralisme politique. Il avait été choisi par Raul Castro lui-même.

Miguel Diaz-Canel est donc devenu le nouveau chef d'État cubain pendant que Raul Castro conserve la fonction de premier secrétaire du Parti communiste de Cuba (PCC) jusqu'à un nouveau congrès programmé en 2021. Les observateurs étrangers doutent que ce changement de nom s'accompagne d'une véritable rupture avec le système castriste.

L'essentiel

Le nouveau président est un homme du sérail qui a connu une ascension régulière sous la protection de Raul Castro. Cet ingénieur électronicien a exercé dans les Forces armées révolutionnaires (FAR) puis comme enseignant à l'université. Dirigeant des Jeunesses communistes, il entre très tôt au comité central du parti. Il devient un cadre régional puis national avant d'être nommé ministre de l'Éducation supérieure en 2009. Il poursuit son ascension pour devenir le successeur désigné cinq ans avant sa nomination suprême. Miguel Diaz-Canel n'a pas été élu pour mener une réforme politique en profondeur, mais au contraire pour garantir l'orthodoxie disciplinaire du régime cubain.

La surveillance policière reste très forte ; les comités de défense de la révolution ou la Sécurité de l'État exercent le rôle de véritables polices politiques. En 2016, 9 940 opposants ont été interpellés selon la Commission cubaine pour les droits de l'homme et la réconciliation nationale. La liberté d'expression est loin d'être garantie ; le Parti communiste de Cuba exerce encore un monopole sur les médias.

À méditer

EL MEJUNJE, LE LIEU OÙ TOUT ESPOIR EST PERMIS

Si les observateurs internationaux restent circonspects face à la possibilité de changer la vie politique à Cuba, un projet de centre culturel, autorisé dans la ville de Santa Clara, par Miguel Diaz-Canel lui-même alors qu'il était à la tête de la collectivité, permet d'y croire. El Mejunje est un lieu unique à Cuba qui accueille depuis plus de vingt ans les homosexuels, lesbiennes et travestis, en toute liberté. Lieu de rencontre ouvert à tous, cette scène produit aussi bien des spectacles de guignols pour les enfants qu'un cabaret transformiste. Si la liberté est à portée de main dans ce centre culturel alternatif, elle ne demande qu'à en sortir.

Fiche 38 : Le lavage express brésilien

Un autre pays d'Amérique latine traverse un tournant de son histoire politique. Le Brésil connaît depuis 2014 une crise politique profonde face aux révélations de l'opération anticorruption « Lava Jato » (lavage express). Conduites par le juge Sergio Moro, les enquêtes visent une grande partie de la classe dirigeante. Elles ont provoqué la destitution de la présidente Dilma Rousseff en 2016 et l'arrestation de son mentor Luiz Iniacio Lula da Silva ; lui-même président entre 2003 et 2011, il a été incarcéré et déclaré inéligible en 2018. Ce processus de transparence à cependant profité à l'extrême droite qui s'est imposé lors du scrutin d'octobre.

Un système de corruption généralisé

L'enquête débute en 2014 par la découverte d'un système de blanchiment d'argent après une perquisition dans une station-service. Alberto Youssef, homme d'affaires déjà connu de la justice, est arrêté. Il prévient : « Si je parle, la république va tomber. »

Les investigations mettent au jour un système de détournement de fonds à partir des appels d'offres de Petrobras, première entreprise du pays. Une surfacturation systématique permettait d'alimenter une caisse noire pour reverser des pots-de-vin à tous les géants du BTP, avec la complicité des autorités politiques.

Le saviez-vous

L'ÈRE DU SOUPÇON

Très vite, les accusations se généralisent contre une bonne partie de la classe politique brésilienne. La « liste Janot », du nom du procureur général de la République qui a révélé le nom de 54 personnalités visées dans l'affaire, met en évidence l'ampleur du système. Près de 20 % des sénateurs et des députés, de nombreux gouverneurs et des ministres sont éclaboussés par le scandale. Tout l'échiquier politique est menacé. Edouardo Cunha, président de la Chambre des députés qui s'était pourtant érigé en parangon de vertu, doit quitter sa fonction ; il a été condamné à quinze ans de prison pour corruption. Michel Temer se retrouve lui-même sous le coup des accusations. Au nom de la stabilité politique, il conserve sa fonction jusqu'aux élections d'octobre 2018, mais ses détracteurs ne décolèrent pas et réclament des élections anticipées.

Attention

Dès les premiers mois de l'enquête, la présidente du conseil d'administration de Petrobras qui n'est autre que Dilma Rousseff, devenue entre-temps présidente de la République du Brésil, est inquiétée. Réélue en octobre 2014, sa popularité chute rapidement face aux révélations. Le président de la

Chambre des députés, Edurdo Cunha, prend la tête d'une fronde qui se traduit en décembre 2015 par le lancement d'une procédure de destitution. En 2016, Dilma Rousseff est contrainte de quitter le pouvoir et remplacée par son vice-président, Michel Temer.

Le Brésil en crise

À la crise politique, se conjugue très vite une dimension économique. Première puissance d'Amérique latine, le Brésil avait pourtant montré l'image d'un pays stable lors de la Coupe du monde de football de 2014 et des Jeux olympiques de Rio en 2016. L'incendie, qui a ravagé le musée de Rio en septembre 2018 et détruit des collections inestimables, agit comme un révélateur des difficultés actuelles de tout un pays.

Depuis 2015, l'économie brésilienne traverse une sévère récession. Alors que la croissance était en moyenne de 3,5 % par an entre 2003 et 2013, sous les présidences de Lula et Dilma Rousseff, la récession atteint désormais les mêmes proportions.

Le Brésil souffre particulièrement de la baisse du cours des matières premières. Véritable « ferme du monde » pour ses exportations agricoles, deuxième exportateur mondial de minerais, cet État émergent a construit sa richesse sur son extraversion économique. La baisse des importations chinoises et la chute des cours qui en résulte ont drastiquement tari cette source de revenus.

Les Brésiliens en pâtissent. Le taux de chômage a doublé depuis 2012 pour s'établir autour de 13 %. Les inégalités se creusent à nouveau comme l'illustre l'indice de Gini reparti à la hausse. Les taux de crédit se sont envolés, ce qui a largement réduit la capacité d'emprunt des ménages.

La politique d'austérité actuelle menace le développement. Une loi gèle les dépenses publiques pendant vingt ans. Les agences de notation rétrogradent régulièrement la note du pays. Le cercle vicieux de la perte de confiance politique et économique s'alimente lui-même.

À méditer

LULA, LA CHUTE D'UN HÉROS

Considéré comme le plus grand bandit du Brésil pour les uns, il est un véritable dieu pour les autres. Cet ancien syndicaliste, qui aimait se présenter comme « le père des pauvres », a occupé la présidence de la République de 2003 à 2011. Progressivement rattrapé par les scandales, notamment « l'affaire du triplex » en référence à un appartement de trois étages reçu d'une société de BTP, il a été déclaré inéligible et dort désormais en prison.

Un climat qui profite à l'extrême droite

Face à l'impopularité du Parti des travailleurs dont le candidat, Fernando Haddad, a été contraint de remplacer Lula à la hâte, c'est un militaire réserviste, nostalgique de la dictature et de la torture, ouvertement homophobe, raciste et misogyne qui est devenu président de la République brésilienne au soir du 28 octobre 2018. Contre une gauche honnie, jugée responsable des difficultés actuelles du pays, Jair Bolsonaro incarne l'ordre et le redressement, entretenant le mythe de l'homme providentiel, sauveur autoproclamé d'une patrie en danger.

Le saviez-vous

Candidat du Parti social libéral, il a fait campagne sur le thème de la sécurité et a paradoxalement bénéficié de la tentative d'assassinat à l'arme blanche dont il a été victime lors d'un meeting le 6 septembre. Alité pendant plusieurs semaines, sa discrétion ne l'a pas empêché de faire grimper les intentions de vote et d'obtenir l'adhésion d'une grande partie des électeurs brésiliens.

Par un discours agressif, qui se veut proche du peuple, il a promis de nettoyer le pays de la corruption, de la criminalité et de la drogue, menaçant même de fusiller les militants du Parti des travailleurs, qu'il accuse d'avoir acheté les pauvres pour se maintenir au pouvoir.

Jair Bolsonaro s'est par ailleurs engagé à défendre le modèle familial traditionnel contre toute forme de déviances. Il a ainsi largement pu compter sur le soutien des puissantes églises évangéliques qui ont œuvré de toute leur influence religieuse et médiatique pour porter celui qui fait figure de nouveau messie face au chaos dans lequel le Brésil actuel est plongé.

Pour mener à bien la tâche du redressement moral du pays, le juge Moro, héros du Lava Jato, a été placé à la tête d'un puissant ministère de la Justice.

La transparence dans la lutte contre la corruption a donc bénéficié à celui que l'on présente parfois comme le « Trump tropical » pour ses excès de langage et ses solutions simplistes. La volonté de renouveau d'un électorat déboussolé par la crise morale et politique a fait de nombreuses victimes. Dilma Rousseff, candidate à un poste de sénateur, a été balayée elle-aussi par cette vague populiste.

Fiche 39 : Jacob Zuma, la chute du « chat à neuf vies »

Une autre figure politique majeure est rattrapée par son passé judiciaire, mais la scène se passe cette fois sur le continent africain. Le 14 février 2018, Jacob Zuma, président d'Afrique du Sud depuis 2009, a été poussé à la démission par son propre parti, le Congrès national africain (ANC). Il avait pourtant bien résisté aux nombreuses affaires qui avaient accompagné son ascension politique dans un pays en recomposition. Malgré 783 chefs d'inculpation contre lui, Jacob Zuma a longtemps résisté, ce qui lui vaut le surnom de « chat à neuf vies ».

Un président peu exemplaire

Avant même son arrivée à la tête de l'État, Jacob Zuma est entouré par une odeur de scandale. En 1999, il est suspecté d'avoir touché des commissions illégales dans des contrats d'armement publics. En 2005, il est accusé d'avoir violé une jeune femme. Dans ce cas précis, le scandale est surtout né de ses déclarations ; alors que la jeune femme était séropositive, Jacob Zuma avait déclaré s'être protégé du sida en prenant une douche après un rapport non protégé. Dans l'un des pays les plus touchés par le sida, cette déclaration a profondément choqué.

Cela ne l'a pourtant pas empêché d'accéder aux plus hautes responsabilités. Les scandales se sont alors enchaînés. Jacob Zuma a été accusé d'avoir financé les travaux de sa résidence privée en piochant 20 millions d'euros dans les caisses de l'État. Souffrant peut-être lui aussi de « phobie administrative », il est également suspecté de fraude fiscale pour n'avoir pas payé d'impôts malgré des salaires versés par différentes sociétés.

Attention

Ses malversations ont donné naissance à un néologisme, « la capture d'État » pour désigner les commissions occultes versées contre l'attribution des contrats publics. Les trois frères Gupta, des hommes d'affaires indiens venus faire fortune en Afrique du Sud, sont au cœur du système. Après la révélation de nombreux documents confidentiels, lors des GuptaLeaks, ils sont accusés d'imposer leur choix sur les ministères afin d'obtenir des contrats publics. Depuis la chute de leur champion, les Gupta se sont retranchés à Dubaï.

C'est donc le rapport avec l'argent de l'ancien président qui suscite la défiance dans un pays marqué par la pauvreté. 30 % de la population sud-africaine est au chômage et plus de la moitié des habitants vivent sous le seuil de pauvreté. Une partie des Sud-Africains prédisent « un zunami » de procès à l'encontre de l'ancien président.

À méditer

DE LA DÉMOCRATIE EN AFRIQUE

Si la démission de Jacob Zuma à l'initiative de l'ANC peut être lue comme un signe de stabilité politique du pays, dans le reste de l'Afrique, la démocratie progresse à pas feutrés. En 2017, Robert Mugabe était contraint à la démission de la présidence du Zimbabwe du haut de ses 93 ans. Mais dans d'autres pays, les dirigeants résistent. 8 des 54 chefs d'État africains actuels se maintiennent au pouvoir grâce à une modification de la constitution. En 2008 notamment, le parlement algérien supprimait la limitation à deux mandats pour la présidence ; Abdelaziz Bouteflika occupe la fonction depuis 1999 et ses problèmes de santé n'ont pas empêché sa réélection en 2014.

Cyril Ramaphosa, la promesse d'une « nouvelle aube »

Le choix de Cyril Ramaphosa, vice-président depuis 2014, acteur central de l'ANC depuis les années 1980, peut sembler étrange pour incarner le changement. Cette nomination d'un homme au cœur du système depuis l'époque de Mandela fait craindre un retour vers le passé pour ses détracteurs alors qu'il promet au contraire une « nouvelle aube ».

L'essentiel

Enfant de Soweto, emblématique *township* lors de la lutte contre l'apartheid, Cyril Ramaphosa fait de la lutte contre la corruption son cheval de bataille. Artisan de la libération de Nelson Mandela, il reçoit ensuite la mission de diriger la rédaction de la nouvelle constitution sud-africaine. Mais les milieux politiques sud-africains écartent le successeur désigné à la fin des années 1990. Cyril Ramaphosa devient alors un de ces hommes d'affaires promus par la politique de discrimination positive afin de créer une bourgeoisie noire.

Il devient rapidement l'un des hommes les plus riches d'Afrique du Sud grâce à ses investissements dans la finance, les mines et l'agroalimentaire. Adoubée par les milieux d'affaires, sa nomination a été saluée par une remontée spectaculaire du cours du rand face au dollar. Le nouveau président devra restaurer la confiance des investisseurs pour que l'Afrique du Sud retrouve son rang de locomotive économique du continent africain.

Il devra également lutter contre la défiance des Sud-Africains envers la vie politique. L'ANC a perdu de son aura auprès des classes populaires. La tâche risque donc d'être ardue pour les élections prévues en 2019. En plein sommet du Commonwealth au printemps 2018, Ramaphosa a d'ailleurs dû quitter précipitamment les débats pour aller régler une grève générale et des émeutes qui secouent la province du Nord-Ouest.

Le saviez-vous ? UN TERRAIN POURTANT MINÉ POUR RAMAPHOSA

Le massacre de Marikana demeure comme un caillou dans la chaussure de l'actuel président. Administrateur d'une mine de platine au nord du pays, dont la production était perturbée par une grève générale, Cyril Ramaphosa a demandé « la plus grande fermeté » contre ce mouvement social. L'intervention brutale de la police s'est soldée par la mort de 34 mineurs. Ce scandale ne l'a pas empêché de devenir ensuite vice-président puis président d'Afrique du Sud.

Fiche 40 : Malte, « je suis Daphne »

Plus proche de nous, l'assassinat de la journaliste Daphne Caruana Galizia a braqué les projecteurs des médias internationaux sur la corruption généralisée qui prévaut sur l'île de Malte. Cette blogueuse dénonçait depuis plusieurs années les malversations financières commises par la classe politique maltaise. Un attentat a mis fin à son travail tout en donnant paradoxalement un écho international à ses enquêtes.

Une journaliste réduite au silence

Alors qu'elle quittait son domicile pour se rendre à la banque, le 16 octobre 2017, Daphne Caruana Galizia s'est soudainement garée quelques minutes après son départ avant que sa voiture n'explose. Une bombe placée sous le siège conducteur ne lui a laissé aucune chance. Quelques minutes avant, elle écrivait sur son site : « Les escrocs sont partout. La situation est désespérée. »

L'essentiel

Journaliste indépendante, elle avait des ennemis dans toute la classe politique et était sous le coup de plusieurs poursuites en diffamation pour les nombreuses enquêtes qu'elle menait. Les révélations mises en ligne sur son blog « Running Commentary » (commentaire continu) lui attiraient les foudres du parti travailliste au pouvoir, mais également du parti nationaliste.

Dans ses derniers articles, elle accusait le ministre de l'Économie, Chris Cardona, issu des rangs travaillistes, d'avoir fréquenté une maison close lors d'un déplacement officiel en Allemagne. Par ses révélations, elle avait contribué à la tenue d'élections anticipées en juin 2017. Érigée en bouc émissaire national, elle était haïe par les leaders des deux principaux partis. Elle avait accusé le responsable du parti nationaliste de blanchir de l'argent de la prostitution sur des comptes offshore.

Trois hommes ont été condamnés pour cet assassinat. Ils étaient connus pour leur proximité avec le banditisme ; les preuves contre eux ne laissent peu de place au doute. Cependant, les commanditaires du crime restent inconnus. Les trois hommes semblent cependant bénéficier de protection en haut lieu puisque l'enquête a montré qu'ils avaient tous les trois jeté leur téléphone portable le jour même de leur arrestation.

Une enquête internationale poursuit le combat

Dix-huit médias internationaux, regroupés dans l'association Forbidden Stories (histoires interdites), poursuivent l'enquête sur le meurtre de la journaliste et continuent ses investigations.

La famille de la victime accuse Chris Cardona d'être à l'origine de l'assassinat, à la suite de témoignages de personnes ayant vu le ministre s'entretenir avec les accusés dans un bar maltais. L'enquête se poursuit, mais le climat politique est très lourd face à la suspicion généralisée qui touche une petite île de 430 000 habitants. Les manifestations sont régulières, qu'elles soient en faveur des dirigeants politiques ou pour que la vérité soit faite autour de l'assassinat de la journaliste.

Attention

Le « projet Daphne » a mis en évidence plusieurs scandales, notamment les malversations financières de la banque maltaise Pilatus. Cette banque participe à un système de blanchiment de fonds en provenance d'Azerbaïdjan avec la complicité des autorités maltaises. Grâce à des sociétés-écrans établies à Malte, le dictateur d'Azerbaïdjan, Ilham Aliev, a pu faire transférer de l'argent dans différentes sociétés européennes. Daphne Caruana Galizia avait révélé l'affaire dès 2016, mais c'est l'enquête internationale menée par les 45 journalistes, qui a permis d'étayer les faits. L'enquête se poursuit pour savoir si le Premier ministre maltais, Joseph Muscat, a bénéficié de versements en provenance d'Azerbaïdjan, comme l'en accusait Daphne.

Le saviez-vous

DES PASSEPORTS À PRIX D'OR

Le « projet Daphne » a également révélé la pratique douteuse de la vente des passeports maltais. Pour un peu plus d'1 million d'euros et la justification d'une résidence sur l'île, les personnes fortunées du monde entier ont la possibilité d'acheter un passeport maltais afin de circuler librement dans les 28 États membres de l'Union européenne ainsi que dans 160 pays qui ne demandent pas de visa pour les ressortissants européens. Daphne Caruana Galizia avait dénoncé cette pratique lucrative dès 2013. L'enquête internationale a permis de montrer que des riches hommes d'affaires du monde entier profitent de ces passeports pour investir librement dans le reste de l'Europe.

Fiche 41 : Renouvellement politique et transparence de la vie publique en France

Après plusieurs années de vie publique polluées par les affaires, le temps est au renouveau des acteurs et des pratiques politiques. En 2017, le personnel politique a été renouvelé en profondeur, comme jamais il ne l'avait encore été sous la Ve République. L'une des premières lois adoptées par le nouveau gouvernement concernait la moralisation de la vie politique. Un premier bilan s'impose pour constater si ces bonnes intentions se sont traduites par un véritable changement dans la manière d'exercer le pouvoir en France.

Le saviez-vous

UN ANCIEN PRÉSIDENT SOUS LE FEU DES ACCUSATIONS

Nicolas Sarkozy est cité ou mis en cause dans dix affaires judiciaires. Certaines se sont terminées par un non-lieu comme l'affaire Bettencourt, mais la plupart sont toujours en cours. Plusieurs dossiers judiciaires doivent donner lieu à des procès ces prochaines années parmi lesquelles l'affaire du financement libyen de la campagne de 2007 pour laquelle Nicolas Sarkozy a été mis en examen. Il est soupçonné d'avoir financé sa campagne grâce à des fonds versés par l'ancien dictateur libyen Mouammar Kadhafi. Pour l'heure, seul Jacques Chirac a fait l'objet d'une condamnation par la justice pour des emplois fictifs à la ville de Paris. En 2011, il avait été condamné à deux ans de prison avec sursis, un jugement historique sous la Ve République.

Un renouvellement politique d'ampleur

En 2017, les trois quarts de l'Assemblée nationale ont été renouvelés lors des législatives ; seuls 148 députés de la précédente législature ont été réélus. Pour comparaison, 40 % des députés avaient été nouvellement élus en 2012 malgré l'alternance politique et seulement 25 % en 2007.

Ce renouvellement est la conséquence de l'émergence d'une nouvelle force politique, La République en marche, mais on le doit également aux autres formations politiques. Le député le plus jeune de France, Ludovic Pajot, âgé de 23 ans lors de son élection, est élu dans la 10e circonscription du Pas-de-Calais, pour le Front national (désormais Rassemblement national). Trente-deux députés sont âgés de moins de 30 ans contre une seule, Marion Maréchal Le Pen, dans la précédente législature.

L'essentiel

Ce renouvellement contribue à une meilleure représentativité même si la parité n'est toujours pas effective. L'Assemblée nationale compte ainsi 39 % de femmes (224 députées) contre 27 % dans la précédente législature (155 députées). Au sein du groupe La République en marche, cette proportion est encore plus grande avec 47 % de députées.

Cependant, au niveau professionnel, l'assemblée actuelle n'est toujours pas fidèle à la diversité de la société française. Les ouvriers représentent ainsi 20 % de la population active, mais aucun ne siège à l'Assemblée nationale. La majorité des députés sont des cadres, des fonctionnaires et des professions intellectuelles.

Le saviez-vous

QUELLE PLACE POUR LES PRIMO-DÉPUTÉS ?

Ce renouvellement rapide du personnel politique n'a pas empêché les primo-députés d'obtenir des responsabilités importantes à l'Assemblée nationale. Les primo-députés occupent trois des huit présidences des commissions permanentes (Bruno Studer pour la commission des affaires culturelles, Roland Lescure pour la commission des affaires économiques et Yaël Braun-Pivet pour la commission des lois) et deux des trois postes de questeurs. Cette dernière fonction est pourtant très convoitée, car elle donne la main sur le fonctionnement global et le budget du Palais Bourbon.

Une moralisation de la pratique politique

Ce renouvellement des acteurs s'est accompagné d'une volonté de changement des pratiques politiques. Le 15 septembre 2017, Emmanuel Macron signait la loi de moralisation de la vie politique, en direct à la télévision, adoptant ainsi une pratique inédite en France. Entouré de la ministre de la Justice, Nicole Belloubet, et du secrétaire d'État en charge des relations avec le parlement (actuel ministre de l'Intérieur), Christophe Castaner, le président de la République s'offrait une mise en scène à l'américaine pour souligner l'importance de la mesure.

Le soupçon d'emploi fictif de l'épouse du candidat des Républicains, ou « Penelopegate », avait jeté le trouble sur les collaborateurs parlementaires. La loi de moralisation de la vie publique interdit désormais les emplois familiaux. Les membres du gouvernement, les parlementaires ainsi que les maires ont l'interdiction d'embaucher un conjoint, un parent ou un enfant comme collaborateur. De même, pour les liens familiaux moins étroits (anciens conjoints, frères et sœurs...), des mesures de transparence ont été adoptées.

L'essentiel

La volonté de supprimer les privilèges des parlementaires pour sortir du discrédit à l'encontre du personnel politique a conduit à l'adoption de mesures telles que la suppression de leur régime spécial de retraite. Depuis 2018, le mode de calcul de leurs pensions est aligné sur celui en vigueur dans la fonction publique.

De même, pour limiter l'enrichissement personnel indu, la loi de moralisation de la vie publique prévoit l'interdiction de commencer une fonction de conseil pour un parlementaire ou de la poursuivre si elle a débuté moins d'un an avant son entrée en fonction. Dans le même esprit, les frais de représentation liés aux mandats sont désormais l'objet de contrôles même si cette surveillance est exercée directement par les sénateurs ou par le déontologue de l'Assemblée nationale et ne concerne qu'une partie des frais.

Attention

Cependant, d'autres promesses électorales n'ont pas été réalisées dans cette loi. La limitation des mandats dans le temps a été renvoyée à la réforme des institutions. L'obligation d'avoir un casier judiciaire vierge pour être candidat à une élection, pourtant promise lors de la campagne électorale de 2017, a été remaniée. Le juge pénal doit désormais systématiquement statuer sur l'adoption d'une peine complémentaire d'inéligibilité, pour une durée maximum de dix ans, à la suite de certaines condamnations (agressions sexuelles, harcèlement moral, détournement de biens, fraudes électorales, terrorisme...).

La ministre de la Justice résume elle-même les enjeux du débat : « Une loi à elle seule ne fait pas le printemps ! Il faudra qu'il y ait une évolution des comportements. »

À méditer

UN NOUVEAU MONDE VITE RATTRAPÉ PAR LES AFFAIRES

Les premières victimes de ces mesures en faveur de la moralisation ont été leurs auteurs eux-mêmes. Quelques semaines à peine après leur nomination au gouvernement, deux ministres du MoDem, Marielle de Sarnez et François Bayrou, ont été contraints à la démission face à une enquête judiciaire concernant leur parti ; le MoDem est soupçonné d'emplois fictifs d'assistants parlementaires d'eurodéputés qui auraient travaillé pour le parti tout en étant rémunérés par l'Europe. Le premier remaniement du nouveau gouvernement prévoyait également le départ de Richard Ferrand, accusé d'enrichissement personnel à la suite d'une affaire immobilière concernant les Mutuelles de Bretagne, réaffecté dans un premier temps dans le poste moins médiatisé de président du groupe La République en marche avant de devenir président de l'Assemblée nationale, quatrième personnage de l'État. Les enquêtes sont toujours en cours, mais font craindre une nouvelle fois que les cordonniers soient toujours les plus mal chaussés.

Benalla, saga d'été ou affaire d'État ?

Tout est partie d'une vidéo d'Alexandre Benalla, chargé de mission auprès de la présidence de la République, qui s'en était pris physiquement à un couple de manifestants en marge des défilés du 1er mai. Ce qui aurait pu demeurer un fait divers a très vite pris des allures de scandale d'État face à la réaction du chef de l'État et de son gouvernement.

Élu pour instaurer un système politique plus moral et plus ouvert, le président de la République est dès lors apparu comme le chef d'un clan dont l'arrogance n'a d'égal que la concentration des pouvoirs. L'enquête révèle très vite que le rôle d'Alexandre Benalla, simple chargé de mission de l'Élysée, outrepasse largement ses fonctions, comme en témoigne notamment son permis de port d'arme ou le casque de CRS qu'il porte lors de l'interpellation musclée qui le conduit à molester deux manifestants.

Accusé d'avoir hâté la descente des Champs- Élysées de l'équipe de France de football après sa victoire ou encore d'avoir subtilisé le précieux trophée pendant quelques heures, l'homme de confiance du président devient très vite le symbole d'une caste d'heureux élus, se sentant au-dessus des lois dans cette atmosphère de cour entourant le chef de l'État.

Ce sont les racines elles-mêmes de la victoire de 2017 qui ont volé en éclat, ce qui a contribué à la perte de confiance des Français à l'égard du président de la République. Si la comparaison de Jean Luc Mélenchon avec le Watergate est plus que discutable, l'affaire ne peut pour autant se réduire à une simple saga d'été divertissant une profession en mal de sensation au cours de la période estivale.

À méditer

UNE POPULARITÉ EN CHUTE LIBRE

Alors qu'elle avait bien résisté à l'exercice du pouvoir après un an de mandat, la popularité du président de la République s'est effondrée à partir de l'été pour s'établir à son plus bas niveau et dépasser les records d'impopularité de ses prédécesseurs. Malgré des sondages favorables au printemps, la cote de popularité d'Emmanuel Macron s'est effondrée à l'été pour s'établir à seulement 23 % d'opinions favorables en septembre, soit 41 points de perdus en un peu plus d'un an. Sur la même période, la cote de popularité de Nicolas Sarkozy avait perdu 28 points (de 65 % d'opinions positives à 37 %), et celle de François Hollande 33 points (de 59 % d'opinions positives à 26 %), si l'on se fie au baromètre de popularité mensuelle établi par l'Ifop et le Cevipof. L'« hyperprésident » avait très vite lassé les Français par son omniprésence. Le « président normal » n'était pas parvenu à séduire. Le président jupitérien semble avoir encore davantage été lâché par les Français, dans le sillage de l'affaire Benalla.

Fiche 42 : La reconnaissance et l'encadrement du lobbying en France

La France a longtemps fermé les yeux sur les groupes de pression, comme pour mieux s'en prémunir. Sur le modèle du Parlement européen, les assemblées ont adopté en 2009 les premiers règlements autour du lobbying avant que la loi Sapin II de 2017 ne consacre une pleine attention à ce mécanisme constitutif de la démocratie. Les grandes entreprises et les associations financent l'action de plusieurs milliers de personnes dont l'objectif est d'influencer l'écriture de la loi. Ces actions, souvent nimbées d'un parfum de mystère, sont désormais encadrées par la loi.

Encadrer les groupes de pression

En France, les lobbies pâtissent souvent d'une mauvaise image, car ils sont considérés comme les porte-voix d'intérêts particuliers contre l'intérêt général. Dans la conception anglo-saxonne de la démocratie, ils sont pourtant pensés comme indispensables ; la concurrence entre lobbies doit permettre de trouver un certain équilibre. Dans les institutions européennes, plus de 11 000 groupes de pression sont inscrits dans le « Registre de la transparence ».

L'essentiel

Pendant longtemps, la France a préféré ignorer l'existence de ces lobbies. Depuis 2009, le parlement a créé un registre des représentants d'intérêts sur lequel les lobbyistes sont tenus de s'inscrire s'ils rendent visite à des parlementaires. Au Sénat, ils doivent également déclarer les invitations à des déplacements à l'étranger proposées aux élus ou à leurs collaborateurs. En contrepartie de cette transparence, les modalités d'accueil sont facilitées pour ces groupes de pression.

Pour répondre aux objectifs de traçabilité des décisions publiques, la loi relative à la transparence, à la lutte contre la corruption et à la modernisation de la vie économique est entrée en vigueur en 2017. Elle crée un registre numérique des représentants d'intérêts, dont la gestion est confiée à une autorité administrative indépendante, la Haute Autorité pour la transparence de la vie publique (HATVP). Ce registre public contient l'identité des lobbyistes, leur employeur, les intérêts qu'ils défendent ou encore les dépenses affectées à leurs actions. Un code de déontologie précise en outre la conduite à tenir ; toute forme de rémunération des élus, directe ou indirecte, est bien évidemment proscrite.

À méditer

LE VIN, UNE PASSION BIEN FRANÇAISE

En février 2018, la ministre de la Santé, Agnès Buzyn, osait déclarer sur France 2 que le vin était « un alcool comme les autres ». Il a fallu moins d'un mois aux lobbies de la filière viticole pour obtenir une réponse cinglante du président de la République, faisant écho à celle d'un de ses prédécesseurs : « N'emmerdez pas les Français. » Alors en visite au salon de l'agriculture, Emmanuel Macron a déclaré boire du vin « midi et soir » en dépit des modes. Il a également ajouté : « Tant que je serai président, il n'y aura pas d'amendement pour durcir la loi Évin. » Le vin, deuxième secteur d'exportation avec 13 milliards de chiffres d'affaires, n'est donc pas près de perdre son statut spécifique.

Limiter les conflits d'intérêts

Deuxième volet majeur de cette lutte pour une meilleure traçabilité de l'exercice législatif, la lutte contre les conflits d'intérêts doit permettre de restaurer la confiance des citoyens envers ses élus. La loi relative à la transparence de la vie publique de 2013 est complétée par la loi Sapin II de 2017 pour limiter les interférences entre les missions de service public et l'intérêt privé des personnes qui servent l'État.

Les membres du gouvernement, les parlementaires et une partie des élus locaux ont l'obligation de rédiger des déclarations de situation patrimoniale ainsi que des déclarations d'intérêts, au moment de leur entrée en fonction. Ils doivent y déclarer leurs activités professionnelles, leurs éventuelles participations à la direction d'organismes publics et privés, leurs activités bénévoles ainsi que la profession de leur conjoint.

En cas de conflit d'intérêts, la Haute Autorité peut demander à la personne concernée de s'abstenir dans le cas de délibération concernant des affaires publiques en lien avec ses intérêts particuliers. Elle peut également lui demander d'abandonner un intérêt. Après sa nomination en tant que ministre de la transition écologique, Nicolas Hulot a par exemple renoncé à ses activités dans la fondation et l'entreprise Ushuaia.

Attention

La lutte contre les conflits d'intérêts passe également par le contrôle du « pantouflage », c'est-à-dire les allers et retours entre le public et le privé pour le personnel de l'État. Si un ministre, un président d'un exécutif local ou un membre d'une autorité publique indépendante souhaite une reconversion dans le secteur privé, moins de trois ans après sa sortie de fonction, il doit saisir la Haute Autorité pour qu'elle examine la compatibilité entre les anciennes fonctions et les nouvelles activités privées envisagées.

UN EFFORT DE TRANSPARENCE ÉTENDU AUX MÉMOIRES

À méditer

C'est un tout autre domaine qui bénéficie également de cette volonté de transparence affichée du chef de l'État. À l'instar de Jacques Chirac qui avait reconnu, en 1995, la participation de la France à la collaboration et au génocide, Emmanuel Macron a marqué de son empreinte les mémoires de la guerre d'Algérie en reconnaissant pour la première l'usage de la torture dans la mort d'un mathématicien. Maurice Audin était devenu l'un des symboles des exactions de l'armée française en Algérie grâce au combat de sa veuve qui souhaitait faire reconnaitre la responsabilité de la France dans sa disparition le 11 juin 1957. Dans une lettre qu'il a lui-même remis à Josette Audin, le président de la République reconnaît officiellement la défaillance de l'armée française. Parallèlement la décision d'ouvrir les archives de l'État relatives aux disparus d'Algérie ouvre la voie à un vaste chantier mémoriel.

Fiche 43 : La protection des données après Cambridge Analytica

Pour mieux protéger les citoyens européens, le Règlement général sur la protection des données (RGPD), entré en vigueur en mai 2018, doit les prémunir d'une utilisation abusive de leurs données. Le scandale Cambridge Analytica a permis de mieux comprendre le fonctionnement de ces traces numériques collectées par les entreprises.

Un abus de confiance

La commercialisation des données est une pratique courante ; elle est à la base même du financement des réseaux sociaux puisque leur accès est gratuit. Cependant, cette pratique est encadrée par des législations nationales. En France, par exemple, leur traitement est encadré par la loi Informatique et libertés de 1978, adaptée en 2004 pour intégrer les préconisations de la directive européenne de 1995. Dans ce cadre, chaque entreprise devait déclarer préalablement le traitement des données auprès de la Commission nationale de l'informatique et des libertés (CNIL).

L'essentiel

Cependant, ces réglementations ont été détournées par les géants de l'Internet, notamment Facebook. Le réseau social est soupçonné d'avoir vendu les données personnelles de près de 90 millions d'utilisateurs dans le monde, à l'insu de leur consentement, à une société britannique, Cambridge Analytica. Après l'obtention d'un consentement individuel de la part de 270 000 internautes soumis à un test de personnalité, l'entreprise spécialisée dans l'analyse de données à grande échelle, a récolté les données de tous leurs contacts.

Surtout, l'entreprise britannique est accusée d'avoir instrumentalisé ces données à des fins politiques. Les informations recueillies auraient permis l'élaboration d'un logiciel destiné à influencer le vote des électeurs. Ce logiciel aurait été utilisé lors du référendum britannique de 2016, si l'on en croit les allégations du lanceur d'alerte Christopher Wylie, ou lors de la dernière élection présidentielle américaine. Dans ce dernier cas, en dépit des dénégations de la société, les aveux de son patron, Alexander Nix, filmés en caméra cachée, laissent peu de place au doute.

Grâce aux données personnelles, des groupes d'électeurs ont ainsi été ciblés avec des spots de campagne spécifiquement conçus pour eux. Au cours de la campagne américaine, les électeurs noirs ont ainsi pu recevoir un film d'animation réalisée par les équipes de Donald Trump détournant des propos tenus par Hillary Clinton en 1996. Le terme de « super-prédateurs » utilisé par la candidate démocrate, visait originellement les membres des gangs, mais il est devenu, dans cette vidéo, un qualificatif destiné à l'ensemble de la communauté noire. Une utilisation récurrente de ces manipulations dans les États stratégiques a pu avoir son importance dans les résultats du vote.

Attention

Face à la tourmente, Cambridge Analytica a été placée en liquidation judiciaire. Facebook a fait l'objet d'une campagne de dénigrement appelant au boycott du réseau social sous l'injonction #DeleteFacebook. Son fondateur, Marc Zuckerberg, a dû présenter ses excuses lors de deux auditions devant les parlementaires américains puis européens. Le nombre d'utilisateurs du réseau social, qui dépasse désormais les 2 milliards d'abonnés dans le monde, ne semble pas avoir été impacté par le scandale.

À méditer

DES BASES MILITAIRES AMÉRICAINES MENACÉES PAR LES DONNÉES

Même lorsque l'utilisateur donne son consentement, les données numériques peuvent constituer un danger majeur pour la sécurité. En publiant une carte permettant « une visualisation en direct du réseau mondial des athlètes de Strava », cette application de fitness géolocalisée n'imaginait sans doute pas provoquer une affaire d'État. De nombreux sportifs occidentaux, parmi lesquels des militaires américains l'utilisent. Or, sur la carte publiée fin 2017 retraçant les trajets couverts par ses adeptes dans le monde, on pouvait repérer des concentrations anormales d'activité dans des zones reculées d'Afghanistan, d'Irak ou de Syrie. Si la plupart de ces bases sont connues, la géolocalisation des courses de militaires peut les transformer en cibles potentielles d'attaque terroriste. Le Pentagone a réagi officiellement en janvier 2018, affirmant « prendre très au sérieux cette affaire ».

Un nouveau règlement plus dissuasif

L'Union européenne n'a pas attendu ces révélations pour agir puisqu'elle négocie depuis 2012 un nouveau règlement afin de mieux protéger les utilisateurs. Décidé en 2016, le RGPD est entré en vigueur dans toute l'Europe en mai 2018, en vertu du « paquet européen de protection des données ».

L'essentiel

Le RGPD introduit un cadre réglementaire unifié à l'échelle de l'Union afin de renforcer le marché européen du numérique tout en responsabilisant les entreprises. Elles doivent entretenir un registre de leurs activités en matière de données et ont, dans certains cas, l'obligation de désigner un délégué à la protection des données (DPO).

Ce texte a pour vocation principale de mieux protéger les utilisateurs, en exigeant un consentement explicite. C'est le sens des messages d'accueil s'affichant lors de l'ouverture des pages Internet ou des nombreux messages de mise à jour des politiques de protection des données reçus en 2018. La collecte des données concernant les origines ethniques, les opinions politiques, la vie sexuelle ou les convictions religieuses est par ailleurs interdite. Une majorité numérique détermine désormais l'âge à partir duquel un mineur peut accorder son consentement au traitement de ses données personnelles. Le RGPD le fixe à 16 ans, mais les États sont libres d'abaisser le seuil ; la France a ainsi fixé la majorité numérique à 15 ans.

Le RGPD innove en créant le droit à la portabilité de ses données, entre différents réseaux sociaux notamment. Les utilisateurs peuvent également mener des actions de groupe pour introduire une réclamation ou obtenir réparation. Plusieurs de ces actions ont déjà été lancées contre Facebook en Belgique, en Italie ou en Espagne. Le RGPD permet, enfin, aux autorités de régulation d'imposer des amendes dissuasives pouvant atteindre 4 % du chiffre d'affaires annuel mondial des entreprises.

À méditer

CHACUN DANS SA BULLE ?

En dépit des réglementations, les données personnelles représentent un risque beaucoup plus insidieux pour la démocratie. En fonction des contenus numériques que nous consultons, des éléments que nous postons ou auxquels nous réagissons, nous créons notre propre univers. Grâce aux algorithmes, ces bulles informationnelles forment de puissants filtres qui nous enferment dans nos schémas de pensée, selon la théorie développée par le militant Eli Pariser. Afin de mettre en évidence cet enfermement, un chercheur italien, Claudio Agosti, a réalisé une expérience baptisée « Facebook Tracking Exposed » (le pistage de Facebook dévoilé) lors des élections italiennes de mars 2018. Il a créé six profils Facebook fictifs et les a abonnés à des pages politiques similaires tout en les distinguant par des comportements différents dans chaque page. L'expérience a montré que les publications suggérées par le réseau social n'étaient pas les mêmes en fonction du profil politique. Alors que la plupart des profils recevaient des contenus variés, « le fasciste a été isolé et a reçu un contenu homogène, provenant d'un milieu politique très étroit ». Il a ainsi reçu à 29 reprises en moins de 20 jours la même affiche de propagande issue de l'extrême droite.

Chapitre 6
Des libertés en danger

DANS CE CHAPITRE :

» **La tentation du populisme**

» **Les dérives autocrates**

» **La restriction des libertés**

En dépit de certaines avancées en matière de transparence et d'ouverture, la démocratie libérale semble en recul dans le monde face aux modèles autocrates qui restreignent les libertés individuelles et attaquent l'État de droit. Le culte des hommes forts semble de retour alors que le monde semblait guéri de ces tentations despotiques depuis la fin de la guerre froide.

La démocratie libérale porte elle-même une part de responsabilité dans ce désamour. Elle paye très chèrement les erreurs des années 2000. Le déclenchement de la guerre d'Irak en 2003 sur des motifs fallacieux a fait perdre de son aura à la première puissance mondiale. La crise des *subprimes* et la montée des inégalités encouragent à la défiance face au modèle occidental.

Des dirigeants du monde entier n'hésitent pas à le remettre en cause pour proposer un contre modèle autocratique, présenté comme capable de surmonter les défis qui se présentent aux sociétés. « Une partie du monde est sur le point de rebasculer vers un ordre ancien, plus brutal », met en garde Barack Obama dans un discours prononcé à Johannesburg, à l'occasion du centenaire de la naissance de Nelson Mandela.

La Chine, superpuissance de demain, se refuse à la démocratie à l'occidentale et aux droits de l'homme. En Russie, Vladimir Poutine rappelle à ses compatriotes les grands leaders du passé. Dans l'Europe elle-même, berceau de la démocratie, le populisme séduit et se traduit par des dérives autoritaires.

Fiche 44 : Les succès des populismes dans le monde

Aux quatre coins du monde, des dirigeants populistes s'imposent. Leur succès repose sur le rejet par les classes populaires de tous ceux qui détiennent le pouvoir et se traduit par une haine à l'encontre de boucs émissaires. Les révélations sur la dérive de la finance depuis la crise des subprimes ainsi que les politiques d'austérité imaginées pour y mettre fin ont largement contribué au ressentiment à l'encontre des gagnants de la mondialisation.

Un rejet des élites

Les populistes dénoncent le détournement de la souveraineté par les élites formant un système fermé et exclusif. Par un appel direct au peuple, cette nouvelle classe de dirigeants entend révolutionner les pratiques politiques. Les scandales alimentent ce discours anti-élitiste alors que les hommes au pouvoir sont présentés comme des acteurs au service de forces transcendantes. L'indépendance financière de Donald Trump a été l'un des atouts majeurs ; grâce à sa fortune, il est apparu pour une Amérique déclassée à l'abri de la corruption et des soupçons d'enrichissement personnel.

Les médias concentrent les critiques. Ils sont accusés de servir un monde de privilégiés en détournant la vérité. Les journalistes sont régulièrement hués dans les réunions publiques des grands dirigeants populistes. Une presse alternative permet de concurrencer ce système qu'elle soit directement créée par le dirigeant populiste ou ses proches à l'instar du *Média* en France pour La France insoumise ou qu'elle soit avalisée comme média de référence sur le modèle de *Fox News* aux États-Unis. Le recours massif à Twitter permet par ailleurs à Donald Trump de distiller directement ses idées, sans passer par la médiation de la presse.

L'essentiel

Proche du peuple, le leader populiste se doit donc d'en partager les travers. Afin de favoriser l'identification entre l'homme politique et son électeur potentiel, il cherche à rompre avec un modèle vertical du pouvoir et n'hésite pas à se montrer violent ou insultant pour affirmer sa proximité avec un peuple pensé comme tel. Les blagues douteuses sont mises au service de cette identification. Dans ce registre, le sexisme paraît indispensable. La vidéo de Donald Trump en pleine conversation sur ses conquêtes sexuelles n'avait pas forcément desservi sa popularité. Rodrigo Duterte a publiquement ironisé sur le viol d'une touriste australienne en pleine campagne présidentielle aux Philippines avant d'embrasser de force une femme qu'il a fait monter sur scène lors d'un meeting en 2018.

À méditer

PAROLE, PAROLE

Les mots utilisés par les dirigeants populistes constituent autant de vecteurs de ce processus d'identification. Au service du peuple, le leader populiste se doit de parler comme lui. Vladimir Poutine s'était fait connaître en promettant « d'aller buter jusque dans les chiottes » les Tchétchènes au moment des attentats de Moscou. Nicolas Sarkozy n'avait pas hésité à invoquer le Karcher pour « nettoyer » les cités de leurs « racailles ». En 2018, Donald Trump a qualifié les immigrés d'« animaux ». Il a également qualifié Haïti et certains États africains de « pays de merde ». Aux Philippines, Rodrigo Duterte a affublé le pape François du qualificatif de « fils de pute » pour les embouteillages causés lors de sa visite.

Une réponse au désespoir

Par des mots simples, les populistes proposent des réponses qui le sont tout autant à des problèmes complexes. Les dirigeants populistes prétendent comprendre la peur des sociétés face à la mondialisation et se présentent comme des remparts face à l'extérieur.

Le saviez-vous

L'ALLIANCE DE LA CARPE ET DU LAPIN EN ITALIE

Après plus de deux mois de blocage politique alors que les élections législatives ont donné vainqueur deux partis antisystèmes, Giuseppe Conte occupe le fauteuil de président du conseil italien depuis mai 2018. Il a la lourde tâche de mettre en œuvre un programme de gouvernement imaginé par deux partis protestataires aux idéologies pourtant éloignées. La Ligue de Matteo Salvini, un parti d'extrême droite et le Mouvement 5 étoiles (M5S) de Luigi Di Maio, au positionnement politique inclassable, ont décidé de s'unir pour former un gouvernement de coalition alors qu'aucun camp n'a obtenu la majorité. Ils ont opté pour le profil d'un technocrate jamais élu pour prendre la tête de ce gouvernement de coalition populiste, mais c'est bien le chef de la Ligue qui incarne la parole publique italienne sur la scène internationale

Le 45e président des États-Unis entend restaurer la puissance d'un pays qu'il présente comme affaibli par un système qui s'est approprié le pouvoir. Il a promis de défendre les intérêts américains par des slogans simplistes : *America first* ou encore *Make America great again*, destinés à lutter à la fois contre les immigrés et contre l'influence économique des pays étrangers pour restaurer l'emploi et la richesse des Américains. Il oppose à un constat très sombre, des maximes volontaristes pour séduire ses électeurs.

La responsabilité des institutions internationales est souvent invoquée pour expliquer les désordres économiques actuels afin de séduire les laissés-pour-compte de la mondialisation. En Europe, les critiques se concentrent sur les institutions européennes, la monnaie unique ou encore le libéralisme imposé dans les traités.

La cohésion dans l'opposition

La dénonciation d'un bouc émissaire, accusé de tous les maux et responsable de tous les travers, permet de souder une communauté. En fonction des besoins de l'actualité, celui ou ceux qui incarnent cette altérité peuvent être modifiés.

Coupable tout trouvé, l'immigré ou l'étranger – les deux sont d'ailleurs souvent confondus – deviennent le réceptacle d'un discours anti-mondialiste aux relents identitaires. Aux États-Unis, la construction d'un mur avec le Mexique est présentée en des termes à la fois économiques et sécuritaires. Le décret anti-immigration adopté par Donald Trump en 2017 porte un titre évocateur : « Protéger la nation contre l'entrée de terroristes étrangers aux États-Unis. »

Attiser la haine semble électoralement porteur, si l'on en croit « l'immense succès » revendiqué par Donald Trump lors des élections de mi-mandat de novembre 2018. Certes, le président des États-Unis n'a pas pu échapper à la malédiction des *Midterms* qui prévaut depuis 1860 (37 des 40 scrutins intermédiaires ont été défavorables au président en exercice), mais cette élection a pu témoigner de la vigueur du trumpisme. Alors que les démocrates sont désormais majoritaires à la Chambre des représentants, les Républicains renforcent leur assise sur le Sénat. Surtout, c'est l'écart moins net que prévu entre les deux partis qui autorise le président américain à évoquer « un jour incroyable » qui « défie l'histoire ». Loin de la lourde défaite infligée à Obama en 2010, le président républicain a su mobiliser ses électeurs en dénonçant avec véhémence l'immigration et l'insécurité. Au cours de la campagne, il a notamment qualifié de tentative d'« invasion » la caravane de migrants partis du Honduras, accusant au passage les démocrates de complicité. L'envoi de plusieurs milliers de soldats et les menaces de répliques par des tirs à balles réelles si l'armée avait à subir des jets de pierre, se sont avérées politiquement efficaces.

Attention

Aux Philippines, le drogué incarne cette figure de rejet pour Rodrigo Duterte. Depuis son accession au pouvoir en 2016, 12000 personnes ont été exécutées sans procès par des escadrons de la mort selon Human Rights Watch ; des policiers ou des simples citoyens répondent à l'appel du président en se spécialisant dans l'assassinat de truands, de dealers ou de simples drogués. Le président a promis une action volontariste : « Ceux qui détruisent les vies de nos enfants seront détruits, ceux qui tuent mon pays seront tués, c'est aussi simple que cela. Pas de demi-mesures, pas d'excuses. » Adepte de la surenchère, il a déclaré qu'il avait Hitler et le génocide des juifs pour modèle afin de « massacrer 3 millions de toxicomanes » pour « régler le problème de son pays ». Grâce à ces discours, Rodrigo Duterte bénéficie du soutien des classes populaires, alors qu'elles sont les premières victimes de ces exécutions sommaires.

À méditer

RODRIGO DUTERTE EN SAUVEUR DE L'ENVIRONNEMENT ?

Le président philippin, Rodrigo Duterte, a fait évacuer l'île de Boracay, un paradis touristique qui emploie 36 000 personnes dans plus de 300 complexes hôteliers. Avec toute la finesse qui le caractérise, le président philippin a qualifié l'île de « cloaque qui pue la merde ». Cette décision vise à mater le secteur touristique dont le développement parfois incontrôlé menace l'environnement. Plus largement, les investisseurs étrangers sont alors visés malgré les millions qu'ils rapportent au pays.

Fiche 45 : La montée de l'extrême droite en Europe

Les mouvements d'extrême droite séduisent de plus en plus d'électeurs en Europe et menacent d'accéder au pouvoir dans plusieurs pays, à tel point que la question d'une vague nationaliste se pose.

Des succès électoraux protéiformes

Les scrutins organisés en Hongrie ou en Italie ont confirmé la tendance. L'avancée des mouvements d'extrême droite se précise. En avril 2018, la formation hongroise Jobbik ou « Mouvement pour une meilleure Hongrie » a rassemblé 20 % des voix d'un scrutin remporté par le Premier ministre Viktor Orbán, dont les idées sont de plus en plus proches de l'extrême droite même si son parti, le Fidesz, demeure dans le Parti populaire européen (PPE). En Italie, la Ligue du Nord de Matteo Salvini est arrivée en troisième position des élections législatives avec près de 19 % des voix. L'extrême droite est ainsi représentée au gouvernement de plusieurs pays européens : l'Italie, l'Autriche, la Finlande ou la Bulgarie.

L'essentiel

Dans le reste de l'Europe, l'audience de l'extrême droite se renforce. Au Danemark, le parti populaire danois est arrivé en deuxième position lors des élections législatives de 2015. Il soutient le gouvernement de Lars Løkke Rasmussen. Aux Pays-Bas, le Parti pour la liberté de Geert Wilders est depuis 2017, la deuxième force du parlement derrière les libéraux. En Suède, l'extrême droite a obtenu 17,5 % des suffrages aux élections législatives de septembre 2018, pour s'imposer comme la troisième force politique du pays.

Ailleurs, l'audience de l'extrême droite reste plus faible même si ses succès électoraux inquiètent. En Allemagne, la formation extrémiste Alternative fur Deutschland (AfD) fondée en 2013 s'impose progressivement dans le paysage politique ; l'AfD a remporté 12,6 % des voix aux élections législatives de 2017 contre 4,7 % quatre ans auparavant. Intellectuellement proche du mouvement islamophobe Pegida, l'AfD occupe un espace politique longtemps laissé vide entre la CDU et les partis néonazis.

Certains pays semblent néanmoins à l'écart de cette dynamique. En Espagne, les formations d'extrême droite, Vox ou la Phalange espagnole, sont marginales. Au Portugal, le Parti national rénovateur n'a encore jamais dépassé 1 % des voix. En Irlande et au Luxembourg, aucune force politique n'incarne la droite extrême.

CHEMNITZ, SYMBOLE D'UNE ALLEMAGNE DIVISÉE

À méditer

Cette ville de 240 000 habitants, à la frontière avec la République tchèque, a été secouée par le meurtre d'un homme de 35 ans, Daniel Hillig, dans la nuit du 25 au 26 août 2018. L'origine des suspects, un Irakien et un Syrien, a donné lieu à une vive opposition entre deux Allemagne. L'extrême droite a rassemblé ses troupes pour dénoncer l'insécurité comme conséquence de la politique migratoire de l'administration Merkel. En retour, des rassemblements ont dénoncé la résurgence du nationalisme aux cris de « Nazis, dehors ! ». En Allemagne, la résurgence du nationalisme ne peut se faire sans une référence à un passé qui n'est pas si lointain que cela.

Une vague nationaliste ?

Ces succès électoraux se nourrissent d'un même sentiment de repli sur soi alimenté par la crise migratoire et la lutte contre l'islam. Le spectre des nationalismes semble de retour en Europe, même si l'extrême droite est diverse.

Parmi les causes communes, la rhétorique des partis d'extrême droite vise d'abord les étrangers. La croissance du nombre d'immigrés arrivant en Europe a renforcé le sentiment anti-immigration. En 2016, le Mouvement patriotique maltais est précisément né face à cette crise migratoire. Le succès du mouvement grec Aube dorée fait des émules dans le sud de l'Europe ; à Chypre, des militants du Front populaire national (ELAM) sont accusés de violence à l'encontre des migrants.

L'essentiel

L'obsession sécuritaire et identitaire doit beaucoup aux succès actuels des formations d'extrême droite. Cela lui vaut aussi quelques déboires, notamment judiciaires. Ainsi, Geert Wilders a été condamné par la justice néerlandaise pour incitation à la discrimination pour ses propos tenus lors d'un meeting ; demandant à ses partisans s'ils voulaient « plus ou moins de Marocains », ils ont répondu : « Moins ! Moins ! Moins ! », ce à quoi, il a lui-même ajouté : « Nous allons nous en charger. »

L'autre grand adversaire de ces mouvements extrémistes est l'intégration européenne et ses avatars au nom du souverainisme des nations. L'europhobie est au cœur de la stratégie de l'extrême droite. Aux Pays-Bas, le parti pour la liberté fait campagne pour une sortie de l'Union européenne, sur le modèle du Brexit.

Le saviez-vous ? UN 1er MAI EUROPÉEN POUR MARINE LE PEN

Traditionnellement, le Rassemblement national, ex-Front national, célèbre Jeanne d'Arc et le patriotisme lors du 1er mai. Cette année, Marine Le Pen a pris le contre-pied de cette célébration en organisant à Nice une fête européenne des nations. Les mauvaises langues diront que c'était un moyen d'éviter la confrontation avec son père alors que les précédentes éditions de la fête de Jeanne d'Arc avaient donné lieu à de nombreux commentaires sur les relations tendues au sein de la famille Le Pen. « La fête des nations » rassemblait les partis populistes d'extrême droite de toute l'Europe pour célébrer la poussée actuelle des mouvements nationaux. La défection à la dernière minute du Néerlandais Geert Wilders et de l'italien Matteo Salvini a terni le tableau tout en rappelant à Marine Le Pen la difficulté de fédérer à l'échelle européenne.

Fiche 46 : Vers une convergence des droites extrêmes en France

En France, certains observateurs craignent une convergence des droites qui pourrait permettre au Rassemblement national d'accéder aux plus hautes fonctions de l'État. Dans les années 1980 et 1990, les rapprochements entre les leaders de la droite républicaine et ceux de l'extrême droite avaient amené à une condamnation par les états-majors de ces alliances qui s'est traduite par la mise en place d'une digue relativement étanche depuis.

La porosité doctrinale

Que l'on évoque « une lepénisation des esprits » pour reprendre les mots de Robert Badinter en 1997 ou une simple droitisation de l'opinion publique, force est de constater la porosité entre les idées défendues par l'extrême droite et le reste de l'échiquier politique. La poussée du Front national lors des scrutins électoraux a contribué à modifier en profondeur le débat public comme en attestent notamment les discours en matière d'immigration.

En 2005, dans une interview au *Figaro Magazine*, lorsque François Baroin proposait de remettre en cause le droit du sol pour lutter contre l'immigration illégale en outre-mer, cette idée était combattue pendant plusieurs semaines par les partis de gauche et les associations antiracistes. Aujourd'hui, l'extraterritorialité de la maternité de Mamoudzou est envisagée par le gouvernement d'Édouard Philippe.

Depuis l'emprise de Nicolas Sarkozy sur la droite française, les paroles se sont libérées. Les programmes des Républicains et du Rassemblement national se distinguent de moins en moins. Cette proximité est encore renforcée depuis l'accession de Laurent Wauquiez à la présidence des Républicains. Les deux formations demandent un référendum sur l'immigration, préconisent l'interdiction de toute régularisation d'immigrés entrés illégalement, défendent l'expulsion des clandestins ou encore souhaitent le conditionnement de l'accès aux aides sociales à une période effective de présence en France.

Attention

Cette porosité doctrinale touche tous les partis politiques. La loi Asile-immigration adoptée par le Parlement en 2018 à l'initiative de La République en marche prévoit une régulation ferme. Sous le précédent quinquennat, François Hollande avait proposé d'introduire la déchéance de nationalité pour les terroristes binationaux. Même si selon ses propres aveux, cette proposition constitue le regret majeur de son quinquennat, elle témoigne de l'influence des idées de la droite extrême dans le débat public.

À méditer

LA DROITE À LA BONNE ÉCOLE

Pour se former, les militants des différentes droites disposent depuis 2004 d'une école spécialisée, l'Institut de formation politique (IFP). Installé dans le XVIe arrondissement de Paris, ce centre de formation dispense le week-end des séminaires pour renforcer sa culture militante ou perfectionner les techniques de propagande. Accueillant 180 auditeurs âgés de 18 à 30 ans, l'Institut de formation politique est pensé à la fois comme un complément à une formation classique et comme un puissant moyen d'entretenir des réseaux. S'y côtoient des militants des Républicains, de Debout la France, du Rassemblement national ou encore d'anciens participants à La Manif pour tous. Ancienne élève de l'école, Marion Maréchal a souhaité dupliquer le modèle en créant sa propre académie des sciences politiques à Lyon, l'ISSEP (Institut de sciences sociales, économiques et politiques) pour former « la jeunesse conservatrice » française ; cette école installée à quelques pas du siège de la région Auvergne-Rhône-Alpes lui donnera peut-être l'occasion de croiser son président, Laurent Wauquiez.

Le tabou de l'alliance électorale

Depuis une vingtaine d'années, une frontière s'est établie entre la droite républicaine et l'extrême droite. Le Rassemblement national est mis à l'écart des différents processus de rassemblement. Lors des scrutins, la pratique du barrage qui prévoit le retrait du candidat le moins bien placé permet de limiter son ancrage électoral.

Les rapprochements restent marginaux. Ils se font la plupart du temps par l'intermédiaire du Centre national des indépendants et paysans (CNIP), une formation conservatrice qui défend l'union des droites depuis 1949. Lors de l'élection présidentielle de 2017, Nicolas Dupont-Aignan, président de Debout la France, a fait le choix de rompre avec cette stratégie d'endiguement en s'alliant avec le Front national pour le deuxième tour.

L'essentiel

Si les états-majors continuent de nier la possibilité d'une convergence, l'idée fait son chemin au sein de la base. Plusieurs initiatives prises en 2018 le révèlent. L'hebdomadaire conservateur *Valeurs actuelles* a publié l'appel d'Angers « pour l'unité de la droite » afin de « fonder une grande alliance de toutes les droites ». Parmi les signataires, on trouve un ancien ministre de Nicolas Sarkozy, Thierry Mariani, toujours adhérent Les Républicains, Pascal Gannat, conseiller régional liste des Pays de la Loire proche de Jean-Marie Le Pen ou encore Hervé de Lépinau, conseiller départemental frontiste du Vaucluse, proche de Marion Maréchal.

Nicolas Dupont-Aignan s'est rapproché de Jean-Frédéric Poisson, président du parti chrétien-démocrate et ancien candidat à la primaire de la droite de 2016, pour fonder les « Amoureux de la France ». Le maire de Béziers, Robert Ménard et son épouse Emmanuelle, députée de l'Hérault, se montrent très attentifs à ces tentatives d'union. Les initiatives locales se multiplient ; en Gironde, des élus du Rassemblement national, de Debout la France et des Républicains ont formé une association « Pour la France – La France unie ». La digue n'a jamais paru aussi fragile.

À méditer

« ON NE VEND PAS SON ÂME POUR UNE SAFRANE »

Alors président du Rassemblement pour la République (RPR), Philippe Séguin appelle ses troupes à ne pas céder face aux propositions d'alliance du Front national pour les élections régionales de 1998. Une partie de la droite y est pourtant favorable, notamment ses alliés de l'Union pour la démocratie française (UDF), pour dupliquer le modèle de « la gauche plurielle » ; le raz-de-marée électoral remporté par la coalition du Parti socialiste, du Parti communiste français, du Parti radical de gauche, du Mouvement des citoyens et des Verts est jalousé par ses adversaires politiques. Le Front national propose dans l'entre-deux tours aux candidats de la droite « un soutien sans participation ». Si Philippe Séguin parvient à établir une digue solide autour du RPR, ce n'est pas le cas pour son homologue de l'UDF. À l'issue du scrutin, cinq présidents de région UDF sont élus avec le soutien du Front national. C'était il y a vingt ans, mais la tentation de renoncer à ses principes pour arriver à ses fins est toujours bien vivante.

Fiche 47 : Les élections européennes face à l'euroscepticisme

Les succès populistes menacent l'édifice européen, déjà miné par des forces centrifuges, des difficultés financières et la panne de l'élargissement. La construction européenne a pourtant pleinement rempli son objectif initial, celui de maintenir la paix entre ses membres, comme en témoigne notamment la remise du prix Nobel de la paix à l'Union européenne en 2012. Néanmoins, l'Europe peine à créer le lien avec ses citoyens malgré des initiatives récurrentes en ce sens.

Une Europe qui séduit peu

Depuis 1979, les députés européens sont élus au scrutin proportionnel ; chaque pays envoie ainsi à Bruxelles et à Strasbourg un nombre de députés déterminés en fonction de son poids démographique. En mai 2019, le Parlement européen renouvelé accueillera ainsi 79 députés élus par les Français parmi les 751 représentants du peuple.

Attention

Cependant, ces élections mobilisent très peu et l'abstention est systématiquement présentée comme la grande gagnante. Depuis 1979, elle connaît une constante augmentation. En ce qui concerne la France, depuis 1999, plus de 50 % du corps électoral s'abstient. En 2014, 42 % des Français s'étaient déplacés. Pourtant, la France est loin d'être la plus mauvaise élève en la matière. Les élections européennes de 2014 n'ont mobilisé que 25 % des Croates, 18 % des Tchèques ou 13 % des Slovaques. Seule la Belgique, où le scrutin est obligatoire, se distingue avec un taux de participation de 90 %.

Pour expliquer ce désintérêt des citoyens, la méconnaissance du fonctionnement des institutions communautaires est souvent invoquée. L'Europe apparaît lointaine. En outre, les députés européens sont souvent inconnus, ce qui ne facilite pas la mobilisation des foules. Pour autant, quand un enjeu clair est identifié, les citoyens se déplacent. En ce qui concerne la France, les taux de participation avoisinaient les 70 % des inscrits lors des référendums pour le traité de Maastricht de 1992 ou celui de 2005 pour la constitution européenne.

À méditer

DES PETITS ARRANGEMENTS ENTRE AMIS

La technocratie bruxelloise a de nouveau donné du grain à moudre aux critiques en 2018. Le directeur de cabinet de Jean-Claude Juncker, actuel président de la Commission européenne, a bénéficié d'une promotion expresse pour occuper le très prestigieux poste de secrétaire général de la Commission. Les 30 000 fonctionnaires de Bruxelles ont appris la nomination de leur nouveau patron par un e-mail de Jean-Claude Juncker lui-même. Malgré la polémique, Martin Selmayr remplit ses fonctions depuis le 1er mars, alors que le président de la Commission a menacé de démissionner si son avis n'était pas suivi. Au même moment, l'ancien président de la Commission européenne, José Manuel Barroso, se rappelait au bon souvenir de Bruxelles. Devenu lobbyiste chez Goldman Sachs, le Portugais a approché l'un des vice-présidents de la Commission européenne, contrairement à ses engagements. La révélation de cette rencontre dans les médias a permis, cette fois, d'éviter le conflit d'intérêts.

Le défi de la confiance avec ses citoyens

Le déficit de confiance entre les citoyens et les institutions européennes se creuse malgré les initiatives pour le combler. La ratification du traité de Lisbonne en 2007 constitue un épisode majeur de ce divorce. Alors que les citoyens français puis néerlandais se sont prononcés contre le projet de constitution européenne en 2005, les parlements nationaux étaient mobilisés moins de deux ans plus tard pour accepter le traité de Lisbonne, reprenant pourtant le même projet.

L'essentiel

Depuis 2009, les citoyens européens ont la possibilité de s'exprimer par le droit d'initiative citoyenne. Un million de citoyens originaires de plus du quart des États membres peuvent présenter à la Commission européenne des propositions de réforme. Plus d'une cinquantaine d'initiatives citoyenne ont été imaginées ; seules quatre ont donné lieu à une réponse de la commission à propos de l'eau, de la protection juridique, de la vivisection ou du glyphosate.

En 2018, le président français a obtenu l'organisation de consultations citoyennes dans l'ensemble des États membres à l'exception de la Hongrie. Après son accession au pouvoir, il avait formulé une série d'idées pour réformer l'Europe. À l'instar des listes transnationales, la plupart ont été rejetées, mais l'idée des consultations citoyennes est parvenue à séduire. L'objectif de ces consultations est de donner la parole aux citoyens afin d'entendre leurs doléances ou leurs propositions pour repenser l'Europe. Cette démarche s'inscrit dans la volonté plus large de revitaliser la démocratie européenne, projet notamment exprimé par le président français dans un discours prononcé à Athènes en septembre 2017. Cependant, certains pays redoutent que ce processus ne soit accaparé par les eurosceptiques.

Le saviez-vous

SACRÉ CHARLEMAGNE !

Le volontarisme européen d'Emmanuel Macron a été récompensé par la remise de la plus prestigieuse distinction européenne, le Prix Charlemagne. Le monarque carolingien n'a pas plus inventé l'Union européenne que l'école, mais il a donné son nom à ce prix remis depuis 1949 par la ville d'Aix-la-Chapelle pour récompenser l'engagement dans l'unification européenne. Emmanuel Macron rejoint ainsi la prestigieuse liste des lauréats du Prix Charlemagne aux côtés de Jean Monnet, Winston Churchill, Konrad Adenauer, François Mitterrand, Simone Veil, Angela Merkel ou encore le pape François. La remise du prix a été l'occasion pour le président français de prononcer son quatrième discours sur l'Europe en moins d'un an, en présence de la chancelière allemande. Il a appelé les citoyens européens à dépasser « les égoïsmes nationaux » pour renforcer l'intégration européenne.

Fiche 48 : Les dérives autoritaires en Europe centrale

Les eurosceptiques ont célébré en avril 2018 la victoire du populiste Viktor Orbán aux élections hongroises. Pourfendeur de l'Europe et de sa politique migratoire, le leader du Fidesz entend proposer un contre-modèle autoritaire à la démocratie libérale promue par les institutions européennes. Le groupe de Višegrad, formé en 1991 pour accélérer le processus de rapprochement avec l'Europe, connaît une nouvelle jouvence en tant que bastion conservateur et autoritaire. Cependant, le parlement européen a décidé de sanctionner successivement la Pologne et la Hongrie dans le but de préserver ces deux États des tentations autoritaires de leurs dirigeants et de les faire rentrer dans le rang.

Orbán, « le cauchemar de l'Union européenne »

C'est par ces mots que Nigel Farage, ancien leader du parti UKIP pour l'indépendance du Royaume-Uni, qualifie le chef du gouvernement hongrois. Héros de la lutte contre le communisme, Viktor Orbán a occupé la fonction de Premier ministre entre 1998 et 2002. Après huit ans dans l'opposition, il revient au pouvoir en 2010 et remporte pour la première fois dans l'histoire démocratique hongroise, trois élections législatives de suite. Au printemps 2018, son parti de droite souverainiste, le Fidesz, rassemble plus de 49 % des voix et obtient 133 des 199 sièges du parlement, conservant ainsi la majorité qualifiée des deux tiers des sièges, nécessaire pour modifier la constitution.

L'essentiel

Viktor Orbán a promis de bâtir, lors de sa précédente réélection, un « État non libéral fondé sur la valeur travail ». Ce projet, contraire aux valeurs défendues par le conseil de l'Europe, prévoit d'abandonner le mode de vie hérité des vainqueurs occidentaux de la Seconde Guerre mondiale, pour lui substituer un contre-modèle dans le sillage de la Turquie, de la Chine et de la Russie. L'une de ses premières mesures a été de mettre au pas la Cour suprême de justice afin de limiter les contre-pouvoirs. Il s'est dit favorable au rétablissement de la peine de mort et promeut des valeurs conservatrices telles que la famille ou la religion. La presse hongroise a été muselée ; l'un des principaux quotidiens d'opposition, *Nepszabadsag* (« Le peuple libre »), a cessé de paraître.

La crise migratoire de 2015, qui a mis en contact une société fermée pendant un demi-siècle avec des dizaines de milliers de migrants traversant le pays pour rejoindre l'Allemagne, a permis à Viktor Orbán d'asseoir sa position nationaliste. En 2016, 98 % des Hongrois se sont prononcés contre le dispositif européen de répartition des demandeurs d'asile. Depuis, Viktor Orbán est en croisade contre l'immigration et les institutions européennes. Il dénonce le complot du grand remplacement des populations européennes par les populations africaines, avec la complicité des institutions européennes.

À méditer

GEORGE SOROS, ENNEMI PUBLIC N° 1 EN HONGRIE

Dans ses discours, Viktor Orbán désigne George Soros comme le principal responsable de ce grand remplacement. Selon Orbán, ce milliardaire américain d'origine hongroise bénéficierait du soutien des Occidentaux pour imposer leurs vues à la population hongroise. En pleine dérive complotiste aux relents antisémites, le chef du gouvernement hongrois a dressé lors de la campagne électorale de 2018 un portrait pour le moins ambigu de George Soros : « Nous avons affaire à un adversaire qui est différent de nous. Il n'agit pas ouvertement, mais caché. Il n'est pas droit, mais tortueux. Il n'est pas honnête, mais sournois. Il n'est pas national, mais international. Il ne croit pas dans le travail, mais spécule avec de l'argent. Il n'a pas de patrie parce qu'il croit que le monde entier est à lui. » Depuis la réélection de Viktor Orbán, George Soros a quitté le pays.

Pour tenter de mettre un terme à cette dérive, le Parlement européen a décidé de sanctionner la Hongrie pour violation de l'État de droit, en vertu de l'article 7 du traité de l'Union qui prévoit la possibilité de suspendre un État de ses droits de vote au sein de l'ensemble européen, en cas de non-respect des valeurs communautaires. Cette menace a pour objectif de condamner la ligne populiste de Viktor Orbán en vue des élections européennes de mai 2019, tout en appelant à une clarification de la position du Parti populaire européen (PPE), qui soutient jusqu'alors cet encombrant partenaire. Le relatif succès du précédent polonais a pesé sur l'issue d'un vote plus qu'incertain.

La Pologne, de retour dans le rang ?

Un autre pays d'Europe centrale a entrepris de défendre un contre-modèle dans l'opposition avec Bruxelles, la Pologne, et s'est pour cela attiré les foudres de ses partenaires européens. Les conservateurs du parti Droit et Justice (Pis) présidé par Jarosław Kaczyński, de retour au pouvoir depuis 2015, ont souhaité suivre le chemin de la Hongrie avec la mise au pas des médias publics et la réforme du système judiciaire. Cette dernière réforme controversée a déclenché un bras de fer avec la Commission européenne.

L'essentiel

Pour la première fois de son histoire, la Commission a alors déclenché en décembre 2017 l'article 7 du traité européen, une procédure de « sauvegarde de l'État de droit », pour violation des valeurs de l'Union. Après des mois de tractations, la décision sanctionne l'accusation de bafouer l'indépendance du pouvoir judiciaire. Une série de lois adoptées par les conservateurs prévoit en effet la mise à la retraite de plus de 40 % des juges et accorde au ministre de la Justice un pouvoir discrétionnaire pour écarter les présidents de tribunaux ou les nommer.

Cependant, la menace du retrait des droits de vote de la Pologne a permis de relancer le dialogue entre le gouvernement conservateur polonais et les institutions européennes. Les ministres les plus radicaux ont été évincés pour amorcer le dégel des tensions avec Bruxelles. Le modéré Mateusz Morawiecki a été nommé président du conseil des ministres. Suite aux négociations, la Pologne a proposé des amendements aux lois controversées, notamment la nécessité d'un recours devant le collège du tribunal, élu par les juges eux-mêmes, pour que le ministre de la Justice puisse démettre un président de chambre. De même, la Pologne a accepté de reculer sur sa loi controversée sur le génocide ; l'attribution à l'État polonais de crimes contre l'humanité n'est plus passible de prison.

Le saviez-vous

LA MENACE DU PORTEFEUILLE

Les dirigeants de l'Union européenne envisagent la piste financière pour faire rentrer la Pologne dans le rang. La menace de réduction des fonds européens est prise très au sérieux à Varsovie. Pour la période 2014-2020, la Pologne est le pays le plus généreusement doté par l'Union européenne ; elle bénéficie ainsi de 86 milliards d'euros d'aide. Plusieurs États menacent de conditionner le versement de ces fonds au respect des valeurs démocratiques qui servent de fondement au projet européen.

Fiche 49 : Poutine, nouveau tsar de Russie ?

Depuis la démission de Boris Elstine le 31 décembre 1999, Vladimir Poutine, ex-agent du KGB, contrôle la Fédération de Russie. Président entre 2000 et 2008 puis de nouveau depuis 2012, il a occupé le poste de Premier ministre dans l'intervalle pour contourner l'interdiction d'effectuer plus de deux mandats d'affilée. Il a été réélu triomphalement en 2018 dès le premier tour des élections présidentielles.

Un plébiscite

Lors des élections présidentielles de 2018, Vladimir Poutine est élu pour la quatrième fois. Il a rassemblé sur son nom plus de 76 % des suffrages, soit 56 millions d'électeurs contre 45 millions en 2012. Comme à chaque élection depuis 2000, un seul tour a suffi. Les autres candidats ont été largement distancés ; le candidat du Parti communiste, arrivé en deuxième position, obtient moins de 12 % des voix. Les partisans du président œuvrent à discréditer les candidatures retenues ; les affiches du candidat communiste ont ainsi été systématiquement flanquées d'un bandeau l'accusant de détenir des comptes en suisse.

La mainmise électorale du président et de son parti, Russie unie, est totale depuis qu'une loi fédérale de décembre 2006 fixe des conditions drastiques pour se présenter aux élections présidentielles. « Toute atteinte à la propriété intellectuelle » entraîne automatiquement l'annulation de l'inscription d'un candidat, ce qui offre au pouvoir une très large interprétation. Surtout, toute condamnation « pour avoir appelé ou incité à exercer des activités extrémistes » rend irrecevable une candidature. Grâce à ces mesures, les opposants crédibles sont systématiquement exclus des scrutins ; en 2018, le candidat anticorruption Alexeï Navalny n'a pas pu se présenter devant les urnes pour une série de condamnations pénales qu'il conteste.

Attention

L'enjeu du scrutin n'est donc pas tant son résultat, mais l'ampleur de la participation populaire. Plus de 67 % des Russes se sont déplacés. Pour favoriser cette participation, la loi électorale a été modifiée en 2018 en autorisant un changement d'affectation dans un bureau de vote jusqu'à la semaine précédant le scrutin. De même, pour susciter davantage d'intérêt pour le scrutin, des référendums locaux ont parfois été organisés à la même date.

À méditer

TOUS LES MOYENS SONT BONS

Lors du scrutin de 2018, les malversations électorales ont été moins importantes – ou plus discrètes – que lors des précédentes consultations. Quelques caméras de surveillance ont bien enregistré des bourrages d'urnes en Tchétchénie ou en Iakoutie, mais la présence de ces dispositifs de contrôle ainsi que celle des observateurs étrangers a permis la bonne tenue du scrutin. Néanmoins, Russie unie a fait preuve d'imagination pour mobiliser les électeurs. L'issue du scrutin étant connue d'avance, beaucoup d'électeurs sont tentés par l'abstention. Les pressions psychologiques sont plutôt efficaces et consistent par exemple en des menaces de licenciement si les salariés ne fournissent pas une preuve de leur vote. Mais l'incitation reste le meilleur des remèdes. Dans certaines régions, des animations, des jeux pour enfants ou encore des dégustations ont été proposés aux électeurs à tel point que les élections ressemblaient parfois à des fêtes de village.

Un bilan économique et social peu flatteur

La mobilisation des électeurs est d'autant plus compliquée que le bilan de Vladimir Poutine est pour le moins contestable. Globalement satisfaits par son action géopolitique, en Crimée ou dernièrement en Syrie, les Russes émettent des doutes sur le bilan économique et social de l'actuel président.

Largement dépendante d'une économie de rente fondée sur le pétrole, la Russie a souffert de la baisse des cours. Ces difficultés budgétaires ont été accentuées par les sanctions financières adoptées par ses voisins européens en représailles de l'annexion de la Crimée. Le revenu national brut par habitant connaît une baisse depuis 2013 pour s'élever à 10 307 dollars selon les données de la Banque mondiale, ce qui place la Russie au-delà de la 50e place, derrière la Pologne ou la Hongrie. L'espérance de vie moyenne n'est que de 71 ans, loin derrière la plupart des pays développés. 13 % de la population russe, soit près de 20 millions de personnes, vivent sous le seuil de pauvreté.

Vladimir Poutine a réitéré sa promesse d'offrir aux Russes de meilleures conditions de vie. Paradoxalement, ses piètres résultats en la matière n'entachent pas sa popularité. Alors que les citoyens russes ont perdu environ 10 % de leur pouvoir d'achat sous son précédent mandat, il considère massivement Vladimir Poutine comme le mieux placé pour assurer le redressement de la Russie. Les critiques se concentrent plutôt sur les hommes politiques et fonctionnaires chargés d'appliquer la politique du président.

MEDVEDEV, UN LOYAL BOUC ÉMISSAIRE

Le saviez-vous

Un homme concentre l'essentiel des critiques à propos de ce bilan désastreux : Dimitri Medvedev. Premier vice-président du gouvernement russe à partir de 2005, il a été choisi par Vladimir Poutine pour occuper l'intérim présidentiel entre 2008 et 2012, avant d'être nommé président du gouvernement depuis 2012. Issu du cercle de Saint-Pétersbourg, il est l'un des plus fidèles alliés de Poutine et a été reconduit à son poste malgré sa forte impopularité. En 2016, il tentait de rassurer une retraitée en Crimée en lui lançant : « Pas d'argent, tenez bon » alors qu'un documentaire réalisé par l'opposant Alexeï Navalny le présentait quelques jours plus tard menant un train de vie des plus fastueux.

La traque des opposants

Le succès des présidences Poutine tient surtout dans le contrôle de la population. La mainmise sur les médias et la censure des dissidents permettent de limiter les oppositions alors que la violence fait office de dernier rempart pour préserver le pays du désordre politique.

À la propagande communiste s'est substitué un contrôle de l'appareil d'État sur les médias. La télévision publique et les principaux organes de presse sont tenus par des proches de Vladimir Poutine, ce qui lui garantit des invitations régulières et un docile relais de sa politique. L'organe de contrôle des communications, Roskomnadzor, assure le blocage des médias alternatifs. En 2018, MBK Media et le site navalny.com, créé par l'opposant numéro 1 au régime, ont été fermés. Face à la menace, les rédactions adaptent leur politique éditoriale et seuls les réseaux sociaux permettent jusqu'à présent d'exercer la liberté d'expression.

Par ailleurs, les opposants politiques font face à la répression systématique de la police russe. Par un harcèlement judiciaire, des emprisonnements arbitraires voire des menaces sur leur personne et leur famille, la Russie parvient à limiter l'affichage des contestations. En 2018, Alexeï Navalny en a de nouveau fait les frais lors de son arrestation par la police aux côtés de plus de 1 600 personnes qui avaient manifesté contre « le tsar Poutine ». Déjà inéligible, Alexeï Navalny a pu goûter quelques jours au confort des geôles russes lors de sa rétention administrative. Avant lui, le champion du monde d'échecs, Garry Kasparov, a choisi l'exil aux États-Unis après avoir été emprisonné à plusieurs reprises. Sous l'étroite surveillance de ses cinq gardes du corps, il vit dans la peur des représailles.

Le saviez-vous

QUAND LA RUSSIE FAIT LE MÉNAGE AU ROYAUME-UNI

Au printemps 2018, l'empoisonnement d'un ex-agent double russe, Sergueï Skripal, et de sa fille, Ioulia, a provoqué une crise diplomatique entre le Royaume-Uni et la Russie. Londres a accusé publiquement la Russie d'être à l'origine de cet empoisonnement alors qu'un agent innervant de conception soviétique, le Novitchok, a été retrouvé sur la porte d'entrée de la maison de Sergueï Skripal. Si les deux victimes sont désormais hors de danger, cet empoisonnement en a rappelé d'autres. En 2006, Alexandre Litvinenko, ancien agent des services secrets britanniques et opposant notoire à Vladimir Poutine, est mort à Londres des suites d'un empoisonnement au polonium. Il avait été invité, quelques semaines avant sa mort à partager le thé avec d'anciens agents du KGB. Litvinenko était très proche de Boris Berezovski, ancien fidèle de Poutine tombé en disgrâce, retrouvé mort en 2013 dans la banlieue de Londres, suite à un assassinat par étranglement.

Fiche 50 : Le système Erdogan en Turquie

À la veille des élections présidentielles et législatives organisées le 24 juin 2018, Recep Tayyip Erdogan s'est présenté en toute modestie comme le seul grand leader international avec Vladimir Poutine. Premier ministre de 2003 à 2014 puis président de la République, il peut désormais cumuler les deux fonctions en vertu d'une réforme constitutionnelle entrée en vigueur à l'issue du scrutin. Cette victoire lui donne aussi l'occasion de poursuivre la radicalisation du régime.

Une nouvelle constitution

Le 24 juin 2018, le Reïs a remporté la présidentielle avec 52,5 % des suffrages dès le premier tour contre 31 % pour son rival, Muharrem Ince, le candidat du Parti républicain du peuple (CHP) alors que les sondages prédisaient un deuxième tour. Il a également remporté les législatives avec 42 % des voix pour son Parti de la justice et du développement (AKP), même si une alliance avec le Parti de l'action nationaliste (MHP) est nécessaire pour conserver le pouvoir au parlement.

Ces deux scrutins organisés de manière anticipée consacrent le triomphe d'Erdogan alors que la réforme constitutionnelle approuvée par référendum en 2017 entre en fonction. La fonction de Premier ministre disparaît. Le parlement n'a plus à se prononcer sur la composition du gouvernement et ne peut plus questionner les ministres. Erdogan concentre ainsi les pouvoirs exécutif, législatif et judiciaire, car la réforme prévoit également la nomination par le gouvernement des vice-présidents, hauts fonctionnaires et de la moitié des juges de la cour constitutionnelle.

Attention

L'opposition semblait pourtant ragaillardie et se présentait unie face à Erdogan et à son projet d'hyper-présidentialisation du régime. Les Occidentaux ont même cru un temps à la chute d'Erdogan. Mais le régime d'état d'urgence imposée depuis juillet 2016 a aidé le président à conserver son pouvoir en muselant la liberté d'expression. Depuis février 2017, les amendes infligées aux médias en cas d'entrave à l'égalité du temps de parole des candidats ont été supprimées. Le président a bénéficié d'une couverture médiatique bien plus grande. Contrôlés à plus de 90 % par le gouvernement, les médias ont retransmis en intégralité les meetings du Reïs, contrairement à ceux de l'opposition.

À méditer

LE DICTATEUR

Établissant un parallèle avec le film réalisé par Charlie Chaplin en 1940 pour dénoncer l'emprise de plus en plus forte d'Hitler sur la société allemande, le magazine *Le Point* a proposé à la fin du mois de mai une couverture associant ce titre au portrait d'Erdogan. Alors que la comparaison peut sembler douteuse, les partisans de Recep Tayyip Erdogan semblent donner raison aux journalistes. Ils ont fait retirer avec violence des affiches de cette couverture dans des kiosques du Vaucluse et de la région lyonnaise, nécessitant le déploiement d'une protection policière autour des points de vente des journaux pour éviter de nouvelles attaques.

La lutte « contre les vandales et les traîtres »

Dès le soir de l'élection, Erdogan a salué « la leçon démocratique » infligée au monde par les Turcs grâce « à la lutte contre les vandales et les traîtres ». Depuis 2010 et plus encore depuis le coup d'État raté de juillet 2016, le président est en croisade contre les partisans de Fethullah Gülen, un intellectuel musulman en exil depuis 1999, contre les Kurdes, mais aussi contre l'Occident. Les intellectuels sont victimes d'une purge sans précédent. Qualifié de « don de Dieu » par le président, le putsch raté a permis d'écarter 160 000 fonctionnaires depuis deux ans, parmi lesquels plus de 4 000 juges et procureurs et près de 6 000 universitaires, alors que l'état d'urgence le permet.

Erdogan défend l'idée d'une Turquie assiégée par ses ennemis depuis la Première Guerre mondiale, aspirant à refermer la parenthèse ouverte avec l'installation de Moustapha Kemal, fondateur de la Turquie moderne en 1923, à la tête du pays. L'histoire est ainsi instrumentalisée pour refonder l'identité culturelle turque. En 2023, le pays célébrera le remplacement de la république d'Atatürk par la république d'Erdogan. Le Reïs aspire surtout à redonner vigueur à l'Empire ottoman alors qu'il invoque souvent 2053, le 600e anniversaire de la prise de Constantinople et 2071, le millénaire de la victoire turque sur Byzance. Les séries télévisées sont mises au service de cette propagande historique. Le président affiche régulièrement son appétence pour la saga *Payitaht Abdülhamid*, dont le héros est le sultan Abdülhamid II, surnommé « le sultan rouge » pour les crimes commis contre les Arméniens.

Le saviez-vous

LA TENTATIVE DE RÉSISTANCE DES KURDES

Les élections du 24 juin 2018 ont été célébrées comme une victoire par les Kurdes. Le Parti démocratique des peuples (HDP) envoie à l'issue du scrutin 68 parlementaires à Ankara et réalise un score de près de 12 % des voix, alors que la constitution oblige à dépasser le seuil des 10 % à l'échelle nationale pour qu'un résultat électoral soit pris en compte. Depuis 2015, et une série d'insurrections urbaines déclenchées par le Parti des travailleurs du Kurdistan (PKK), les Kurdes sont victimes d'une répression sanglante de la part des forces de sécurité. En dépit de ce climat de guerre, ils se sont massivement déplacés et ont obtenu une large majorité dans onze provinces du sud-est du pays.

Fiche 51 : Le renforcement des lois sécuritaires, une menace pour les libertés ?

La litanie des attentats terroristes qui touchent la France depuis plusieurs années s'est accompagnée d'un renforcement de l'arsenal répressif. Depuis les tueries perpétrées par Mohamed Merah en 2012, neuf lois ont été adoptées pour tenter de limiter la menace. Les pouvoirs de police et les services de renseignements ont été considérablement augmentés alors que certaines associations dénoncent des projets liberticides menaçant la démocratie.

Le renforcement des pouvoirs de police

Dès 2012, la loi sur la sécurité et la lutte contre le terrorisme cherche à améliorer la lutte contre les groupes terroristes. Face à la recrudescence des attaques, l'état d'urgence s'est imposé de novembre 2015 à novembre 2017. Ce régime d'exception créée au cours de la guerre d'Algérie accorde à la police des pouvoirs supplémentaires. Avant sa généralisation en 2015, il n'avait été utilisé qu'à quatre reprises depuis les accords d'Évian.

Il renforce le pouvoir des préfets en leur permettant notamment de fixer des interdictions de circulation, de réglementer l'accès à des zones de protection, d'interdire de séjour certaines personnes ou encore d'ordonner des perquisitions de jour comme de nuit. En outre, sous l'état d'urgence, le ministre de l'Intérieur et les préfets peuvent ordonner la fermeture de lieu de réunion, interdire des rassemblements ou encore placer une personne sous bracelet électronique. Ces pouvoirs leur sont accordés sans recours aux autorités judiciaires.

L'essentiel

La loi de sécurité intérieure et de lutte contre le terrorisme (SILT) adoptée fin 2017 a permis de sortir de l'état d'urgence tout en transposant une grande partie de ces pouvoirs dans le droit commun. Les préfets peuvent désormais décider de « visites domiciliaires » de jour comme de nuit au domicile des suspects. Ils peuvent fixer des assignations à résidence renouvelables tous les trois mois pour une durée maximum d'un an. La fermeture des lieux de culte est facilitée en cas d'incitation à la haine ou à la violence. Les services de renseignements ont davantage de pouvoir pour surveiller les communications des suspects. Enfin, les préfets peuvent restreindre la circulation et l'accès des personnes en instaurant des périmètres de protection, autorisant des palpations, des fouilles de bagages et de véhicules.

LE RATÉ DU 1er MAI

À méditer

En dépit de ce contexte sécuritaire, les traditionnelles manifestations du 1er mai ont été perturbées par des scènes de guérilla urbaine. 1 200 *black blocs*, issus de la mouvance anarchiste internationale, sont sortis du cortège pour détruire ce qu'ils considèrent être des symboles du monde capitaliste : un kiosque de presse, un concessionnaire automobile ou encore un restaurant McDonald. Si ces destructions rappellent des manifestations altermondialistes qui ont accompagné les sommets de l'Organisation mondiale du commerce (OMC) de Seattle en 1999 ou ceux de l'OTAN à Strasbourg et à Kehl en 2009, elles ont provoqué une profonde polémique sur l'action des services de police. Certains militants n'ont pas hésité à dénoncer la complicité du ministère de l'Intérieur qui chercherait ainsi à discréditer le mouvement social.

Une menace pour les libertés publiques ?

Des associations comme Amnesty International ou la Ligue des droits de l'homme (LDH) ont mis en avant les risques liés au renforcement de l'arsenal sécuritaire. Selon elles, la liberté est en partie sacrifiée au nom du tout sécuritaire. L'État peut désormais décider de limiter la liberté de déplacement d'un individu, voire de lui imposer un bracelet géolocalisable sur une simple présomption. Surtout, les associations mettent en garde contre le détournement par les pouvoirs de police des nouveaux moyens mis à leur disposition.

Le défenseur des droits, Jacques Toubon, dont le rôle est de défendre les citoyens face à l'État, dénonce l'illégalité d'un texte qui permet de restreindre les libertés sur la base d'un simple soupçon. Il craint un ciblage de la communauté musulmane et une menace pour le vivre ensemble. La Commission nationale des droits de l'homme, autre autorité administrative indépendante, a mis en garde contre la dérive d'une « société de suspicion ».

Le précédent américain du Patriot Act fait craindre une dérive similaire en France. Ce texte très controversé adopté après les attentats de 2001 par l'administration Bush renforce le pouvoir des agences de renseignement et de lutte contre le crime. Elles peuvent mettre en place une surveillance électronique de n'importe quel usager sans l'en avertir et sans autorisation préalable des forces de justice ou de police. Les perquisitions au domicile sont également facilitées et peuvent être menées à toute heure de la journée, en l'absence du suspect et sans l'en avertir précédemment. Des poursuites lancées par deux associations américaines de défense des droits civiques, l'Electronic Frontier Foundation (EFF) et l'Union américaine pour les libertés civiles (ACLU), sont par ailleurs en cours d'instruction aux États-Unis pour déterminer la constitutionnalité des fouilles massives des appareils électroniques aux frontières des États-Unis.

À méditer

PUBLIC ENNEMIES

Les méthodes du FBI pour lutter contre le terrorisme sont pour le moins controversées. Depuis le 11 septembre 2001, des informateurs sont infiltrés parmi la communauté musulmane du pays pour détecter les individus radicalisés. Une fois identifiés, ils sont placés sous surveillance, mais également encouragés à commettre des attentats par les services de sécurité eux-mêmes. Le FBI fournit ainsi des bombes factices aux aspirants terroristes avant de les piéger pour les faire condamner à de lourdes peines. D'après le *New York Times*, ces opérations d'infiltration sont utilisées dans les deux tiers des affaires de terrorisme. Par ailleurs, le FBI n'hésite pas à payer des jeunes en perdition pour qu'ils commettent des actes terroristes.

Fiche 52 : La surveillance généralisée en Chine

L'ouverture économique de la Chine par les réformes de Deng Xiaoping ne s'est pas traduite par une libéralisation politique. Le Parti communiste chinois (PCC) continue d'imposer ses règles à la société. Les libertés ont même connu un recul en 2018 alors que le président Xi Jinping renforce de plus en plus son autorité sur le pays.

Xi Jinping, président à vie

Au pouvoir depuis 2013, le président Xi Jinping a encore étendu son emprise sur la vie politique chinoise. Cumulant déjà les trois fonctions de président de la République, de secrétaire général du Parti communiste chinois (PCC) et de président de la Commission militaire, il a obtenu l'aval de l'Assemblée populaire nationale pour devenir président à vie.

L'essentiel

Héritant d'un pays en ruine à la mort de Mao, Deng Xiaoping avait introduit la limitation à deux mandats à la fonction de président de la République dans la constitution, mesure supprimée au printemps 2018. Xi Jinping pourra donc se maintenir au pouvoir au-delà de 2023, voire conserver indéfiniment tous les leviers du pouvoir en contrôlant l'État, le parti et l'armée.

Cette décision est la suite logique d'une dérive autoritaire de la présidence actuelle. En 2017, Xi Jinping avait déjà reçu le privilège suprême, accordé jusqu'alors au seul Mao, de voir inscrire sa pensée dans les statuts du parti. Sa « pensée sur le socialisme aux caractéristiques chinoises pour une nouvelle ère » a été reconnue comme doctrine officielle du parti, aux côtés du maoïsme.

Le saviez-vous

VOYAGE, VOYAGE

Le 25 février 2018, alors que la réforme constitutionnelle autorisant une présidence à vie était annoncée dans la presse, le moteur de recherche chinois, Baidu, a enregistré un pic de consultation pour le mot *yimin* (émigrer). Très vite, le moteur de recherche a désindexé le terme pour freiner la soif d'exil de certains Chinois effrayés par la dérive politique en cours. Les agences proposant des solutions d'émigration facilitées ont reconnu auprès des journalistes avoir reçu davantage de demandes que d'habitude, même si le sujet est très sensible. 10 millions de Chinois vivent déjà en dehors de leur pays. La tendance centrifuge actuelle contribue à alimenter les flux de cette diaspora.

L'Assemblée populaire nationale a par ailleurs créé une nouvelle Commission nationale de supervision pour poursuivre la purge dans les rangs du parti unique, entreprise par Xi depuis son accession au pouvoir. Tous les fonctionnaires sont placés sous l'autorité de cette nouvelle commission, ce qui renforce encore le rôle du PCC dans le pays.

Ces règlements de compte internes sont soupçonnés d'être à l'origine de la disparition de Meng Hongwei, le patron d'Interpol. Il n'a plus donné signe de vie depuis son départ de France à destination de son pays natal. C'est depuis Lyon, où se situe le siège d'Interpol, que son épouse a donné l'alerte avec le soutien des autorités françaises.

Une liberté d'expression restreinte

Face à cette dérive personnelle du pouvoir, les réactions des opposants restent mesurées sur les réseaux sociaux et plus encore dans les médias. Dans un pays où les images de Winnie l'Ourson ont été interdites suite à des caricatures avançant une certaine ressemblance avec Xi Jinping, la prudence est évidemment de circonstance.

Le président Xi Jinping a récemment rappelé aux médias chinois que « leur nom de famille était le parti ». La chaîne publique CCTV a fait l'objet d'une restructuration en 2018 pour rassembler dans un même groupe public nommé « Voix de la Chine », l'ensemble des télévisions et radios officielles.

À méditer

DES CONFESSIONS PEU INTIMES

L'ONG Safeguard Defenders s'est attaquée, dans un rapport public, aux confessions forcées diffusées à la télévision chinoise. À des heures de grande écoute, la télévision publique CCTV propose régulièrement des autocritiques de citoyens accusés de dissidence, de journalistes ou de défenseurs des droits de l'homme. Que ces individus soient présentés libres dans un studio neutre ou menottés dans les lieux de détention, le schéma du tournage est toujours le même. Le condamné professe des aveux, salue la bienveillance de la justice chinoise et promet de se repentir. Depuis 2013, 45 confessions télévisées ont été programmées. Une fois libérés, certains auteurs de ces confessions ont révélé les pressions subies, les menaces à l'encontre des familles ou encore le recours à des scripts rédigés par des hommes du parti.

Attention

Outre les médias, la censure est très forte sur Internet. Les entreprises ont l'obligation de contrôler les identités des utilisateurs et de conserver les données publiées en ligne pendant six mois. Elles doivent également lutter contre « les fausses informations » selon une nouvelle règle imposée en

2018 par l'administration chinoise du cyberespace. Le réseau social Sina Weibo, équivalent local de Twitter, fait régulièrement les frais de cette politique de censure ; les utilisateurs sont habitués à ce que le site soit inaccessible pendant quelques heures voire quelques jours si la censure détecte des « contenus nocifs », autrement dit toute critique envers l'État ou le parti communiste.

La répression des minorités

Si la Chine reconnaît 56 ethnies différentes dans sa constitution, plus de 90 % de la population est constituée de Han. Les minorités tibétaine et ouïgoure concentrent l'essentiel de la répression.

La police chinoise a multiplié les démonstrations de force en 2018 dans les principales villes du Tibet en vue de la commémoration du 59e anniversaire du soulèvement tibétain du 10 mars 1959. Plusieurs milliers de Tibétains furent tués pour avoir défié le gouvernement central. Les poussées de violence restent depuis sporadiques, notamment les manifestations de 2008, mais, avec l'opération « Mur d'acier » destinée à limiter les revendications nationalistes tibétaines, le gouvernement chinois se prépare déjà à l'affrontement.

Dans les confins orientaux du pays, la minorité ouïgoure souffre également d'une répression brutale. Les attentats attribués à des extrémistes issus de ses rangs justifient la répression policière de cette minorité musulmane. Des milliers de personnes sont détenues sans procès dans « des centres d'éducation politique et légale », conçue comme un vaste programme de déradicalisation. Les Ouïgours les surnomment « centres de lavage de cerveau ». À l'inverse, la presse chinoise se fait régulièrement l'écho de personnes aux idées extrémistes guéries grâce à cette politique. Les détenus reçoivent même un certificat de bonne conduite lorsqu'ils recouvrent la liberté.

À méditer

RECHERCHE SPERME PATRIOTIQUE

L'annonce postée sur les réseaux sociaux par la banque de sperme de l'hôpital numéro 3 de l'université de Pékin a de quoi surprendre. Outre la quête d'eugénisme – surpoids, calvitie et daltonisme prohibés –, la collecte vise des « donneurs dotés de la plus haute qualité idéologique ». Le message publicitaire précise cette qualité : « défendre le rôle dirigeant du parti, faire preuve de loyauté envers la cause du parti et être des citoyens honnêtes, respectueux de la loi, et libres de tout problème politique ». Les candidats retenus percevront la somme coquette de 5 500 yuans (environ 700 euros) pour une dizaine de dons. Le communisme est sans doute héréditaire.

PARTIE 4
UN MONDE QUI SE LIBÉRALISE

DANS CETTE PARTIE...

Chaque année, au mois de mai, des milliers de personnes venues du monde entier se pressent pour assister à l'assemblée générale de l'entreprise Berkshire Hathaway, présidée par Warren Buffet. Présentée par le *Wall Street Journal* comme « le Woodstock du capitalisme », cette réunion a accueilli plus de 40 000 personnes dans le Nebraska le 4 mai 2018. L'audience de l'icône du capitalisme bientôt nonagénaire illustre bien la pénétration des idées libérales dans le monde. La *warenmania* offre même l'opportunité à l'un de ses partisans de remporter une paire de chaussures portées par le chef d'entreprise à l'issue d'une loterie.

Depuis 1991, le libre-échange a triomphé dans le monde alors que le contre-modèle socialiste se traduisait par une faillite généralisée en URSS. L'avertissement de 1929 avait permis de repenser le libéralisme, rebaptisé néolibéralisme, et cherchant à offrir à chacun une égalité des chances. L'exacerbation des méthodes libérales dans les décennies 1970 et 1980 dans le Royaume-Uni de Margareth Thatcher et les États-Unis de Ronald Reagan a offert au monde une caricature du libéralisme effréné. La crise de 2007 a mis en lumière les limites du laisser-faire en matière de transactions financières alors que les inégalités ont depuis mis en cause plusieurs décennies le pacte originel.

Néanmoins, en dépit des critiques, aucune résistance sérieuse ne barre la route de la libéralisation mondiale, alors que le néolibéralisme renoue avec un renforcement des droits, quelque peu oublié depuis le changement de vocabulaire. Dans l'Union européenne elle-même, pourtant pleinement dévouée à la cause libérale, les travailleurs détachés bénéficient d'une meilleure protection. Sur l'année 2018, les questions éthiques ont connu des avancées considérables alors que les femmes voyaient leurs droits mieux respectés dans une grande partie du monde.

Chapitre 7
Les effets du néolibéralisme et de la mondialisation libérale

DANS CE CHAPITRE :

- **Les réformes libérales en France**
- **La dérégulation**
- **Le succès du libre-échange**

Pendant que le Fonds monétaire international (FMI) remet en cause depuis la crise des *subprimes* une partie de la pensée néolibérale actuelle, il semble aujourd'hui impossible de sortir du cadre idéologique dominant. Si l'absence de contrôle des marchés de capitaux et les politiques d'austérité sont considérées comme des menaces pour la croissance mondiale, le néolibéralisme a triomphé sur le champ des valeurs. Même les acteurs internationaux, qui proposent des choix différents au niveau politique, adoptent les mêmes recettes libérales qui ont triomphé depuis la disparition de l'idéologie socialiste.

La mondialisation libérale, processus ancien de mise en relation de territoires éloignés, s'est imposée massivement dans la seconde moitié du XXe siècle. Par des politiques d'ouverture aux échanges encouragées par les institutions internationales, les États ont permis au commerce international d'exploser. Les barrières protectionnistes ont disparu, laissant place à un libre-échange quasi généralisé, en dépit des hésitations actuelles des États-Unis.

Les mêmes politiques se sont imposées partout. Que l'on accepte ou non le concept de néolibéralisme, les réformes actuelles menées notamment en France cherchent à encourager la liberté d'entreprendre, à permettre la réussite par le mérite ou encore à réduire le poids de l'État dans l'économie.

Fiche 53 : Une nouvelle réforme des retraites

Elle est sans doute la réforme sociale la plus importante et la plus compliquée du quinquennat. La remise à plat du système de financement des retraites en France débute par une consultation publique entre mai et octobre 2018, en vue d'une synthèse et d'une loi prévue à l'été 2019. Face à un déséquilibre financier annoncé, le gouvernement entend modifier en profondeur le fonctionnement des retraites.

Un déséquilibre financier annoncé

La viabilité du système actuel de retraite est mise en cause par le vieillissement inéluctable de la population. Conséquence de l'allongement constant de l'espérance de vie et de la baisse du taux de fécondité, les plus de 60 ans représentent aujourd'hui 23,5 % de la population totale et atteindront 28 % en 2025 et 32 % en 2060.

L'essentiel

Si le nombre de retraités augmente, celui des actifs tend à décroître, conséquence de la diminution de la durée de la vie active. Les jeunes entrent plus tard sur le marché du travail, à 22 ans en moyenne aujourd'hui contre 18 ans à la fin des années 1980. Dans le même temps, l'âge moyen de cessation d'activité avance. Il est passé de 62,4 ans à la fin des années 1980 à 58,9 ans aujourd'hui, en raison de la chute du taux d'activité des salariés de plus de 55 ans. 60 % des salariés âgés de 55 à 64 ans travaillaient à la fin des années 1980 contre 40 % actuellement.

La réduction du nombre de cotisants se traduit donc par une baisse des ressources du système alors que l'augmentation du nombre de retraités pèse au contraire de plus en plus lourdement sur un financement par répartition. Puisque les actifs sont censés financer par leurs cotisations les retraités, ce déséquilibre met en péril la pérennité du système français de retraite.

Des réformes déjà nombreuses

Le constat n'est pas nouveau. Les réformes se sont multipliées depuis les années 1990. Dès 1993, la réforme Balladur relève la durée de cotisation de 150 à 160 trimestres pour ouvrir le droit à une pension à taux plein. Parallèlement, pour les retraites du secteur privé, le calcul prend désormais en compte les 25 meilleures années, et non plus seulement les dix années les plus rémunératrices, ce qui conduit mécaniquement à une baisse des pensions.

Les réformes postérieures recourent systématiquement à ce double levier de l'allongement de la durée de cotisation, conjugué à une baisse progressive des pensions versées. Ainsi, en 2003, la loi Fillon visait à aligner les conditions de départ à la retraite de la fonction publique sur celle des assurés du secteur privé. Elle prévoyait également une plus grande liberté dans les conditions de départ ; en fonction d'une décote, une baisse de la pension, ou d'une surcote, une pension plus élevée, le salarié peut choisir son âge de départ à la retraite alors que la durée de cotisation nécessaire pour obtenir une retraite à taux plein est augmentée.

L'essentiel

La réforme Woerth de 2010 fixe à 62 ans l'âge d'ouverture des droits à la retraite et à 67 ans l'âge à partir duquel la retraite est versée sans décote. La dernière réforme, celle de 2014, allonge encore progressivement la durée de cotisation pour une retraite à taux plein ; pour les salariés nés à partir de 1973, il faudra désormais cotiser 43 ans. Un compte personnel de prévention et de pénibilité permet en outre l'accès à une retraite progressive ou anticipée, pour les salariés travaillant la nuit ou dans des environnements difficiles.

À méditer

LE SPECTRE DE 1995

Si l'actuel gouvernement agit avec prudence sur le dossier des retraites, c'est sans doute parce que les manifestations de masse contre le plan Juppé en 1995 restent en mémoire dans la classe politique. Le plan Juppé prévoyait de réformer en profondeur le système de protection sociale pour faire face à un déficit structurel, il a donné lieu au dernier grand mouvement anticapitaliste depuis mai 1968. Face à la mobilisation des fonctionnaires, des cheminots et aux grandes grèves, le pays est resté paralysé pendant près de trois semaines. Le gouvernement d'alors mettait déjà en avant « les privilèges des cheminots » pour faire accepter la fin des régimes spéciaux. Le Premier ministre, Alain Juppé, qui s'était pourtant déclaré « droit dans ses bottes » a fini par céder sur la réforme des retraites même si l'autre volet, le financement de la Sécurité sociale, a été adopté. 1995 demeure le alors le dernier grand mouvement d'expression populaire contre le néolibéralisme.

Une volonté de simplification

La réforme à venir doit permettre une unification de tous les systèmes de retraite alors que des différences notables existent entre la retraite des fonctionnaires, des salariés et des indépendants, et que de nombreuses professions bénéficient de régimes spéciaux. Notre pays compte actuellement une quarantaine de régimes de retraite, aux règles fort différentes. La mission fixée par le président de la République au haut-commissaire chargé de la réforme des retraites, Jean-Paul Delevoye, est de parvenir à un système unifié dans lequel chaque euro versé accorde aux cotisants la même somme en retour au moment de leur retraite.

Pour parvenir à un consensus le plus large possible, une vaste consultation citoyenne a été organisée entre mai et octobre, sur Internet et dans des ateliers participatifs. Les citoyens peuvent ainsi exprimer leur opinion quant à la future réforme des retraites.

Mais le cadre général est fixé en amont. Emmanuel Macron souhaite parvenir à un système par points. Dans un souci de justice sociale, une carrière identique et des revenus similaires donneront lieu à une même retraite, quel que soit l'emploi occupé lors de sa carrière. Afin de mieux prendre en compte les interruptions de travail et les emplois multiples, une portabilité des droits devrait être introduite.

L'essentiel

Alors que le cadre global devrait rester celui d'un système par répartition – dans lequel les cotisations des actifs payent les pensions des retraités –, un compte notionnel, proche du système par points, devrait être introduit, sur les modèles italiens et suédois. Chaque actif dispose ainsi d'un relevé de l'ensemble des cotisations versées au cours de sa carrière, qu'il peut transformer en pension de retraite à partir d'un âge déterminé. Le montant de la pension versée dépend alors de l'âge auquel on prend sa retraite et de l'espérance de vie de sa génération au moment du départ. Grâce à ces deux variables, le montant de l'annuité est déterminé pour le restant de sa vie.

Le saviez-vous

LA FIN DES RÉGIMES SPÉCIAUX

Ce changement global devrait s'accompagner de la disparition des régimes spéciaux. La retraite des cheminots a ainsi fait l'objet de nombreuses spéculations en 2018. Grâce à un régime spécial, les cheminots partent en retraite plus tôt et ont une pension plus confortable que le reste de la population. Le déficit a atteint 3,3 milliards d'euros rien que pour l'année 2016. Cette dette importante est la conséquence d'un déséquilibre notable entre le nombre d'actifs, environ 150 000 personnes, et le nombre de retraités, 260 000. Mais il résulte également de conditions de retraite plutôt avantageuse. L'âge minimum de départ à la retraite est fixé à 57 ans pour les agents et 52 ans pour les conducteurs alors que la pension correspond à 75 % du salaire des six derniers mois d'activité pendant que les salariés touchent 50 % de leurs 25 meilleures années.

Fiche 54 : La réforme de la SNCF, symbole de dérégulation

Depuis la nationalisation des chemins de fer en 1937, la Société nationale des chemins de fer français (SNCF) dispose d'un monopole sur le transport des voyageurs par le train. Face aux injonctions de l'Union européenne, la France a procédé à une réforme globale du statut de l'entreprise pour préparer l'ouverture à la concurrence.

Une libéralisation imposée par l'Union européenne

Alors que certains Français semblent découvrir la réforme ou que d'autres se présentent comme les grands artisans de ce changement profond, la décision est en réalité actée depuis plus de deux décennies. Dès 1997, la SNCF a été divisée en deux compagnies, l'une chargée de la gestion des réseaux (Réseau ferré de France devenue SNCF Réseau) et l'autre chargée de l'exploitation des trains (SNCF Mobilités).

La libéralisation du transport ferroviaire résulte de plusieurs directives européennes. La concurrence est pensée comme un gage d'efficacité par la Commission européenne qui a adopté entre 2001 et 2016, quatre « paquets ferroviaires » pour encadrer l'ouverture à la concurrence du rail.

Cette libéralisation a été réalisée par étapes. En vertu des deux premiers « paquets ferroviaires » adoptés en 2001 et en 2004, le transport de marchandises a été ouvert à la concurrence, dès 2003 pour les lignes internationales, et en 2006 pour les lignes nationales. La SNCF a ainsi perdu 40 % de ses parts de marché.

En vertu du troisième paquet ferroviaire adopté en 2007, le transport international de voyageurs a été ouvert à la concurrence. L'offre est cependant restée très discrète en la matière avec seulement deux lignes exploitées par la compagnie italienne Thello, entre Paris et Venise ou Marseille et Milan.

Le quatrième paquet ferroviaire, adopté en 2016, consacre l'ultime étape de la libéralisation du rail. Il détermine un calendrier d'ouverture à la concurrence des marchés ferroviaires nationaux ; le monopole d'État n'aura plus cours à partir de décembre 2019. Les trains affrétés par d'autres compagnies que la SNCF pourront circuler à partir de 2021, consacrant la fin d'un monopole de plus de 80 ans.

Le saviez-vous

ET AILLEURS EN EUROPE ?

Dans le reste de l'Europe, la libéralisation du rail s'est faite bien avant la France, avec des destins divers. Au Royaume-Uni, la privatisation lancée dans les années 1990 s'est traduite par une dégradation du service et une augmentation du prix des billets ; ils ont doublé depuis 2005. 75 % des Britanniques se prononcent en faveur d'une renationalisation des trains. En Italie, le réseau s'est dualisé entre des trains à grande vitesse efficaces et moins chers et des lignes régionales subissant régulièrement des accidents et des retards. En Allemagne, l'ouverture à la concurrence a été décidée en 1994. Grâce à la concertation avec les syndicats, les cheminots ont pu conserver leur statut et la Deutsche Bahn est toujours entièrement contrôlée par l'État fédéral. La qualité du service est bonne, mais les prix sont plus élevés qu'en France.

Une réforme globale de l'entreprise

Afin de rendre la SNCF compétitive, le gouvernement a adopté une réforme du statut de l'entreprise. Établissement public à caractère industriel et commercial (EPIC), elle devient une société anonyme (SA). Ce changement de statut fait craindre aux cheminots une privatisation de la SNCF, même si pour l'heure il a été décidé que l'entreprise resterait entièrement publique.

La réforme prévoit également de supprimer le statut de cheminot pour les nouveaux employés. Ce statut garantit l'emploi à vie, une sécurité sociale et une retraite plus avantageuse et offre la gratuité sur le train et des réductions pour son entourage. La SNCF emploie actuellement 146 000 cheminots contre plus de 300 000 en 1970. La réforme ne touche donc pas le statut actuel et offre la possibilité d'une portabilité des droits en cas de changement d'entreprise.

En contrepartie de ces changements, l'État s'engage à reprendre une grande part de la dette de la SNCF. Cet endettement qui avoisine les 55 milliards d'euros, en additionnant les dettes de la SNCF mobilités et de la SNCF réseau, plomberait la capacité d'investissement de la future entreprise. L'État s'engage à en reprendre 35 milliards d'euros en deux temps : 25 milliards en 2020 et 10 milliards en 2022 afin de permettre sa compétitivité face à la concurrence qui s'annonce.

Attention

Les syndicats craignent cependant des changements plus profonds. Le rapport Spinetta, présenté en février 2018, en amont de l'adoption des ordonnances de réforme, préconisait une refonte plus radicale. Le principal point d'achoppement concerne la proposition de fermeture des petites lignes pour recentrer les moyens sur les lignes les plus fréquentées. Même si le gouvernement s'est engagé à ne pas suivre cette piste, elle cristallise les tensions.

Le saviez-vous

TRANSDEV, UN CONCURRENT FRANÇAIS PRÊT À EN DÉCOUDRE

Ce changement annoncé ne fait pas que des déçus du côté français. Le groupe Transdev, contrôlé à 70 % par la Caisse des dépôts et consignations et à 30 % par Veolia, se verrait bien devenir le principal concurrent de la SNCF. La société contrôle déjà plusieurs compagnies privées opérant en Allemagne, ce qui fait d'elle le premier concurrent de la Deutsche Bahn avec 7 % du marché. Même si elle réalise l'essentiel de son chiffre d'affaires dans le transport urbain en métro et en bus, la société se prépare déjà aux futurs appels d'offres pour exploiter des lignes ferroviaires régionales en France.

Une nouvelle bataille du rail

La réforme a donné lieu à une nouvelle bataille du rail, pour faire écho au film de René Clément de 1946. Le gouvernement et les syndicats se sont livrés à une bataille de l'opinion pour obtenir gain de cause.

Certaines déclarations du gouvernement ont été vécues comme des provocations. Pour annoncer la réforme, le Premier ministre a ainsi déclaré le 26 février 2018 : « Les Français, qu'ils prennent ou non le train, payent de plus en plus cher pour un service public qui marche de moins en moins bien. » L'argument dénonçant la piètre qualité du service proposé par la SNCF est apparu comme une vexation pour ses employés.

La dégradation du transport ferroviaire est pourtant une réalité si l'on considère certains indicateurs théoriques comme l'allongement des temps de trajet sur la majorité des lignes, depuis les années 1990. Alors que les progrès technologiques avaient permis une contraction continue des temps de trajet, la concentration des moyens dans la construction des lignes à grande vitesse a causé un retard important pour la rénovation du réseau, qui se traduit par un ralentissement du trafic. Entre 2005 et 2017, le trajet Lyon-Nantes a ainsi été ralenti de 14 minutes alors qu'il faut 15 minutes de plus pour parcourir la distance qui sépare Paris de Tours par rapport à 1998.

Cependant, les cheminots ne se sentent pas directement responsables de ce manque d'investissement chronique. Ils se sont donc opposés à la réforme par une forme de grève innovante : une grève de 36 journées alternant trois jours de travail et deux jours de mobilisation sur une grande partie de l'année 2018.

À méditer

CHANGEMENTS DE STATUTS, DES PRÉCÉDENTS INQUIÉTANTS

Avant le train, l'énergie et les télécommunications ont connu une réforme similaire pour préparer une ouverture à la concurrence. Après la scission des Postes et Télécommunications (PTT), en deux sociétés anonymes, France Telecom, devenue Orange, et La Poste, la restructuration a été délicate. La Poste cherche à se réinventer face à ces difficultés financières. Quant à France Telecom, la restructuration s'est traduite par une vague de suicides face aux pressions pour obtenir des démissions sans passer par un plan social ; le patron de l'époque, Didier Lombard, assurait vouloir obtenir des départs « par la fenêtre ou par la porte ». Dans le domaine de l'électricité, le changement de statut d'EDF s'est fait avec davantage de douceur ; les salariés ont conservé leurs avantages même si certains pans de l'activité ont été externalisés.

Fiche 55 : La hausse de la CSG : vers une universalisation de la Sécurité sociale

La contribution sociale généralisée est le deuxième impôt le plus rémunérateur en France, derrière la TVA et devant l'impôt sur le revenu. L'augmentation du taux de prélèvement prévu par la loi de financement de la Sécurité sociale doit permettre d'augmenter le pouvoir d'achat des salariés du privé et de remettre à l'équilibre le budget de la protection sociale.

Une hausse du pouvoir d'achat dans le privé

C'était l'une des mesures phares du programme d'Emmanuel Macron : redonner du pouvoir d'achat aux salariés en supprimant une partie des cotisations sociales. Face aux contraintes budgétaires, la mesure a dû être réalisée en deux temps. Surtout, une partie du pays s'est cristallisée sur le pendant de cette mesure, la compensation du financement de la protection sociale par la hausse de la CSG.

L'essentiel

Depuis le 1er janvier 2018, les salariés du privé ne versent plus la cotisation maladie qui représente 0,75 % du salaire. Ils échappent également à une partie de la cotisation chômage, qui passe de 2,4 % du salaire à 1,45 %, avant sa suppression totale au 1er octobre. Cependant, pour financer les assurances maladie et chômage, la CSG est augmentée de 1,7 %. Le mécanisme n'est cependant pas neutre. Il se traduit par une hausse de la fiche de paie de 0,5 % en janvier 2018 puis à nouveau de 0,95 % en octobre.

À méditer

DES EFFORTS ANÉANTIS PAR LE PRÉLÈVEMENT À LA SOURCE ?

Alors qu'il voulait être le président du pouvoir d'achat, les efforts d'Emmanuel Macron en la matière risquent bien d'être anéantis par la mise en place du prélèvement à la source. À compter de janvier 2019, l'impôt sur le revenu des 38 millions de foyers fiscaux français est directement prélevé sur les revenus des contribuables. Les atermoiements du gouvernement, qui s'est dit prêt à renoncer jusqu'au mois de septembre 2018 pour l'instauration d'une réforme imaginée sous le précédent quinquennat, témoignent de ce risque politique majeur que constitue le prélèvement à la source. Une opinion publique qui a tardé à constater les effets des promesses présidentielles se retrouve alors face à l'inconnu de certaines situations et à l'effet psychologique majeur d'une baisse instantanée de revenus.

L'augmentation profite à l'ensemble des 19 millions de salariés du secteur privé en France. Mais, puisqu'elle est proportionnelle au salaire, plus le salaire est élevé, plus le gain est important, jusqu'à un certain seuil; au-delà de 33450 euros mensuels, un salarié ne versait plus les cotisations chômage alors qu'il est impacté par la CSG. Un salarié payé au SMIC, a vu son salaire augmenter de 7,40 euros par mois au début de l'année puis de 21,40 euros par mois, après octobre. Pour un salaire de 3 500 euros brut, le gain est d'environ 52 euros par mois.

Des catégories exclues

La réforme fiscale liée à l'augmentation de la CSG ne se traduit pas par une hausse du pouvoir d'achat pour tous les Français puisqu'une partie d'entre eux ne versent pas les cotisations chômage et maladie.

C'est d'abord le cas des 5,5 millions de fonctionnaires qui voient, avec la mesure, leur pouvoir d'achat stagner. Puisqu'ils s'acquittent de la CSG au même taux que les salariés du privé, le gouvernement a prévu un mécanisme compensatoire pour éviter que leur salaire ne baisse. La contribution exceptionnelle de solidarité au taux de 1 %, spécifique aux fonctionnaires, est supprimée alors qu'une indemnité compensatrice compense la perte nette.

D'autres catégories se retrouvent exclues de la réforme. Les indépendants ne versent pas de cotisations chômage. Le gouvernement a donc prévu pour eux des allégements sur d'autres charges. Les artistes et auteurs ont également obtenu une compensation puisque les droits d'auteur ne sont pas concernés par l'assurance chômage. Pourtant, pour ces différentes catégories, la réforme ne se traduit pas par une hausse de leur pouvoir d'achat.

Attention

Les grands perdants de la réforme sont en revanche les retraités. Au nom de « la solidarité intergénérationnelle » chère à l'actuelle majorité, une partie des retraités subit la hausse de la CSG sans obtenir en retour de compensation directe. Cela concerne environ 8 millions de personnes sur les 14 millions de retraités français puisque le gouvernement a prévu une modulation du taux pour les célibataires gagnant moins de 1 200 euros de revenus par mois et pour les couples gagnant moins de 2 000 euros de revenus par mois. La suppression progressive de la taxe d'habitation ou la hausse du minimum vieillesse sont souvent mises en avant par les députés de la majorité pour défendre une hausse du pouvoir d'achat, même pour les retraités. Cependant, une grande partie d'entre eux restent perdants de ces réformes.

La protection sociale en jeu

Cette bascule fiscale vise à repenser le financement de notre modèle social. Par rapport aux cotisations chômage et maladie, la CSG a une assise beaucoup plus large. Son augmentation est pensée comme un moyen de réduire le coût du travail et d'encourager les embauches.

Elle a été mise en place en 1990 pour offrir une nouvelle source de financement de la protection sociale alors que les comptes étaient déjà largement déficitaires. Son assiette est très large puisqu'elle repose sur les revenus d'activité, mais également sur l'ensemble des revenus de remplacement (pensions de retraite, allocations-chômage...), les revenus du patrimoine, les revenus de placement ou encore les sommes engagées ou redistribuées par les jeux.

L'essentiel

Alors que le taux originel de la CSG était de 1,1 %, il a été progressivement augmenté pour atteindre 9,9 % sur les revenus du patrimoine et de placement, 9,5 % sur les sommes engagées dans les jeux d'argent, 9,2 % sur les revenus d'activité et 8,3 % sur les pensions de retraite. Elle rapporte ainsi chaque année près de 100 milliards d'euros, soit davantage que les 70 milliards d'euros engrangés par l'impôt sur le revenu.

Cette mesure participe d'une universalisation progressive du financement de la Sécurité sociale, à l'œuvre depuis sa création. À mesure de l'extension à tous de la protection sociale, que le gouvernement veut prolonger en élargissant aux indépendants et aux démissionnaires l'assurance chômage, de nouvelles sources de financement doivent être trouvées pour maintenir le système.

Conséquence de la bonne santé économique et des mesures draconiennes de restrictions budgétaires imposées ces dernières années, le budget prévisionnel de la Sécurité sociale pour 2019 est annoncé avec un excédent de 700 millions d'euros, pour la première fois depuis 2001. Néanmoins, le gouvernement a déjà prévenu ; cette bonne nouvelle ne permettra pas de faire cesser les réformes actuelles, en particulier le gel des pensions de retraite et des allocations familiales.

Le saviez-vous ? LA SÉCURITÉ SOCIALE, UNE VIEILLE BRANCHE

Alors que les pensions ont été inventées dès l'Ancien Régime, (notamment pour les marins dès 1673), que les assurances sociales ont nettement progressé dans l'entre-deux-guerres, ce sont les ordonnances d'octobre 1945 qui donnent naissance à la Sécurité sociale, symbole d'un État providence. Quatre grandes branches sont alors créées pour faire face aux accidents du travail, aux retraites, à la famille et à la maladie. Dès l'origine, les accidents du travail et les retraites relèvent d'un système paritaire ; ils sont financés intégralement par des cotisations prélevées sur les salaires. En revanche, la famille et la maladie s'universalisent progressivement puisque le financement ainsi que les prestations ne dépendent pas de l'appartenance professionnelle. L'assurance chômage est gérée depuis 1958 par l'Unedic, un organisme indépendant de la Sécurité sociale. Un cinquième risque est envisagé pour financer la perte d'autonomie des personnes âgées.

Fiche 56 : Réduire le rôle de l'État actionnaire pour lutter contre la dette

Outre la baisse des cotisations, figurent également en bonne place dans le panthéon des réformes néolibérales classiques les privatisations d'entreprise. Elles permettent de libéraliser l'économie tout en dégageant des ressources alors que depuis 1974, la France a enchaîné les budgets déficitaires.

Le retour à une maîtrise des finances publiques

Les dettes de l'État se sont considérablement creusées depuis quelques décennies, passant de 20 % du PIB en 1980 à 97 % aujourd'hui, à tel point que le paiement des intérêts pour financer le déficit représente aujourd'hui le quatrième poste de dépenses de l'État. Cependant, la France est en passe de sortir de la procédure pour déficit excessif ouverte contre elle en 2009 par la Commission européenne, pour non-respect des critères de Maastricht.

Chaque année, la France creuse sa dette, l'ensemble des engagements financiers de l'État et des établissements publics, par des déficits chroniques, alors que les dépenses sont systématiquement supérieures aux recettes. Le premier objectif est ainsi de réduire les déficits en atteignant l'équilibre structurel pour parvenir dans un deuxième temps à combler la dette.

L'essentiel

Fin 2017, la dette publique atteint 2 218 milliards d'euros, ce qui représente 97 % du PIB, soit plus de 33 000 euros par habitant. Cependant, la situation des finances publiques s'est améliorée. Le déficit public a été réduit à 2,6 % du PIB en 2017 contre 3,4 % en 2016. Il est, pour la première fois depuis 2007, passé sous le seuil symbolique des 3 %. La France peut ainsi envisager une sortie de la procédure européenne de déficit excessif, si elle réitère cette maîtrise des dépenses publiques, car l'Union européenne impose d'enregistrer deux années de suite un déficit inférieur au seuil des 3 %, en vertu du Pacte de stabilité et de croissance.

Cette thématique de la maîtrise des dépenses publiques occupait une grande place lors de la campagne électorale de 2017. François Fillon avait fait parler de lui dix ans plutôt en déclarant être « à la tête d'un État qui est en situation de faillite sur le plan financier. » Le défaut partiel de la Grèce en 2012 avait fait craindre une crise financière globale de toute la zone euro. La réduction des dépenses publiques s'est désormais imposée comme une antienne de la vie politique. Cependant, la dette de l'État ne prend pas en compte les avoirs financiers détenus par les administrations publiques ainsi que le patrimoine non financier dont la valeur dépasse largement celle de la dette brute.

DES CONTRAINTES EUROPÉENNES POUR UNE MAÎTRISE DE LA DETTE

Le saviez-vous

En prévision de la mise en place d'une monnaie commune, l'Union européenne impose à ses membres une maîtrise du déficit et de la dette depuis 1992. L'instauration de l'Union économique et monétaire (UEM) par le traité de Maastricht détermine cinq critères de convergence dont deux concernent les finances publiques ; le déficit ne doit pas dépasser 3 % du PIB alors que la dette doit être inférieure à 60 % du PIB. Cette coordination des politiques budgétaires a été précisée en 1997 par le Pacte de stabilité et de croissance puis en 2013 par le Pacte budgétaire européen. Les États européens doivent ainsi présenter chaque année au conseil des ministres un programme de stabilité dans lequel ils communiquent leurs prévisions de croissance et de politique budgétaire pour un horizon de trois ans.

Pour la première fois de son histoire, la Commission européenne a rejeté le budget italien en octobre 2018 face à l'intransigeance du gouvernement populiste. Il refuse en effet de poursuivre les politiques d'austérité imposées pour réduire le déficit. L'Italie a l'une des dettes les plus élevées au monde (131,2 % du PIB en 2017), soit la deuxième pour la zone euro, derrière la Grèce.

Attention

Ce sous-investissement est régulièrement dénoncé, notamment en Italie où il est accusé d'avoir causé un drame national à Gênes. La chute du pont Morandi le 14 août 2018 – qui a causé la mort de 43 personnes – a donné lieu à une prise de conscience des limites d'une politique de négligence et d'austérité. Les défaillances de maintenance en dépit des fragilités connues témoignent de cette paralysie des politiques européennes en matière d'investissement.

De nouvelles privatisations

Outre la réduction des dépenses publiques, les gouvernements successifs ont recours à des privatisations en vue de limiter le déficit. Elles permettent à la fois de répondre à une conception restrictive du rôle de l'État dans l'économie et de remplir ses caisses, sans faire face à l'opposition du pays. En 1982, le secteur public représentait ainsi 23 % du PIB et 9 % de la population active, après trois grandes vagues de nationalisation, précédant un changement de cap, acté en 1986.

Pendant une grande partie du XXe siècle, la France a ainsi accru le périmètre du secteur public d'entreprise. En 1937, le Front populaire donnait naissance à la SNCF après la nationalisation des chemins de fer. Au lendemain de la Seconde Guerre mondiale, une vague de nationalisation, annoncée dans le programme du Conseil national de la résistance, permettait à l'État de mettre la main sur les industries du gaz et de l'électricité, le charbon, les banques, le transport aérien ou encore une trentaine de compagnies d'assurances. L'arrivée de la gauche au pouvoir en 1981 inaugurait un troisième moment d'interventionnisme étatique avec les nationalisations de nombreuses banques et de grands groupes industriels.

Depuis 1986 et l'arrivée au pouvoir de Jacques Chirac lors de la première cohabitation, les gouvernements de droite comme de gauche ont poursuivi au contraire des programmes de privatisation. En 1987, la Société Générale ou Paribas retrouvaient le secteur privé en même temps que TF1. Depuis, le rythme des privatisations s'est accéléré en fonction de cession totale ou partielle dans l'industrie (Renault, 1990), les télécommunications (France Telecom en 1997), la banque (le Crédit lyonnais en 1999), les transports (Air France en 1999) ou encore l'énergie (GDF-Suez en 2008).

L'État envisage désormais de poursuivre ses privatisations avec l'instauration des radars embarqués confiés à des opérateurs privés, l'ouverture du capital de la Française des jeux et d'Engie ou encore la privatisation d'Aéroports de Paris (ADP) prévue par la loi pour l'activité et la croissance des entreprises (PACTE). Officiellement, ces cessions d'actifs doivent permettre d'alimenter les fonds pour l'innovation, notamment gérés par la Banque publique d'investissement (BPI), afin de concentrer les moyens dans les secteurs les plus novateurs.

Le saviez-vous

UNE MEILLEURE LUTTE CONTRE LA FRAUDE FISCALE

La lutte contre la fraude fiscale est une autre piste majeure envisagée par les gouvernements successifs pour tenter de ramener à l'équilibre les budgets. La fraude fiscale représente un manque à gagner estimé entre 60 et 80 milliards d'euros par le Syndicat des finances publiques solidaires. Jusqu'alors, l'administration fiscale disposait du monopole des poursuites pour fraude. Les parlementaires ont acté à l'automne la fin du « verrou de Bercy » en instaurant un mécanisme de transmission automatique à la justice des plus gros dossiers pour cibler les principaux fraudeurs et améliorer le taux de recouvrement de l'impôt.

Fiche 57 : La sélection à l'université : une compétition scolaire ?

L'introduction de la sélection à l'université a donné lieu à un mouvement social d'ampleur alors que les détracteurs craignent l'instauration d'une compétition scolaire, à l'instar de celle que l'on retrouve dans d'autres systèmes éducatifs. Afin de faire accepter cette réforme et de juguler le mouvement social, le gouvernement a mobilisé de nombreuses ressources.

À méditer

DES YOUTUBEURS EN RENFORT

Pour sensibiliser les jeunes à la réforme, les équipes de communications du ministère de l'Éducation nationale ont fait appel à une dizaine d'influenceurs à forte audience. Contre une rémunération de 3 000 à 8 000 euros par vidéo, les youtubeurs ont dû respecter les consignes du ministère pour faire passer le message, tout en essayant de conserver la tonalité qui leur est propre. Ces vidéos doivent à la fois assurer une meilleure connaissance des réformes et donner une image plus moderne du ministère. À en croire les commentaires des *followers*, cette collaboration avec le ministère de l'Éducation nationale laisse sceptiques les adeptes des vidéos en ligne.

Un nouveau baccalauréat

La réforme de l'entrée à l'université s'accompagne d'une refonte du baccalauréat. Depuis 1808 et son instauration en tant que grade d'État, le baccalauréat a longtemps résisté à cette volonté de changement ; Émile Combes, Michel Debré, Claude Allègre ou encore François Fillon ont essayé, en vain, de réformer cet examen national. Si le contexte semble plus favorable à la réforme, la mise en place du nouveau baccalauréat ne se fait pas sans réticence de la part de la communauté éducative.

Le traditionnel examen de fin d'année qui consiste en une dizaine d'épreuves faisant l'objet d'une correction par académie devrait disparaître en 2021 pour laisser la place à un examen renouvelé. La moyenne finale sera établie en fonction de cinq épreuves écrites et un oral qui compteront pour 60 % de la note, de partiels semestriels à hauteur de 30 % et d'une note définie à l'échelle de l'établissement en fonction des résultats scolaires pour les 10 % restants. La simplification devait pourtant guider la réforme.

Les filières générales sont amenées à disparaître pour laisser la place à des parcours plus individualisés en fonction de disciplines de spécialité choisies par les élèves. Le français reste évalué à l'écrit et à l'oral en fin de classe de première. Deux épreuves de spécialité doivent être organisées après les vacances de printemps afin de pouvoir jouer un rôle dans l'orientation via Parcoursup. Une épreuve de philosophie sera organisée fin juin, de même qu'un oral qui reprend globalement le fonctionnement des travaux pratiques encadrés (TPE) actuels.

Pour garantir une dimension nationale à ce baccalauréat nouvelle génération, les sujets des partiels organisés dans l'établissement seront puisés dans une banque nationale. Néanmoins, les copies seront corrigées à l'échelle de l'établissement, alors qu'aujourd'hui elles sont brassées pour garantir une meilleure homogénéité.

Le saviez-vous

UN GRAND ORAL ?

Pierre Mathiot, auteur du rapport sur la réforme du baccalauréat, préconisait un grand oral sur le modèle du *colloquio* italien, mais les premiers projets d'arrêtés relatifs au nouveau lycée donnent à cet oral terminal une ampleur beaucoup plus limitée. En Italie, le *colloquio* forme une des quatre épreuves de l'*esame di maturità* et compte pour 30 % de la note. Le lycéen doit présenter un mémoire sur un sujet pluridisciplinaire face à un jury composé de sept personnes (trois professeurs de l'établissement, trois professeurs extérieurs et un président de jury). L'épreuve dure une heure, ce qui en fait la plus redoutée des épreuves du baccalauréat italien. Tel que défini dans les premiers textes, l'oral terminal doit durer 30 minutes et correspondre à une présentation de 20 minutes d'un projet interdisciplinaire mêlant les deux disciplines de spécialité choisie par l'élève, suivie de 10 minutes de questions-réponses face à trois enseignants.

La réforme de l'accès à l'université

La réforme de l'accès à l'université doit garantir une meilleure orientation à la sortie du lycée. En vertu de la loi ORE (Orientation et réussite des étudiants), un processus de sélection des étudiants est instauré pour l'entrée en université dans le but de limiter l'échec en licence ; seuls 27 % des bacheliers réussissent aujourd'hui leur licence en trois ans.

La plate-forme d'orientation Admission post-bac (APB) a été remplacée au profit de Parcoursup après la multiplication des critiques à son encontre, en particulier au sujet du tirage au sort pratiqué dans les filières les plus sélectives. Les élèves formulent jusqu'à 10 vœux lors de leur année de terminale, auxquelles doivent répondre les différentes formations envisagées. Si nécessaire, ces formations doivent mettre en place des commissions pour évaluer les élèves afin de les départager. L'algorithme de Parcoursup se charge de rétablir davantage d'équité en garantissant un taux minimum d'élèves boursiers et un taux maximum de non-résidents afin de favoriser les étudiants issus de la zone géographique de la formation demandée.

Chaque formation est libre de fixer les modalités de sélection. La plupart ont opté pour les notes de première et de terminale, établissant la plupart du temps une pondération spécifique pour sélectionner les profils les plus aptes à réussir. Dans les filières sélectives, des lettres de motivation, voire des CV, pouvaient être demandés, même si leur examen n'a semble-t-il que très rarement été au cœur du processus de sélection.

Attention

Pour sa première année, le dispositif a fait l'objet de nombreuses critiques portant sur le principe général ou sur les modalités concrètes. Alors que les vœux n'étaient pas hiérarchisés, les établissements d'enseignement supérieur ont dû examiner en moyenne sept vœux pour chacun des 890 000 lycéens et candidats en réorientation. La moitié des élèves se sont retrouvés en attente à l'issue des premières réponses proposées par Parcoursup, ce qui a pu provoquer un stress supplémentaire lors de leur préparation au baccalauréat.

À méditer

DES BLOCAGES CONTRE LA SÉLECTION

Afin de défendre la liberté d'accès aux études supérieures pour tous les lycéens titulaires du baccalauréat, de nombreux établissements d'enseignement supérieur ont été bloqués par des mouvements étudiants, parfois soutenus dans certaines universités par les professeurs. Les forces de police sont intervenues, notamment à Nanterre, qui se rêvait en fer de lance de la contestation, cinquante ans après mai 68. Ces mouvements ont parfois empêché la tenue des examens, ce qui a conduit certaines facultés à opter pour des devoirs à distance. Les présidents d'université ont largement soutenu la réforme, afin de substituer à une sélection par l'échec, une orientation plus ciblée garantissant de meilleures chances de réussite.

Bien éloignés de ces débats, 4 500 étudiants ont bénéficié du statut d'étudiants-entrepreneurs et d'un accompagnement dans les pôles étudiants pour l'innovation, le transfert et l'entrepreneuriat (Pépite), depuis 2014. Cet engouement traduit un changement d'image qui accompagne la mutation du vocable. Le patron est devenu un entrepreneur. La très petite entreprise reçoit quant à elle le doux nom de start-up.

Une forte attraction pour la création d'entreprise

Les Français sont en passe d'abandonner le rapport ambivalent qu'ils entretenaient à l'égard de l'entrepreneuriat. La France envoie ainsi le troisième contingent le plus important au Consumer Electronics Show (CES) de Las Vegas derrière les États-Unis et la Chine. C'est également dans notre pays que l'on trouve le plus gros incubateur de start-up au monde, la Station F, créée par Xavier Niel dans la halle Freyssinet, en juin 2017.

Les pouvoirs publics encouragent la dynamique depuis 2009 avec l'ouverture du statut d'auto-entrepreneur, devenu en 2014 micro-entrepreneur. Bénéficiant d'une simplification des démarches administratives et d'un abaissement de charges, l'entrepreneur peut désormais se consacrer davantage au développement de son activité. Même s'il est moins attractif aujourd'hui, ce statut avait attiré 600 000 personnes la première année.

Depuis 2014, les étudiants peuvent bénéficier de l'aide du réseau Pépite pour devenir entrepreneurs. Les diplômés conservent ainsi les avantages sociaux étudiants pendant un an et reçoivent un accompagnement de la part d'un enseignant et d'un professionnel.

Plus généralement, l'écosystème de soutien aux entreprises a été amélioré par plusieurs réformes destinées à réduire les coûts de production. Le Pacte national pour la croissance, la compétitivité et l'emploi de 2012 a défini une baisse des charges. Les réformes du Code du travail de 2016 et 2017 ont introduit davantage de flexibilité pour encourager l'emploi.

L'essentiel

La France compte désormais 3 millions d'indépendants selon l'INSEE, même si cette catégorie rassemble des statuts très divers. L'immense majorité des chefs d'entreprise sont à la tête de très petites entreprises (TPE) qui accueille pour la plupart un seul salarié ; seulement 130 000 chefs d'entreprise dirigent une société de plus de 10 salariés. La dynamique est plutôt bonne. En 2017, 591 000 entreprises ont été créées pour 54 000 défaillances, 40 % de ces unités prenant la forme d'une micro-entreprise.

Quelques success-stories, beaucoup d'échecs

Loin de demeurer une terre aride pour la création d'entreprise, la France est-elle pour autant devenue une « *start-up nation* » ? Quelques réussites récentes entretiennent la flamme des créateurs d'entreprises. Dans la fintech notamment, ou technologie financière, les cagnottes en ligne de Leetchi créées en 2009 par Céline Lazorthes ont été rachetées en 2015 par le Crédit Mutuel Arkéa à hauteur de 50 millions d'euros pour 86 % du capital. En 2017, BNP Paribas a racheté plus de 95 % du Compte-Nickel lancé en 2014 pour offrir la possibilité d'un compte bancaire sans banque, pour un montant supérieur à 200 millions d'euros.

Cependant, pour la plupart des entrepreneurs, l'expérience s'avère plus difficile qu'il n'y paraît, même si les créateurs d'entreprises peinent à communiquer sur les difficultés de financement, les problèmes de ressources humaines ou encore les défauts de paiement des clients qui peuvent être fatals pour des entreprises souvent fragiles. Pôle Emploi reste ainsi la plupart du temps le premier financeur des start-up avant d'éventuelles levées de fonds.

Attention

Une grande partie des entreprises ne survivent pas. Trois ans après leur enregistrement, seul un tiers des micro-entreprises sont encore actives. Selon l'enquête Acoss Stat n° 265 de janvier 2018, sur les 1197000 micro-entrepreneurs enregistrés, à peine plus de la moitié, soit 686000, déclarent un chiffre d'affaires positif. Un tiers des créateurs d'entreprises maintiennent une activité salariée en parallèle, tant les revenus tirés de la micro-entreprise sont souvent faibles, 440 euros en moyenne pour les derniers chiffres datant de 2013.

Cependant, en dépit des difficultés, beaucoup d'entrepreneurs restent motivés par le projet, souvent pensé comme une étape dans une carrière de moins en moins linéaire. La plupart des candidats retrouvent du travail en cas d'échec, car l'expérience entrepreneuriale est valorisée par les employeurs.

Le saviez-vous

XAVIER NIEL, UN ENTREPRENEUR À SUCCÈS

Le fondateur du groupe Iliad, maison mère de Free, dont la fortune est estimée à plus de 9 milliards d'euros, peut être considéré comme le modèle de l'entrepreneur français tant sa réussite est grande depuis ses premières années dans le Minitel rose. Il cherche par ailleurs à encourager la dynamique entrepreneuriale. En 2013, Xavier Niel a créé l'école 42 pour repenser le système éducatif français. Par des tests d'entrée en ligne puis dans la « piscine », les étudiants sont sélectionnés avant d'être formés par un processus innovant. Contrairement aux écoles classiques, il n'y a ni cours magistraux, ni professeur, ni emploi du temps, mais une série de projets à réaliser pour obtenir à la fin de la scolarité le niveau 21. En 2017, l'entrepreneur touche-à-tout a ouvert en plein cœur de Paris un immense campus pour start-up pour imaginer le monde de demain. De la même manière que l'école 42, le campus est ouvert sept jours sur sept, 24 heures sur 24 afin d'offrir aux candidats entrepreneurs les meilleures conditions pour suivre les pas du fondateur.

Fiche 59 : La toute-puissance des GAFA

Dans une période pas si lointaine, Barack Obama raillait la volonté de l'Union européenne de réguler les activités des grandes entreprises du numérique, souvent rassemblées dans l'acronyme GAFA pour Google, Apple, Facebook et Amazon. La capitalisation boursière de deux de ces entreprises, Apple puis Amazon, dépasse désormais les 1 000 milliards de dollars. Pourtant, les Européens sont parvenus à s'accorder sur l'instauration d'une taxe numérique tout en contrôlant plus strictement les données personnelles collectées par ces entreprises.

Une stratégie d'évitement de l'impôt

Les grandes entreprises du numérique semblent parfois au-dessus des États. En dépit de leurs bénéfices colossaux, elles parviennent à limiter leur imposition grâce aux paradis fiscaux. Les mécanismes sont connus, mais les désaccords entre États ont jusqu'à maintenant empêché l'instauration de règles plus strictes en matière de fiscalité pour les GAFA.

L'essentiel

D'après les données de la Commission européenne, le taux d'imposition sur le bénéfice des grandes entreprises du numérique est en moyenne de 9 % alors que les entreprises traditionnelles sont soumises à une fiscalité moyenne de 20 %. Pour pratiquer l'optimisation fiscale, les GAFA transfèrent leurs bénéfices dans des pays où la fiscalité est plus avantageuse. Pourtant membres de l'Union, l'Irlande ou le Luxembourg imposent ainsi une concurrence à leurs partenaires pour accueillir chez eux les sièges sociaux des filiales des GAFA.

Des montages financiers complexes permettent d'échapper à l'impôt. Alphabet Inc., la maison-mère de Google, a ainsi profité du « sandwich néerlandais » pour éviter de verser des milliards de dollars aux États. Ces mécanismes sont beaucoup mieux connus depuis les *Paradise papers*, une grande enquête internationale sur l'évasion fiscale menée depuis 2016. La première étape passe par le transfert des revenus de la filiale irlandaise vers une société-écran aux Pays-Bas. Un deuxième détour par les Bermudes permet ensuite de bénéficier d'une fiscalité nulle. D'après les données collectées par les spécialistes de l'évasion fiscale, chaque Bermudien rapporte ainsi à Google de 160 000 dollars de bénéfices par an alors que l'entreprise n'a aucun employé sur cet archipel d'Amérique du Nord.

40 % des bénéfices des multinationales transiteraient ainsi vers les paradis fiscaux. Cette stratégie profite largement aux multinationales, mais elle permet également d'enrichir les États qui mettent en place des régimes fiscaux dérogatoires. Grâce à une fiscalité sur les entreprises de 12,5 % contre 20 % en moyenne, l'Irlande a pu faire exploser ses recettes fiscales.

Les revenus importants générés par ce dumping fiscal lui permettent de se montrer complaisante à l'égard des montages financiers conduisant à l'évasion fiscale. Le manque à gagner s'élèverait à 60 milliards d'euros par an à l'échelle de l'Union et à plus de 10 milliards pour la France.

À méditer

QUAND AMAZON IMPOSE SES DIRECTIVES AUX TERRITOIRES

Pour s'opposer à l'instauration d'une nouvelle taxe sur les grosses sociétés imaginées pour financer le logement social et l'aide aux SDF, Amazon a décidé de suspendre ses projets de développement à Seattle, au nord-ouest des États-Unis. Jusqu'alors, les relations étaient très bonnes avec les autorités municipales de la ville qui a vu naître l'entreprise. Mais Jeff Bezos, le patron d'Amazon qui y emploie plus de 45 000 salariés, refuse de se soumettre à cette *Amazon tax*. Pour les autorités municipales, c'est un juste retour des choses puisqu'elles considèrent Amazon comme responsable de la hausse des prix de l'immobilier. L'entreprise a annoncé qu'elle renonçait à la construction d'une nouvelle tour, en lançant par ailleurs un appel aux autres villes d'Amérique du Nord pour l'accueillir. De nombreuses villes se sont portées candidates pour cette compétition ; elles n'hésitent pas à se montrer accommodantes au niveau fiscal tout en promettant de gros investissements en matière d'urbanisme et de transport public.

Une volonté mondiale de reprise en main

Le ciel bleu qui a accompagné l'essor des grandes entreprises du numérique dans un contexte ultralibéral semble pour l'heure s'assombrir. Les principaux acteurs de la gouvernance internationale s'accordent sur l'idée d'une nécessaire régulation des GAFA pour qu'elles n'échappent pas totalement à leur contrôle.

Aux États-Unis, Donald Trump s'en prend régulièrement à ces stratégies d'évasion fiscale. Ses attaques ciblent principalement le leader mondial du commerce en ligne, Amazon. Le président des États-Unis lui reproche de ne pas contribuer suffisamment aux recettes fiscales, de provoquer la faillite de la poste américaine et d'être à l'origine de la fermeture de milliers de magasins. Un tweet très critique et des rumeurs d'encadrement du commerce en ligne ont fait dévisser l'action de plus de 15 % entre le 20 mars et le 2 avril 2018, avant que le titre ne se reprenne. Cependant, c'est également un moyen pour Donald Trump de s'en prendre au *Washington Post*, racheté par Jeff Bezos en 2013.

De l'autre côté de l'Atlantique, la France défend ardemment l'instauration d'une taxe numérique. Elle a obtenu le soutien de plusieurs pays européens parmi lesquelles l'Allemagne même si d'autres refusent catégoriquement le principe. La Commission européenne souhaite ainsi modifier la fiscalité sur les entreprises pour ne plus faire peser uniquement l'impôt sur la localisation de la société, mais également sur la « présence numérique ». Une taxe provisoire de 3 % des bénéfices tirés de la monétarisation des données personnelles à des fins publicitaires a été décidée en attendant une réforme fiscale d'envergure. Si l'Europe reste un nain de l'économie numérique, elle demeure le premier marché du monde pour ces technologies.

Le saviez-vous

LA TOURNÉE D'EXCUSES DE ZUCKERBERG, UNE REVANCHE DE L'EUROPE

À la suite du scandale Cambridge Analytica, le patron de Facebook, Mark Zuckerberg a été auditionné devant le Sénat américain puis le Parlement européen. Si les mots du PDG de Facebook étaient largement attendus, dans la tradition des excuses publiques américaines, cet exercice peut être interprété comme une revanche du Vieux Continent face aux États-Unis.

En 2017, Barack Obama dénonçait la volonté européenne de contrôler les GAFA comme un moyen de brider leur avance technologique face à l'incapacité des sociétés européennes d'innover dans le domaine. Quelques mois plus tard, l'ambiance a bien changé et les États-Unis eux-mêmes considèrent la nécessité d'un encadrement des pratiques des GAFA.

Fiche 60 : La *blockchain* et les nouveaux mécanismes de la confiance

Après la substitution du troc par l'or, l'introduction des billets et de la fiduciarisation de l'économie, les écritures informatiques sont en passe d'être remplacées à leur tour par une nouvelle technologie révolutionnaire en matière de transactions financières : la *blockchain*. L'invention des cryptomonnaies et de la « chaîne de blocs » pourrait bien révolutionner notre quotidien, à l'instar des changements introduits depuis les années 1990 par la révolution de l'Internet.

Décentralisation et transparence

Les économistes ultralibéraux en avaient rêvé. La *blockchain* l'a rendu possible. Grâce à elle, le monde est devenu une chaîne de partage de la puissance informatique, se passant de tout contrôle centralisé. Après la crise de 2007 qui a mis en évidence la défaillance des États et des banques centrales dans la gestion de l'économie mondiale, cette nouvelle technologie consiste à sécuriser les échanges dans des chaînes de blocs validées par des équations mathématiques.

De nouveaux réseaux financiers ont vu le jour, en dehors des acteurs historiques. Ils opèrent actuellement de manière transparente et décentralisée puisque la *blockchain* rend possible un traçage des données sans recours à une autorité centrale. Grâce à elle, toutes les transactions sont enregistrées dans une mémoire interne cryptée, présentée comme infalsifiable. Ce nouveau système de transactions en pair à pair fait reposer la confiance sur un mécanisme inédit. Puisque chaque participant possède sur son ordinateur sa propre copie, il est impossible de supprimer ou de modifier une donnée écrite sur la *blockchain*.

L'essentiel

C'est le bitcoin, inventé en 2009 par Satoshi Nakamoto, dont on ne sait absolument rien, qui a utilisé pour la première fois cette technologie. À l'origine, les ordinateurs des particuliers permettaient de valider et de sécuriser les échanges dans des *blockchains*, partagées par les utilisateurs. L'ordinateur le plus rapide pour effectuer le calcul de cet algorithme cryptographique reçoit une rémunération de 12,5 bitcoins par bloc.

L'activité est aujourd'hui devenue industrielle. Elle porte le nom de « minage » et prend place dans des vastes fermes installées dans le monde entier. Plus le nombre de transactions augmente, plus les calculs nécessitent des serveurs puissants. Les mineurs doivent résoudre un problème informatique pour vérifier que les transactions arrivant sur la *blockchain* sont valides et ainsi ajouter un nouveau bloc.

Le saviez-vous

UN BILAN CARBONE TRÈS LOURD

L'impact environnemental de ce système de cryptage lui vaut de nombreuses critiques. D'après une étude menée par le site Digiconomist, l'énergie consommée pour le réseau bitcoin dépasse celle de la Nouvelle-Zélande ; les transactions enregistrées en 2017 sur ce seul réseau auraient permis de fournir de l'électricité à plus de 2,2 millions de foyers américains. Une grande partie des fermes de minage sont situées en Chine alors que l'électricité y est massivement produite grâce au charbon. Grâce à son potentiel géothermique et ses faibles températures, l'Islande cherche à devenir un acteur majeur du minage en attirant les fermes par une énergie bon marché et un refroidissement gratuit des appareils.

Une cryptomania

Cette nouvelle technologie a suscité un engouement digne de la ruée vers l'or. Les cryptomonnaies sont devenues des outils de spéculation dans le cadre d'une « gamification » de la finance. Elles subissent des fluctuations folles alors qu'elles n'ont aucune valeur intrinsèque ; entre janvier et décembre 2017, le cours du bitcoin a été multiplié par 20, frôlant avec les 20 000 dollars. Les cryptomonnaies ne sont pourtant rien d'autre qu'un code informatique, inviolable et individualisé, auquel ne correspond aucune réalité économique. Cependant, leur nombre est limité à 21 millions et ils peuvent être créés dans le monde entier ; 16,7 millions de bitcoins étaient en circulation au 1er janvier 2018.

Attention

Les doutes planent encore pour savoir s'il s'agit d'une véritable révolution du système financier ou de la réalisation du pari *greater fool theory*, selon lequel il y aura toujours plus fou que soi pour mettre un prix supérieur à celui que l'on a mis. En France, l'Autorité des marchés financiers (AMF) a qualifié le bitcoin d'« illusion dangereuse », n'hésitant pas à recadrer publiquement Nabilla qui conseillait à ses *followers* d'investir dans la cryptomonnaie.

Malgré les doutes, les investisseurs institutionnels suivent de près cette innovation. La Bourse de Chicago commercialise un contrat à terme indexé sur le bitcoin. La Bourse australienne est la première au monde à passer à la *blockchain* pour ses échanges d'actions. De nombreuses banques à l'instar de Goldman Sachs et même des banques centrales suivent de près cette nouvelle technologie.

VITALIK BUTERIN, LA BONNE FORTUNE D'UN GEEK

À méditer

Alors que le mythique fondateur du bitcoin reste inconnu, l'inventeur de l'ether, une cryptomonnaie concurrente, assume pleinement sa célébrité. Il donne des conférences dans le monde entier pour faire la promotion de l'ether qu'il a inventé alors qu'il avait seulement 19 ans, en 2014. Sa reconnaissance est telle qu'il a été invité à rencontrer Vladimir Poutine, en juin 2017. Il raconte à qui veut l'entendre qu'il a mis au point sa technologie après un événement traumatisant : un changement des règles du jeu de *World of Warcraft* sans consulter les joueurs, ce qui lui a permis de prendre conscience des « horreurs provoquées par les systèmes centralisés ».

Des applications nombreuses

La *blockchain* permet d'envisager une révolution bien plus large encore. En tant que banalisation de la preuve numérique de propriété et de sa gestion, elle est désormais appliquée dans de nombreux domaines. Elle permet de relier différents acteurs d'un même processus sans aucun recours à un tiers de confiance, ce qui laisse augurer l'instauration d'une infrastructure numérique de nouvelle génération.

N'importe quelles données peuvent ainsi être échangées de manière sécurisée dans le monde entier : des écritures financières, des contrats, des dossiers médicaux, des titres de propriété, des brevets ou encore des votes. Cette mémoire sécurisée est suivie de près par certains États comme l'Estonie qui cherche à l'appliquer à son administration en ligne. En faisant disparaître les intermédiaires et en accélérant le processus, la *blockchain* peut réduire les coûts des transactions.

Dans l'agroalimentaire, la *blockchain* offre un meilleur suivi de la traçabilité des denrées, du producteur au consommateur. Les géants de la grande distribution comme Walmart aux États-Unis, Carrefour en France et Alibaba en Chine expérimentent déjà le système. Le code inscrit sur le produit permet de renseigner sur le lieu de production d'un animal ou d'un fruit ; Walmart a ainsi déjà testé des *blockchains* pour assurer la traçabilité des dindes de la Thanksgiving.

Fiche 61 : Menaces sur le commerce mondial

Outre le fait qu'elle est une nouvelle illustration de la brutalité de Donald Trump en matière de négociation internationale, la décision des États-Unis de taxer les importations d'acier et d'aluminium fait craindre un virage protectionniste alors que les États-Unis sont parmi les pays les plus ouverts au monde.

Le spectre du protectionnisme

Face au système de ripostes et de contre-ripostes qui caractérisent les négociations commerciales, l'instauration de droits de douane supplémentaire de 25 % sur les importations d'acier et de 10 % sur celle d'aluminium par les États-Unis fait craindre une rupture avec le libre-échange. Au nom de son slogan, *America First*, et pour contenter ses partisans à l'approche des élections de mi-mandat, Donald Trump n'a pas hésité à menacer la relation de proximité qu'entretiennent les États-Unis avec leurs principaux partenaires, l'Europe, le Canada, le Japon, la Chine ou encore le Mexique.

L'essentiel

Afin de contourner les règles de l'Organisation mondiale du commerce (OMC), organe chargé de garantir le libre-échange dans le monde, le président des États-Unis a invoqué l'article 232 de la loi sur l'expansion commerciale de 1962, permettant de limiter l'importation de certains produits au nom de la sécurité intérieure. Il s'est en outre assuré de mettre hors d'état de nuire l'institution en s'opposant à la nomination de trois des sept juges de l'organe d'appel de l'OMC.

Face à une institution paralysée, le risque de représailles est grand alors que la plupart des pays visés ont adopté des sanctions directes à l'égard des produits américains. Le Mexique a décidé de taxer davantage certains métaux, mais aussi les fruits qu'il exporte massivement aux États-Unis. L'Europe a choisi de taxer les cigarettes, les jeans, le beurre de cacahuète ou encore les motos Harley Davidson.

Un isolement des États-Unis

Cependant, d'autres acteurs tentent au contraire de prendre le contre-pied de ce virage protectionniste opéré par la première puissance mondiale pour poursuivre l'approfondissement du libre-échange dans le monde. Le mouvement se poursuit alors que des grands accords commerciaux sont en cours de négociation, menaçant d'isolement les États-Unis. D'après le site Global Trade Alert, les mesures discriminatoires vis-à-vis du commerce ont diminué de moitié entre 2013 et 2017.

L'Union européenne tente de faire de ce climat tendu un avantage en endossant le rôle de thuriféraire de l'ouverture des marchés. En décembre 2017, elle est parvenue à finaliser un accord d'envergure avec le Japon. Elle se rapproche actuellement du Mexique et d'une grande partie de l'Amérique latine.

Onze pays de la zone Asie-Pacifique ont par ailleurs conclu début 2018 un partenariat de libre-échange transpacifique (TPP) alors que le retrait américain annoncé en janvier 2017 était présenté comme l'acte de décès de cette négociation commerciale. Des partenaires historiques des États-Unis, comme le Japon en Asie ou le Canada et le Mexique engagé avec les États-Unis dans l'ALENA depuis 1994, ont envoyé un message clair à Donald Trump.

Attention

Pour l'instant, la brutalité de Trump lui a permis de décrocher un compromis avec l'Union européenne et d'annoncer un accord de modernisation du traité de libre-échange nord-américain. Cependant, ces coups d'éclat diplomatiques contribuent à affaiblir l'économie américaine, à faire grimper le doute sur les marchés mondiaux et font craindre une rupture dans les équilibres internationaux. Adam Posen, président du très respecté Peterson Institute, a qualifié ces guerres commerciales d'« Afghanistan économique de Donald Trump ».

À méditer

LE RISQUE D'UN IMPACT NÉGATIF SUR L'ÉCONOMIE AMÉRICAINE

La hausse des droits de douane est présentée par l'actuel locataire de la Maison-Blanche comme un moyen de réduire le déficit de la balance commerciale des États-Unis tout en relançant l'activité dans certaines régions, notamment la Rust Belt, ancienne Manufacturing Belt sinistrée du nord-est des États-Unis. Ces mesures commerciales pourraient cependant se traduire par un impact négatif sur l'économie américaine. Alors que les affaires ont besoin de certitudes, le recul de l'indice mesurant la confiance des milieux d'affaires publié chaque trimestre par l'organisation patronale Business Roundtable traduit une dégradation du climat actuel. Les chefs d'entreprise craignent que cette guerre commerciale ne se solde par une hausse des prix pour les consommateurs et une augmentation des coûts pour les entreprises.

L'heure de l'affrontement avec la Chine ?

Depuis sa stratégie d'ouverture en 1979, la Chine a fait le choix de rester discrète, attendant dans l'ombre de combler son retard, avant de triompher sur ses rivaux. Désormais, deuxième puissance économique, avec un PIB équivalent à 60 % de celui des États-Unis, elle pourrait bien profiter de la guerre commerciale pour imposer une nouvelle guerre froide.

La Chine refuse pour l'heure de céder aux pressions américaines, contrairement aux autres partenaires à la recherche d'un compromis. Consciente de ses atouts, elle entend bien en profiter pour instaurer un nouvel ordre mondial. Les droits de douane imposés par les États-Unis devraient atteindre 25 % sur 200 milliards de produits importés de Chine, à compter de 2019. La Chine épuise également son arsenal commercial répressif et envisage de mettre la pression sur la dette américaine. Elle est en effet le premier créancier des États-Unis en détenant 5,6 % des 21 210 milliards de dollars de la dette américaine à la fin de l'année 2018. La Chine menace de vendre ses bons du Trésor, ce qui pourrait compliquer le financement du déficit des États-Unis alors que Trump a lancé un vaste programme de réductions fiscales.

Le saviez-vous

L'affrontement se prépare en réalité depuis plusieurs années désormais. Depuis 2015, la stratégie Made in China 2025 (MIC 2025) doit permettre une montée en gamme de l'industrie chinoise. Le pays multiplie par ailleurs les efforts diplomatiques pour faire rayonner son modèle dans le monde. La guerre commerciale n'est donc peut-être qu'un avatar d'une lutte bien plus globale pour le leadership mondial.

Chapitre 8
Des droits renforcés

DANS CE CHAPITRE :

» **Une meilleure protection des hommes et des animaux**

» **Les progrès de la cause féminine**

» **Repenser la relation avec le corps**

Pendant originel du libéralisme, le renforcement des droits connaît un progrès notable dans les démocraties libérales. Les citoyens se trouvent ainsi mieux protégés, au niveau social notamment, au regard d'une nouvelle directive sur les travailleurs détachés. Les droits individuels progressent ainsi dans toute une partie du monde.

Les principaux progrès se sont cristallisés autour du droit des femmes de la libre disposition du corps humain. L'affaire Weinstein et ses répercussions mondiales ont permis de lutter contre les violences faites aux femmes et de remettre en cause, du moins partiellement, le système de domination masculin qui prévaut dans la plupart des sociétés. L'obtention du droit à l'avortement en Irlande et les États généraux de la bioéthique en France ont rappelé la nécessité de se battre pour obtenir le droit de disposer librement de son corps. Dans le même temps, l'Inde décriminalise l'homosexualité, mais la condition féminine y demeure l'une des plus difficile au monde. De nombreux combats restent encore à mener, même si les débats s'éloignent parfois de la rationalité en la matière.

Face à ce mouvement de progrès des droits individuels, des résistances s'élèvent encore. Au nom de valeurs religieuses ou morales, une partie de la société française refuse la procréation médicalement assistée ou la gestation pour autrui. Aux États-Unis, c'est l'invocation même du droit qui permet de résister à la lutte contre les armes à feu. Les progrès des droits et l'émancipation des peuples qui en découle sont toujours le fruit de luttes profondes. Parmi les progrès à venir les plus révolutionnaires pour l'histoire de l'humanité, figure notamment la conquête des droits pour les animaux, même si cette fois le combat ne peut pas souffrir de l'accusation d'égoïsme.

Fiche 62 : Les travailleurs détachés, vers une uniformisation des droits

Alors que l'Europe est souvent critiquée pour ses prises de position libérales, le durcissement de la législation sur les travailleurs détachés obtenu en 2018, en grande partie grâce à l'action de la France, permet au contraire de construire un socle social. L'Europe peut ainsi mieux protéger ses salariés détachés tout en limitant la concurrence entre les systèmes sociaux de ses différents membres.

Une directive qui favorise le dumping social

Les travailleurs détachés dépendent d'une entreprise européenne qui les envoie périodiquement exercer leurs missions dans un autre État. Lors de la campagne présidentielle de 2017, Marine Le Pen et Jean-Luc Mélenchon avaient accusé Emmanuel Macron d'être favorable à ce système qui instaure une concurrence déloyale entre les salariés de différents pays.

L'essentiel

Actuellement, ils dépendent de la directive 96/71 du 16 décembre 1996. Dans son article 2, le travailleur détaché est défini comme « tout travailleur qui, pendant une période limitée, exécute son travail sur le territoire d'un État membre autre que l'État sur le territoire duquel il travaille habituellement ». La directive distingue trois motifs de déplacement. Le travailleur détaché peut répondre à un contrat conclu entre des entreprises de deux pays différents, il peut travailler dans une filiale du même groupe ou être détaché en vertu d'une activité de son entreprise dans un autre État.

En vertu de cette directive, la règle communautaire prévoit le respect du droit du travail du pays d'accueil, en matière de temps de travail, de conditions de travail ou de salaire. Cependant, les cotisations sociales sont versées dans le régime de l'État d'origine. Cette pratique peut ainsi donner lieu à un dumping social puisque le niveau de cotisations sociales est variable. Il s'établit autour de 45 % en France contre 13 % en Roumanie ou 21 % en Slovénie.

Outre ce différentiel sur le niveau des cotisations, ce système donne lieu à des fraudes. Certaines entreprises contournent les règles en vigueur pour rendre plus rentables encore ces transferts de salariés. Dans les cas les plus graves, les entreprises d'origine ne sont que des sociétés-écrans qui n'exercent aucune activité réelle dans le pays où elles sont déclarées.

Une Europe divisée

Depuis 2016, des négociations ont lieu entre les membres de l'Union européenne, mais les intérêts divergents ont longtemps entravé la perspective d'un accord. Un compromis a pu être trouvé en octobre 2017, se traduisant par un nouveau texte présenté en mars 2018 qui devrait entrer en vigueur en 2020. Ces délais illustrent bien la complexité des négociations.

L'essentiel

La France est le deuxième pays d'accueil de travailleurs détachés après l'Allemagne. En 2017, 516000 salariés détachés ont été déclarés, hors transport routier, alors que leur nombre était de 286000 en 2015. 27 % de ces salariés travaillent dans le secteur du bâtiment et des travaux publics et 25 % effectuent des missions de travail temporaire. Les Polonais et les Portugais représentent les premiers contingents de travailleurs détachés exerçant en France. En outre, notre pays est le troisième pays d'envoi de salariés détachés derrière la Pologne et l'Allemagne. Plus de 140 000 Français travaillent ponctuellement dans d'autres États de l'Union, principalement dans les pays frontaliers.

Les pays d'Europe centrale et orientale ont longtemps refusé une révision de la directive de 1996. Le système permet en effet de créer de l'activité pour leurs salariés et de rapporter des devises. De même, les négociations ont également achoppé avec les pays d'Europe du Sud, en particulier l'Espagne et le Portugal, à propos du transport routier. Ils ont d'ailleurs obtenu que cette question ne soit pas tranchée dans la nouvelle directive.

Vers de nouvelles règles plus strictes

La nouvelle directive prévoit une revalorisation salariale pour ces travailleurs afin de limiter les écarts entre salariés de différentes nationalités. Les entreprises ne seront plus tenues de les payer uniquement au salaire minimum en vigueur, mais de leur verser une rémunération équivalente à celle de leurs collègues, en fonction de leur niveau de qualification. Ce principe du salaire égal entre travailleurs détachés et travailleurs nationaux constitue le socle fondamental du nouveau texte.

De même, ils pourront bénéficier de conventions collectives alignées sur celles des travailleurs nationaux. Les entreprises devront donc leur verser des primes identiques à celles des autres salariés et ils pourront être défrayés de leur hébergement ou des transports.

La durée du détachement est également réduite. Selon la directive de 1996, le travailleur détaché peut effectuer une mission de 24 mois à l'étranger contre 12 mois, avec une prolongation possible jusqu'à 18 mois, dans le nouveau texte.

Ces nouvelles règles correspondent ainsi à la volonté de mieux protéger les salariés européens tout en préservant l'Europe de l'Ouest d'une concurrence déloyale.

Fiche 63 : Le débat autour des armes à feu aux États-Unis

Dans un autre registre, le débat autour des armes à feu aux États-Unis continue de se cristalliser autour du registre de la liberté. Alors que Barack Obama s'était engagé à réguler la liberté de circulation des armes à feu, aucune mesure n'a été adoptée lors de ses deux mandats. Les tueries de masse se poursuivent, mais l'engagement de Donald Trump en faveur du port d'armes ne permet pas d'espérer un meilleur encadrement.

Gun country

L'artiste plasticien Michael Murphy a intitulé ainsi son installation réalisée à partir de 130 armes factices représentant la carte des États-Unis. Si l'on en croit les statistiques, les États-Unis semblent bien être le pays des armes à feu.

Depuis 1791, l'article 2 de la constitution, considéré comme un texte sacré par la plupart des Américains, reconnaît cette liberté de détenir des armes. « Une milice bien organisée étend nécessaire à la sécurité d'un État libre, le droit qu'a le peuple de détenir et de porter des armes ne sera pas transgressé. » Même si les législations à l'échelle des États imposent certaines conditions, le port d'armes est un droit fondamental. Les États-Unis ont le record des pays occidentaux en matière de circulation des armes ; 86 armes à feu circulent pour cent habitants, loin devant la France où 28 armes à feu circulent pour cent habitants.

L'essentiel

Cette liberté de circulation des armes se traduit par de nombreux homicides. En 2017, 13158 personnes sont mortes par arme à feu aux États-Unis, soit un mort toutes les 30 minutes. Elles tuent autant que les accidents de la route. Les armes à feu sont responsables de 29,7 morts par million d'habitants aux États-Unis contre 0,6 mort par million d'habitants en France.

Les tueries de masse (à partir de quatre victimes – morts ou blessés) sont devenues monnaie courante. Sur les cinq premiers mois de l'année 2018, les fusillades de masse ne se sont espacées au maximum que de quatre jours, entre le 25 et le 29 mars. En 2017, les États-Unis n'ont connu que 135 jours sans fusillade de masse alors que le pays a connu cette année-là 426 tueries. Depuis 2013, une fusillade de masse est déclenchée en moyenne chaque jour.

En 1999, la tuerie de Columbine, du nom d'un lycée du Colorado dans lequel deux lycéens ont tué treize élèves et un enseignant avant de se suicider sur les lieux du massacre, avait marqué les esprits. Michael Moore réalisait trois ans plus tard *Boowling for Columbine* pour dénoncer la législation complaisante. Depuis, les États-Unis semblent s'être habitués à ces drames. En 2016, une fusillade dans un club gay d'Orlando tuait 49 personnes. En octobre 2017, un sniper retranché au 32e étage de l'hôtel Mandalay Bay de Las Vegas abattait 58 personnes qui assistaient à un concert country. Le 14 février 2018, un jeune homme armé d'un fusil semi-automatique parvenait à tuer 17 personnes dans un lycée du sud-est de la Floride.

À méditer

DES CAMPS RETRANCHÉS CONTRE LES *SCHOOL SHOOTINGS*

Face à la récurrence des tueries massives dans les écoles, les États-Unis ont même créé une expression pour les désigner. Les *school shootings* se sont également traduits par le déploiement d'un arsenal sécuritaire dans les écoles, digne de véritables camps retranchés. Alors que la proposition du président Trump et de la NRA d'armer les professeurs ne fait pas l'unanimité, les écoles se transforment en forteresses. De nombreux établissements se sont dotés de boucliers par balle qui connaissent un déploiement massif et viennent concurrencer les extincteurs sur les murs des campus. Outre les portiques de sécurité, les caméras de vidéosurveillance, les agents de police à l'intérieur des établissements ou des portes de classe verrouillables à distance, certains établissements ont opté pour des abris anti-armes, qui permettent de mettre à l'abri une classe et son professeur dans un environnement blindé.

Une réforme impossible

En dépit du danger, il semble impossible de réformer la législation sur les armes à feu. Bien au contraire, les lobbies et, désormais, le président des États-Unis lui-même préconisent la possession d'armes à feu pour lutter contre la menace.

Certains États sont cependant parvenus à imposer des restrictions. En Californie, par exemple, souvent citée comme l'un des États les plus stricts dans le domaine, les armes automatiques sont interdites pour les civils. Un permis délivré par les autorités locales est nécessaire pour détenir une arme. En Floride, l'achat des armes est réservé aux plus de 21 ans, sous réserve d'un casier judiciaire vierge, ce qui impose un délai de trois jours entre l'achat et la remise de l'arme.

L'essentiel

Néanmoins, un groupe de pression très puissant créé en 1871, la National Rifle Association (NRA) veille à ce que les législations ne soient pas durcies. Malgré la récurrence des fusillades de masse, le lobbying de la NRA est parvenu à faire systématiquement échouer cent textes de loi proposant des aménagements sur les armes à feu, présentés devant le congrès ces dernières années. Dotée d'un budget de 300 millions de dollars par an grâce à ses 5 millions de membres, elle est le lobby le plus puissant du monde. Chaque élu du Congrès reçoit ainsi une note de la part de l'association en fonction de ses prises de position au niveau du contrôle des armes afin de déterminer un éventuel soutien financier pour ses campagnes électorales à venir.

Donald Trump a envisagé d'imposer un contrôle accru sur les armes, avant de rencontrer le responsable de la NRA, Wayne LaPierre, qualifié de « grand patriote américain » par le président des États-Unis, à l'issue de l'entrevue. Lors de son discours au congrès annuel de l'association, Donald Trump a confirmé son intention de garantir les libertés de posséder et de porter une arme. C'était l'un des enjeux fondamentaux de la campagne électorale face à Hillary Clinton. Donald Trump entend faire honneur à ceux dont il a reçu le soutien.

À méditer

L'INSTRUMENTALISATION DES VICTIMES DU 13 NOVEMBRE PAR TRUMP

Vendredi 4 mai 2018, lors d'un éloge prononcé en faveur de la liberté de circulation des armes à feu, prononcé devant les militants de la NRA, Donald Trump a raillé l'attitude de la France envers les armes à feu en ces termes : « Personne n'a d'armes à Paris. Personne. Et on se souvient tous des plus de 130 personnes tuées, sans parler du nombre incroyable de personnes horriblement, horriblement blessées. » Outre les indéniables qualités littéraires du discours, Donald Trump n'a pas hésité à mimer les attentats du 13 septembre en transformant sa main droite en pistolet ; « Boum. Viens là, boum », a-t-il ajouté. Face à de tels propos et une mise en scène des plus douteuses, la France a dénoncé l'attitude du président des États-Unis par la voix du porte-parole du ministère des Affaires étrangères. En guise de réponse, la France s'est dit « fière d'être un pays sûr où l'acquisition et la détention d'armes à feu sont strictement réglementées ».

Fiche 64 : L'affaire Weinstein et la lutte contre les violences sexuelles

Cette fois-là, l'Amérique a inspiré le reste du monde. Lancée en octobre 2017 par les accusations du *New York Times*, l'affaire Weinstein a donné la parole aux femmes du monde entier pour dénoncer les violences dont elles sont l'objet. Le mouvement a permis de faire tomber un magnat d'Hollywood, Harvey Weinstein, producteur à succès, avant de se transformer en une remise en cause mondiale du système établi de domination masculine.

Une onde de choc mondiale

Harvey Weinstein était pourtant au sommet de sa gloire. Fondateur de la société Miramax, il était ensuite devenu une figure majeure du cinéma d'auteur, décrochant notamment la palme d'or à Cannes en 1990 pour *Sexe, mensonges et vidéo* réalisé par Steven Soderbergh, l'Oscar du meilleur film en 1997 pour *Le Patient anglais* ou encore cinq Oscars en 2012 pour *The Artist* dont il a accompagné la sortie américaine. Depuis la multiplication des plaintes contre lui et les révélations des journaux américains, il s'est métamorphosé en symbole d'une figure de domination profitant de sa posture pour abuser de ses interlocutrices, des actrices souvent jeunes dont il menaçait de briser la carrière.

À la suite de ces révélations, des femmes du monde entier ont pris la parole pour dénoncer leurs agresseurs, notamment sur les réseaux sociaux, derrière des signes de ralliement devenus viraux. Aux États-Unis, c'est le mot-clé *#metoo*, lancé par l'actrice Alyssa Milano, qui accompagne les récits de domination masculine alors qu'en France c'est l'expression *#balancetonporc*, imaginée par la journaliste Sandra Muller, qui fait florès. Les mêmes comportements sont partout dénoncés. Des « frotteurs » dans le métro aux patrons tout-puissants abusant de leur autorité, des femmes racontent des histoires vécues d'une déconcertante ressemblance.

L'essentiel

Cette libération de la parole se traduit en France par une augmentation du nombre de signalements. Pour le quatrième trimestre 2017, les plaintes pour agression sexuelle ont progressé de plus de 30 % par rapport à 2016. Dans le même temps, les associations de luttes contre les violences faites aux femmes ont reçu de nombreuses victimes prêtes à briser le silence.

Les violences sexuelles touchent ainsi plusieurs millions de femmes en France, selon une enquête de l'INED. Chaque année, une femme sur vingt âgée de moins de 35 ans est victime d'une agression sexuelle. Une femme sur cinq est confrontée au harcèlement sexuel au travail. La plupart des victimes ont en commun un sentiment de honte qui complique souvent la prise de parole.

Un débat animé

Malgré l'étendue du phénomène ainsi révélé, le mouvement a mis une partie de la société française mal à l'aise. L'aspect nettement plus revendicatif de l'expression #*balancetonporc*, en comparaison du mot-clé #*metoo*, a pu incommoder certains détracteurs qui ont dénoncé un appel à la délation publique.

La critique a pris de l'ampleur avec la publication de la « Lettre des 100 » dans le journal *Le Monde* le 8 janvier 2018. Revendiquant « la liberté d'importuner, indispensable à la liberté sexuelle », un collectif de 100 femmes, parmi lesquelles Catherine Deneuve, ont exprimé leur refus d'être présentées en victime des hommes tout en dénonçant un féminisme haineux. Le débat a permis dans un premier temps de relancer le mouvement #*metoo*.

Pourtant, les critiques se sont poursuivies, atteignant leur paroxysme face aux révélations imprécises de l'hebdomadaire *Ebdo*. Cette nouvelle revue fondée en janvier 2018 espérait sortir de l'ombre en révélant l'existence d'une plainte pour viol visant Nicolas Hulot dans son cinquième numéro. Cependant, ces révélations, jugées insuffisamment solides par leurs confrères, ont eu raison de la réputation du journal et précipité sa disparition en mars.

À méditter

CARMEN DOIT MOURIR

Pour assurer la promotion de sa nouvelle production de *Carmen*, l'opéra de Florence a décidé de revisiter le synopsis de la pièce en permettant à l'héroïne de dérober le revolver de son ex-amant pour lui ôter la vie au terme d'une lutte au corps-à-corps. Le maire de Florence, Dario Nardella, s'est empressé de défendre ce « message culturel, social et éthique », présenté comme un moyen détourné de soutenir les femmes. C'est oublier que Carmen n'est pas une femme comme les autres, mais que sa mort constitue au contraire dans la tragédie de Bizet un acte de libération. La cigarettière est une héroïne tragique, dont le destin s'écrit dès l'ouverture. Carmen est une femme libre qui a rendez-vous avec la mort, un être de légèreté dont la fin tragique n'est qu'une formalité et non un exutoire à la violence sociale.

Lutter contre un fléau

Le gouvernement français s'est saisi de l'occasion pour faire progresser l'égalité femmes-hommes. Lors de la journée des droits des femmes, le Premier ministre a annoncé une cinquantaine de mesures au niveau salarial ou éducatif pour assurer une meilleure égalité entre les sexes, mais c'est sans conteste le projet de loi contre les violences sexistes et sexuelles, porté par la secrétaire d'État chargée de l'Égalité entre les femmes et les hommes, Marlène Schiappa, qui a retenu l'attention.

L'essentiel

Cette nouvelle loi donne naissance à une contravention pour « outrage sexiste », punissant d'une amende immédiate de 90 euros minimum et d'un éventuel stage de civisme, les faits de harcèlement dans l'espace public. Selon un sondage Ifop pour le site VieHealthy.com, publié en avril 2018, huit femmes sur dix ont été victimes de harcèlement de rue dans l'espace public. Le phénomène avait déjà été mis en évidence ces dernières années par plusieurs campagnes de vidéos de jeunes femmes déambulant dans la rue sous les regards insistants, les sifflements intempestifs ou les cris. Cependant, il est loin d'avoir disparu comme en témoigne une vidéo partagée plus d'un million de fois l'été 2018, qui montre l'agression d'une jeune femme en plein Paris alors qu'elle répondait à des remarques obscènes et des grognements lubriques d'un homme assis à la terrasse d'un café.

Afin de mieux protéger les victimes de viol, les délais de prescription des crimes sexuels commis envers des mineurs passent de 20 à 30 ans après la majorité de la victime. De même, si le texte refuse l'introduction d'une majorité sexuelle, la loi permet une meilleure protection des mineurs de moins de 15 ans contre les atteintes sexuelles.

Le saviez-vous

RIEN N'EST JAMAIS ACQUIS

Vendredi 5 octobre 2018, l'académie des Nobel a décidé de promouvoir la lutte contre les violences faites aux femmes en récompensant conjointement du prix Nobel de la paix Nadia Murad et Denis Mukwege. La première est une survivante. Réduite à l'état d'esclave sexuelle par des djihadistes de l'État islamique, cette Yézidie, minorité non musulmane du Nord de l'Irak, est parvenue à fuir. Réfugiée en Allemagne, elle a raconté le chaos qu'elle a vécu après avoir été vendue, violée et torturée. Elle a reçu cette distinction aux côtés d'un gynécologue congolais qui soigne les victimes des sévices sexuelles. L'académie suédoise cherchait ainsi à sensibiliser le monde aux violences faites aux femmes alors qu'au même moment, de l'autre côté de l'Atlantique, les républicains américains imposaient le choix du juge Kavanaugh pour siéger à la Cour suprême des États-Unis en dépit des accusations de viol dont il était l'objet.

Fiche 65 : Des difficultés d'être une femme dans l'Inde d'aujourd'hui

Si les femmes souffrent partout de discrimination, il est un endroit où les violences faites aux femmes sont un fléau national. En Inde, une femme est violée toutes les 22 minutes. Plus de 40 000 viols ont été enregistrés en 2016. Dans un tiers des cas, la victime a moins de 18 ans.

Un déséquilibre croissant du *sex-ratio*

Le dernier recensement indien de 2011 met en évidence la surmasculinité de la population. Le sex-ratio est de 940 femmes pour 1 000 hommes. Ce déséquilibre est amené à se creuser puisque parmi les enfants de 0 à 6 ans, on dénombre 914 filles pour 1 000 garçons. Loin d'avoir disparu malgré son interdiction, la sélection des naissances se poursuit.

La préférence pour les garçons est une pratique très ancienne en Asie. Outre la perpétuation du nom du père, les garçons représentent un soutien financier pour les parents lorsqu'ils ne peuvent plus travailler. Les filles sont donc considérées comme une charge inutile pour les familles puisqu'à l'âge du mariage, elles vont rejoindre le foyer du mari et travailler pour la belle-famille. Les parents devront de surcroît payer les frais du mariage et offrir à la future belle-famille une dot souvent très coûteuse.

S'ajoutent à ces considérations classiques des coutumes religieuses qui donnent au fils aîné un rôle fondamental lors des pratiques funéraires chez les hindous. Il est en effet chargé d'allumer le bûcher pour que les parents puissent atteindre le stade final de libération de l'âme, le Moksha.

Attention

Cette dépréciation des filles s'est traduite par une surmortalité. Dès 1870, les Britanniques interdisent l'infanticide des petites filles, mais la pratique continue. La légalisation de l'avortement en 1971 et la diffusion des matériels d'échographie ont substitué les avortements sélectifs aux infanticides. Dans les années 1990, certaines cliniques affichaient des slogans très explicites : « Dépensez 5 000 roupies maintenant, et économisez 500 000 roupies plus tard. » En 1994, le gouvernement interdisait l'avortement sélectif, mais celui-ci continue d'être pratiqué dans les cliniques privées.

Le saviez-vous

CE N'EST PAS LA TAILLE QUI COMPTE

Les discriminations pratiquées à l'encontre des filles se traduisent par des conséquences inattendues au niveau de la taille des enfants. D'après l'Unicef, un enfant sur quatre dans le monde souffre d'un retard de croissance à cause d'une nourriture insuffisante. En Inde, ces retards de croissance touchent surtout les filles alors que 40 % des enfants en souffrent. Une étude réalisée sur 168 000 enfants indiens et africains a montré que les filles indiennes ou les garçons cadets sont plus petits que les Africains alors que les garçons aînés ne souffrent d'aucun retard de croissance. Le sexisme se traduit donc par un gradient de la taille des enfants en fonction de leur ordre de naissance et de leur sexe.

Des violences sexuelles très fréquentes

Le fort déséquilibre entre les sexes crée un célibat forcé massif. Il manquerait ainsi plus de 40 millions de femmes dans le pays. Cette sous-représentation féminine, associée à une absence de mixité dans la société, est souvent présentée comme les principales causes d'un niveau élevé de violence sexuelle.

Le pays est régulièrement confronté à des affaires de viol. En 2012, une jeune femme de 23 ans a été agressée dans un bus de New Delhi, devant son compagnon impuissant, et a subi un viol collectif commis par six hommes avant de succomber à ses blessures. L'année suivante, les viols de trois touristes, suisse, danoise et américaine, ont contribué à internationaliser la cause des femmes indiennes.

Attention

Néanmoins, les agressions continuent. Début 2018, c'est le viol d'une fillette musulmane de 8 ans dans le nord du pays qui a relancé le débat. Surtout, c'est la réaction des nationalistes hindous qui suscitent la polémique. Ils ont manifesté à plusieurs reprises pour demander la libération de huit suspects, dont quatre policiers qui avaient violé la jeune fille dans un temple hindou, avant de la lapider puis de jeter son corps dans la forêt. Selon les extrémistes hindous, le supplice de la jeune fille était un moyen de déloger les nomades musulmans bakarwals, installés illégalement.

Quelques jours plus tard, une jeune fille de 16 ans était violée avant d'être aspergée d'essence et brûlée dans l'est du pays pendant que sa famille assistait à un mariage. À la suite d'une plainte déposée auprès du Conseil des anciens, les deux suspects ont été condamnés à 600 abdominaux et une amende de 50 000 roupies. Furieux de la dénonciation par la jeune fille, ils ont violemment frappé les parents et brûlé leur fille dans la maison familiale.

Une lutte ambiguë pour protéger les femmes

La plupart des violences faites aux femmes ne sont jamais signalées, car la question reste taboue dans une société largement patriarcale ; beaucoup considèrent que les victimes de viol sont responsables du crime qu'elles subissent.

Attention

Néanmoins, face à la multiplication des affaires, la législation a été renforcée. Les délinquants sexuels subissent désormais des peines alourdies, voire la peine de mort, notamment en cas de récidive, de décès de la victime ou de viol sur des enfants de moins de 12 ans. Fin 2017, la Cour suprême a ainsi confirmé la peine de mort pour les six accusés du viol collectif subi par une jeune étudiante. Certains progrès restent à accomplir puisque ni les maris ni la police ne peuvent être poursuivis pour viol. De même, le viol des hommes n'est pas reconnu.

Le travail de la justice est souvent entravé par les conseils de village, appelés *panchayat*. Composé d'élus ou de fonctionnaires locaux, il est chargé de régler des points de santé publics ou de voirie, mais son influence dépasse régulièrement ces compétences de base. Dans cette justice locale, le viol est lui-même parfois utilisé comme punition. Dans l'est de l'Inde, une jeune fille de 20 ans a été condamnée au viol par des habitants du village pour avoir fréquenté un homme de la communauté musulmane.

Le saviez-vous

BOLLYWOOD, LOIN DE L'AFFAIRE WEINSTEIN

Dans l'autre capitale mondiale du cinéma, installé à Mumbai, l'affaire Weinstein n'a pas suscité une grande vague de libération de la parole. Les affaires existent, mais elles tournent souvent en faveur de l'agresseur et non des victimes. Début 2017, l'acteur Dileep avait pourtant dû subir trois mois de détention préventive après la dénonciation d'une actrice. Néanmoins, une grande partie du pays avait pris position en sa faveur et sa sortie de prison avait donné lieu à une célébration en chanson de la part de ses fans. Le contexte local s'est ainsi largement traduit par le silence des femmes évoluant dans le milieu du cinéma.

Fiche 66 : L'obtention du droit à l'avortement en Irlande

Le 25 mai 2018, plus des deux tiers des électeurs irlandais se sont prononcés en faveur de l'abrogation du huitième amendement qui prohibait l'avortement. Ce référendum historique consacre le recul de l'influence de l'Église catholique sur le pays et permet à l'Irlande de rejoindre la plupart des autres pays européens en matière d'IVG.

Le recul de l'influence catholique

En 1983, alors qu'une grande partie de l'Europe avait déjà adopté des lois en faveur de l'IVG, les Irlandais votaient à 66,9 % le huitième amendement à la Constitution sur la prohibition de l'avortement. Aucune concession n'est alors accordée, même en cas de viol ou de malformation du fœtus. L'avortement est passible de la prison à vie jusqu'en 2013, et d'une peine de 14 ans de prison depuis. Ce vote consacrait la toute-puissance de l'Église catholique qui craignait une libéralisation en la matière.

Longtemps, l'Irlande est apparue comme un bastion du catholicisme. Lors du dernier recensement qui date de 2016, plus de 78 % des Irlandais se déclarent encore catholiques, même si cette proportion est en baisse. Si l'Irlande a abandonné en 1972 la mention de pays catholique dans la constitution, l'article 44 continue de reconnaître officiellement l'existence de Dieu. La religion catholique reste omniprésente dans les lieux publics, notamment à l'école, où les préparations aux communions s'effectuent encore pendant les cours eux-mêmes. Par ailleurs, les cloches de l'angélus résonnent toujours sur les ondes de la radio publique irlandaise.

Attention

Néanmoins, l'Église connaît un recul historique ces dernières années. La fréquentation des messes faiblit alors que les couvents peinent à recruter. Force est de constater que le clergé a perdu de sa superbe, à la suite de nombreux scandales qui ont entaché sa réputation. Des prêtres accusés de pédophilie ont pu poursuivre leurs agissements grâce à la protection de leurs supérieurs. Surtout, les révélations du sort peu envieux réservé aux filles-mères des couvents tenus par les *Magdalene sisters* ont provoqué une crise de conscience nationale.

QUAND LES FANTÔMES DU PASSÉ RESSURGISSENT

Le saviez-vous

Pendant une grande partie du xxe siècle, des milliers de filles-mères ont été envoyées par leur famille dans des couvents, afin de se préserver de l'opprobre populaire. Cet enfermement était à la fois perçu comme un moyen de les punir de leurs péchés et conçu comme un vecteur de rédemption. Des milliers d'entre elles ont servi comme esclaves dans les blanchisseries tenues par les sœurs Magdalene. À la suite des révélations des mauvais traitements qu'elles ont endurés, le sort de ces jeunes femmes a suscité une émotion nationale, à tel point que l'État irlandais a reconnu sa responsabilité alors que les couvents étaient des institutions privées. Toutes étaient contraintes d'abandonner leur enfant à la naissance. Des centaines de femmes sont mortes en couches. Des milliers d'enfants ont péri en bas âge. En 2014, la découverte d'une fosse commune rassemblant 800 squelettes d'enfants dans une cuve en béton à côté d'un ancien couvent de Dublin a permis de lever le voile sur ces crimes de masse. 4 000 enfants auraient ainsi subi le même sort alors que 35 000 femmes ont été enfermées dans ces blanchisseries religieuses jusque dans les années 1960.

Une campagne audacieuse

La campagne en faveur de la libéralisation du droit à l'avortement remonte à 2012. Savita Halappanavar, une jeune femme de 31 ans, est victime d'une septicémie consécutive à une rupture prématurée des membranes. La mort de cette patiente à qui l'on avait refusé l'IVG, suscite une émotion très vive dans le pays. Les associations de promotion du droit des femmes à disposer de leur corps débutent alors une vaste opération de mobilisation pour sensibiliser l'opinion publique nationale à cette cause.

Cette émotion nationale permet un premier assouplissement en 2013, mais le combat s'est poursuivi. En avril 2017, une deuxième étape est franchie, à la suite de la prise de position d'une assemblée citoyenne en faveur du droit à l'avortement. Le débat prend alors de l'ampleur, alimenté par les nombreux témoignages de femmes ayant dû subir un avortement. En dépit de l'interdiction, chaque année, environ 5000 Irlandaises avortent en se rendant au Royaume-Uni ou en achetant sur Internet des pilules abortives.

Les drames ont continué. En vertu du « droit à la vie de l'enfant à naître » reconnu dans la constitution, à la fin de l'année 2014, une femme de 26 ans a été maintenue en vie pendant près d'un mois alors qu'elle était enceinte de quatorze semaines ; la Cour suprême a finalement décidé d'écouter la famille en exigeant l'arrêt du maintien en vie.

La campagne a été très active dans les deux camps, même si l'Église catholique y a peu participé, de peur de nuire à la cause qu'elle défend. Les associations pro-vie ont affronté les pro-choix dans des réunions publiques, des porte-à-porte ou des campagnes d'affichage.

L'essentiel

Afin de défendre la cause du *repeal*, de l'abrogation du huitième amendement, une militante associative, Anna Cosgrave, est devenue célèbre en créant une marque de vêtements permettant d'afficher fièrement ses convictions dans l'espace public. Son unique produit, un pull noir orné d'une inscription en lettres blanches « *REPEAL* » a permis de financer la mobilisation tout en ouvrant le débat.

Un droit presque généralisé en Europe

Le référendum du 25 mai a été suivi par l'adoption d'une loi autorisant l'IVG sans justification pendant les douze premières semaines de grossesse. En cas de risque grave pour la santé de la mère, ce délai pourra être porté à vingt-quatre semaines. L'avortement est ensuite possible en cas d'anomalie fœtale. L'Irlande rejoint ainsi la norme législative européenne.

La plupart des pays européens autorisent l'avortement. Il est permis jusqu'à la douzième semaine d'aménorrhée en France, en Suisse ou en Hongrie. La Belgique, l'Autriche l'Allemagne ou l'Espagne l'autorisent jusqu'à la quatorzième semaine. Les Suédoises peuvent avorter jusqu'à la seizième semaine, mais c'est au Royaume-Uni que la législation est la plus souple en autorisant l'avortement jusqu'à la vingt-quatrième semaine de grossesse, en fonction d'une situation de détresse définie par la patiente elle-même.

Seuls quelques pays font officiellement exception en matière d'avortement. La Finlande n'autorise l'avortement qu'à certaines conditions. Dans la loi, les Finlandaises doivent justifier leur demande. L'avortement n'est réservé qu'aux moins de 17 ans, aux plus de 40 ans, aux mères de quatre enfants ou aux femmes justifiant de difficultés économiques et sociales. Cependant, il est facile à obtenir.

À l'inverse, certains pays ont légalisé l'avortement, mais sa pratique est largement restreinte. En Italie, les trois quarts des médecins refusent de le pratiquer au nom d'un droit à l'objection de conscience, reconnu par la loi 194 de 1978. Dans cet autre bastion du catholicisme, le nombre d'avortements connaît une baisse récurrente alors que de plus en plus de médecins refusent de le pratiquer. En 1980, 230 000 IVG étaient pratiquées chaque année contre 85 000 en 2017.

L'essentiel

La législation reste par ailleurs contraignante dans deux États européens. À Chypre, il n'est autorisé qu'en cas de viol, de malformation ou de risque pour la femme. En Pologne, l'avortement n'est autorisé qu'en cas de viol, de mise en danger de la vie de la femme ou de risque de handicap ou de maladie incurable pour le fœtus. Une initiative citoyenne soutenue par les associations conservatrices catholiques est en discussion au parlement polonais pour faire interdire les avortements pour risque de handicap présenté comme des « avortements eugéniques ».

Le saviez-vous

LE REFUS DES SÉNATEURS ARGENTINS DE LÉGALISER L'AVORTEMENT

Contrairement à la situation irlandaise, en Argentine, l'église catholique a joué un rôle majeur dans la décision du sénat de rejeter le 9 août 2018 la légalisation de l'avortement, en dépit d'un vote favorable préalable des députés. À l'instar de l'archevêque de Buenos Aires qui a célébré une messe pour défendre depuis sa chaire « les deux vies », celle de la mère et celle de l'enfant à naître, le clergé n'a pas hésité à s'engager pleinement dans la campagne pour peser sur l'issue du vote des sénateurs. Depuis, un mouvement d'apostasie, c'est-à-dire de renoncement au baptême, sévit chez la jeunesse argentine pour dénoncer l'hypocrisie d'une Église qui prétend défendre la vie en refusant l'avortement tout en protégeant les prêtres pédophiles qui abusent des enfants.

Fiche 67 : La PMA et la GPA, des nouveaux droits à conquérir ?

Comme en Irlande, les débats concernant l'évolution potentielle de la législation interdisant la gestation pour autrui (GPA) et la procréation médicalement assistée (PMA) prennent parfois une tournure obsessionnelle. En France, ces discussions semblent redonner vigueur aux partisans de la Manif pour tous qui ne sont pas parvenus à empêcher l'adoption du mariage pour tous en dépit de leur mobilisation. Conséquence logique de cette loi de 2013, la PMA et la GPA pourraient permettre à des couples infertiles ou homosexuels d'avoir des enfants.

Un cadre législatif très restrictif

La France est très restrictive en la matière depuis la loi du 29 juillet 1994 relative au respect du corps humain. La GPA est strictement interdite alors que la PMA n'est possible qu'en vertu de nombreuses conditions. Cette dernière est réservée aux couples hétérosexuels sous réserve qu'ils soient mariés, pacsés ou en concubinage depuis au moins deux ans. Ils doivent être en âge de procréer alors que l'assurance-maladie ne prend en charge les PMA à 100 % que si la femme a moins de 43 ans. Le couple doit, enfin, présenter une infertilité pathologique diagnostiquée par un médecin ou constatée après un an de rapports sexuels non protégés. En 2015, 24 839 enfants sont nés grâce à la PMA, soit environ 3 % des naissances.

La PMA est rendue possible par deux techniques médicales. Les médecins peuvent inséminer artificiellement le sperme du conjoint ou d'un donneur ou avoir recours à une fécondation *in vitro* (FIV). La technique est maîtrisée depuis 1982, date de la naissance d'Amandine, premier bébé-éprouvette. Le don de gamètes est ainsi autorisé en cas d'infertilité d'un des deux partenaires, mais le double don est interdit, ce qui restreint l'accès à la PMA aux couples dont les deux conjoints sont stériles. Le don de gamètes doit en outre être nécessairement anonyme, ce qui empêche le recours à des parents ou des donneurs connus.

La GPA est une forme d'assistance médicale à la procréation. Elle consiste en l'implantation d'un ovule fécondé dans l'utérus d'une autre femme. Cette mère porteuse n'est pas considérée juridiquement comme la mère de l'enfant et doit le remettre à la famille d'intention.

L'essentiel

Si la France a une législation très dure en matière de PMA et de GPA, ce n'est pas le cas de nombreux pays dans le monde. En Europe, le recours à ces pratiques est autorisé en Belgique ou aux Pays-Bas, sans aucune restriction. Le Royaume-Uni autorise la PMA, mais impose un cadre législatif à la GPA ; son recours est interdit « à titre onéreux ».

La GPA face à la crainte d'une dérive commerciale

Les détracteurs de la GPA dénoncent le risque de dérives. Dans chacun des pays où elle a été légalisée, la GPA se traduit par des coûts élevés pour les demandeurs. Au Royaume-Uni, la somme à payer est environ de 20 000 euros alors qu'il en coûtera plus de 100 000 euros en moyenne aux États-Unis, 45 000 euros en Ukraine, en Thaïlande ou en Inde. Des agences internationales se sont spécialisées pour faciliter le recours à cette pratique. D'après les estimations des associations qui militent pour la légalisation, notamment l'Association des familles homoparentales (ADFH) ou l'Association des parents gays et lesbiens (APGL), environ 370 couples ou célibataires ont obtenu, en France, un enfant grâce à la GPA, en 2017.

Le Comité consultatif national d'éthique (CCNE) s'est ainsi montré hostile à sa légalisation en France alors que le gouvernement a exclu toute évolution de la loi à ce sujet. Selon le CCNE, la GPA est source « de violences juridiques, économiques, sanitaires et psychiques qui s'exercent sur les femmes recrutées comme gestatrices ainsi que sur les enfants qui naissent qui sont objets de contrats passés entre des parties très inégales ». Considérant l'impossibilité d'une GPA éthique, cet organe consultatif prône un renforcement des moyens de prohibition.

Pourtant, d'après un sondage réalisé par l'Ifop pour le journal *La Croix*, deux tiers des Français se sont déclarés favorables à la GPA. Mais la plupart, 46 %, n'y sont favorables que « pour raisons médicales » alors que seuls 18 % se prononcent pour « dans tous les cas ».

Attention

Le principal point d'achoppement reste le statut des enfants. À plusieurs reprises, la Cour de cassation a annulé la reconnaissance de la filiation pour les enfants nés à l'étranger grâce à des mères porteuses. Mais deux arrêts de la Cour européenne des droits de l'homme (CEDH), datés du 26 septembre 2014, ont dénoncé ce refus de la France de transcrire les actes de naissance étrangers sur les registres de l'état civil. La Cour de cassation a ainsi dû réviser sa jurisprudence ; depuis juillet 2017, elle autorise une transcription partielle qui concerne le père uniquement, mais non la mère, car ce n'est pas elle qui a accouché de l'enfant. Cette mesure est censée décourager la pratique de la GPA.

VERS UNE COMMERCIALISATION DE LA GPA AU ROYAUME-UNI ?

À méditer

Légale au Royaume-Uni depuis 1985, la GPA doit en revanche rester « altruiste ». Seule une indemnisation des « dépenses raisonnables » liées à la grossesse est autorisée. Les mères porteuses peuvent ainsi négocier une aide-ménagère, un régime particulier ou des séances de sport après l'accouchement. La loi ne fixe aucun cadre précis à ces dédommagements, ce que regrettent certaines associations. Alors que le pays souffre d'une pénurie de mères porteuses, le débat est relancé autour de la levée de l'interdiction de la GPA à des fins commerciales. De nombreux parents préfèrent avoir recours à des associations qui facilitent la démarche à l'étranger plutôt que de se conformer au cadre légal national qui peut prendre plusieurs années.

Vers une légalisation de la PMA ?

À l'inverse, la loi devrait évoluer concernant la PMA. François Hollande avait promis d'instaurer cette mesure, mais il a renoncé face aux divisions causées par l'adoption du mariage pour tous. En 2015, le Haut Conseil à l'égalité entre les femmes et les hommes (HCEFH) a recommandé l'ouverture à la PMA à toutes les femmes, au nom de l'égalité des droits. Emmanuel Macron s'est prononcé en faveur de cette légalisation, dans le cadre de la révision des lois de bioéthique. À l'été 2017, le Comité consultatif national d'éthique (CCNE) a publié un avis favorable, à l'abandon de la condition d'infertilité pathologique.

Les militants de la Manif pour tous se sont mobilisés lors des états généraux de la bioéthique pour défendre le modèle familial traditionnel. Ils dénoncent notamment la privation du père en cas de recours à des dons de gamètes. Invoquant des romans ou des films d'anticipation, ils mettent en avant les risques d'une marchandisation de la procréation, voire d'une sélection eugéniste.

Attention

Si les arguments des anti-PMA manquent souvent de rationalité, la légalisation de cette pratique pose cependant de nombreuses questions. Afin de ne pas grever le budget de la Sécurité sociale, le remboursement ne pourrait concerner que « les situations pathologiques », d'après le CCNE. La filiation avec les donneurs devra également être clarifiée dans la loi. La France impose l'anonymat des donneurs de gamètes alors que la Convention européenne des droits de l'homme a reconnu que l'accès à ses origines relevait de « l'intérêt supérieur de l'enfant ». La question de la congélation des ovocytes fait également débat, car elle pourrait se traduire par des grossesses de plus en plus tardives.

POUR LES HOMMES AUSSI, LA JUSTICE FIXE DES LIMITES

Le saviez-vous

En ce qui concerne les femmes, l'assurance maladie considère qu'après 43 ans le risque est trop grand pour procéder à une PMA. Pour la première fois, la cour administrative d'appel de Versailles a fixé un âge maximum à la procréation pour les hommes. Deux hommes âgés de 68 et 69 ans s'étaient vus refuser la possibilité d'utiliser leurs propres gamètes congelés par plusieurs centres de PMA, étant donné leur âge. Après plusieurs recours, le tribunal administratif de Montreuil leur a donné l'autorisation en février 2017 d'exporter leurs paillettes de sperme à l'étranger. Mais la cour administrative d'appel de Versailles vient de donner raison à l'Agence de la biomédecine, reconnaissant ainsi une limite d'âge pour la procréation estimée à « environ 59 ans ».

Fiche 68 : L'obligation vaccinale, une négation du droit à la liberté du patient ?

Depuis le 1er janvier 2018, le nombre de vaccins obligatoires pour les enfants âgés de moins de 18 mois est passé de trois à onze. Cette mesure a suscité une vague d'interrogations à propos de la vaccination alors que 4 Français sur 10 déclarent être méfiants envers les vaccins.

Une obligation vaccinale étendue

Jusqu'alors, en vertu des articles R. 3111-2 et L. 3111-2 du Code de la santé publique, seules trois maladies faisaient l'objet d'une obligation vaccinale : la diphtérie depuis 1938, le tétanos depuis 1940 et la poliomyélite depuis 1964. Cette obligation concerne la première injection sous la forme du DTP puis les rappels contre la diphtérie et le tétanos pour les enfants de moins de 18 mois et contre la poliomyélite jusqu'à leurs 13 ans. En cas de refus, l'enfant ne peut être inscrit à l'école et les parents encourent une peine de prison pouvant s'élever jusqu'à six mois de détention ainsi qu'une amende de 3 750 euros. En 2015, 98,9 % des enfants sont vaccinés pour le DTP.

L'essentiel

Les recommandations vaccinales incitent également à la prévention contre trois autres maladies. Plus de 95 % des enfants sont vaccinés contre la coqueluche et la méningite de type B alors que l'hépatite B a été injectée à plus de 88 % des patients.

Cinq autres maladies sont désormais ciblées : le pneumocoque, la rougeole, la rubéole, les oreillons et la méningite C. 91 % des patients sont déjà protégés contre les quatre premières alors que la méningite C a été injectée à 70 % des enfants de 2 ans. L'extension de l'obligation vaccinale semble donc simplement entériner une pratique déjà largement répandue. Néanmoins, la décision de rendre obligatoires ces injections a réveillé un climat d'hostilité à l'égard de la vaccination.

Un scepticisme ambiant

Une étude menée en 2015 dans 67 pays par la London School of Hygiene and Tropical Medicine a permis d'établir que 41 % des Français pensent que les vaccins ne sont pas sûrs. Ces doutes sont alimentés par des associations au nom de « la liberté de choisir ». 300 000 personnes ont ainsi signé la pétition « contre la République des vaccins » qui dénonçaient le cadeau d'Emmanuel Macron à ses amis de l'industrie pharmaceutique.

Attention

Les arguments sont souvent fallacieux. Les associations mettent en avant les dangers des vaccins, soupçonnés de provoquer d'autres pathologies comme l'autisme ou la sclérose en plaques alors que toutes les études ont prouvé le contraire. Les sels d'aluminium utilisés comme adjuvant depuis les années 1920 pour stimuler la réponse immunitaire de l'organisme sont souvent présentés comme néfastes pour la santé alors même qu'aucun lien ne permet de le prouver. Les effets secondaires provoqués par les injections sont parfois présentés comme des signes précurseurs de ces risques.

Néanmoins, l'audience de ces associations reste globalement marginale, ce qui n'empêche pas le doute de s'établir dans une partie de la société française. La ministre de la Santé reconnaît elle-même que les campagnes en faveur de la vaccination sont beaucoup moins présentes et efficaces que par le passé. L'information auprès des médecins est également présentée comme déficiente. L'Inserm a ainsi montré que moins de la moitié des médecins étaient capables d'évoquer avec précision le rôle des adjuvants alors que 25 % d'entre eux présentaient certains vaccins comme inutiles et estimaient que la France avait recours à une obligation vaccinale trop étendue.

Le scepticisme à l'égard des vaccins présent chez 4 Français sur 10 peut surtout être interprété comme une rupture de confiance avec le corps médical et l'industrie pharmaceutique. L'affaire du sang contaminé dans les années 1980 avait déjà entamé cette confiance. Le retrait de la formule trivalente du DTP et son remplacement par une formule hexavalente, contenant deux autres injections que celle du DTP, a suscité le soupçon. La campagne de vaccination contre la grippe H1N1 de 2009-2010 a contribué à discréditer la parole des experts. Les scandales du médiator puis du Levothyrox ont également nourri ce discrédit.

Le saviez-vous

LE PROFESSEUR JOYEUX : ON NE JOUE PAS AVEC LA SANTÉ PUBLIQUE

Parti en croisade contre la nouvelle formule hexavalente du DTP, le professeur Joyeux est devenu le porte-étendard des opposants à l'obligation vaccinale. Au nom de « la liberté d'expression » selon sa propre défense lors de son audition devant le Conseil de l'ordre, il a mis en ligne une pétition contre le DTP pour dénoncer la dangerosité des sels d'aluminium qu'il contient. Dans un livre, lors de conférences ou dans les médias, il se plaît à dénoncer « la dictature vaccinale ». Considérant qu'il avait utilisé sa crédibilité de médecins pour propager un discours potentiellement dangereux pour la société, il a été condamné en 2016 à la radiation de l'ordre des médecins, avant que cette décision ne soit infirmée en appel, faute d'un dossier assez solide.

Des millions de vies sauvées

La vaccination a surtout été victime de son succès. Elle a permis de faire reculer de manière drastique les maladies contre lesquelles elle luttait, ce qui a contribué pour une partie de l'opinion à penser que les vaccins n'étaient plus utiles.

Les maladies soumises à obligation vaccinale ont ainsi été largement éradiquées. Depuis les années 2000, il y a eu 17 cas de diphtérie déclarés en France, principalement à Mayotte. Le tétanos a causé la mort de 30 personnes pour 108 cas recensés entre 2005 et 2016. Depuis 1989, aucun foyer autochtone de poliomyélite n'a été recensé, mais la maladie continue de sévir dans le monde.

En ce qui concerne les huit autres maladies, la vaccination a permis de les circonscrire. Pour l'année 2015, 95 cas d'hépatite B, 79 cas de rougeole et 60 cas de méningite de type B ont été recensés. Si elles sévissent donc toujours, ces maladies à prévention vaccinale semblent pour une grande partie des Français, marginales.

Les campagnes de vaccination ont ainsi largement prouvé leur efficacité en réduisant l'ampleur de ces maladies infectieuses. Grâce à son introduction dans le calendrier vaccinal en 1983, le ROR (rougeole, oreillons, rubéole) a permis de passer de 859 cas pour 100 000 habitants en 1986 à neuf cas pour 100 000 habitants en 2013.

L'essentiel

D'après l'Organisation mondiale de la santé (OMS), entre 2 et 3 millions de vies sont sauvées chaque année grâce aux campagnes de vaccination contre la diphtérie, le tétanos, la coqueluche et la rougeole. En 1980, la variole a ainsi pu être déclarée comme éradiquée, à la suite d'une vaste campagne mondiale de vaccination alors qu'elle avait tué 300 millions de personnes au XXe siècle. De la même manière, la vaccination a permis de faire quasiment disparaître la poliomyélite depuis le début du XXIe siècle.

À l'inverse, le recul de la vaccination si la maladie persiste peut avoir des conséquences sanitaires d'ampleur. Plusieurs patients sont morts de la rougeole en France, en 2018. La lutte contre la coqueluche au Japon apparaît comme un cas d'école. En 1974, le pays ne recensait qu'un décès pour 393 cas de coqueluche alors que 80 % de la population étaient vaccinés. Face à l'abandon de la vaccination obligatoire cette année-là, la couverture vaccinale des enfants est tombée à 10 % cinq ans plus tard. En 1979, le Japon dénombrait 13 000 cas de coqueluche et 41 décès. En 1981, la vaccination contre la coqueluche était de nouveau instaurée.

Le saviez-vous

LA VACCINATION OBLIGATOIRE, UNE TENDANCE PLUTÔT PARTAGÉE

Alors que les associations anti-vaccins se plaisent à dire que l'obligation vaccinale est une spécificité française, de nombreux pays adoptent au contraire une politique de plus en plus normative. Certes, plusieurs pays européens comme l'Allemagne, l'Espagne ou le Royaume-Uni n'ont pas de vaccin obligatoire. D'autres, au contraire, contraignent la population à la vaccination comme la Belgique (1 vaccin obligatoire), la Croatie ou la Hongrie (4 vaccins obligatoires) ou la Slovénie (9 vaccins obligatoires). Surtout, la tendance normative ne semble pas une spécificité française. À l'automne 2017, la Cour constitutionnelle italienne a validé une loi rendant obligatoires dix vaccins, mesure néanmoins repoussée par le gouvernement populiste. En proie à une épidémie de rougeole, la Roumanie envisage la vaccination obligatoire. En Australie, depuis le 1er janvier 2016, les parents sont privés d'allocations familiales, faute de vaccination.

Fiche 69 : L'euthanasie, apaiser la fin de vie

Depuis plusieurs années, la médiatisation de plusieurs cas a contribué à alimenter le débat autour de l'euthanasie. Si la volonté de mourir sans souffrance est partagée par tous, l'instauration du droit à l'euthanasie dans la loi suscite des réticences, notamment par crainte des dérives.

Un cadre législatif restrictif

Depuis la loi Claeys-Leonetti de 2016, les patients disposent « d'un droit à la sédation profonde et continue jusqu'au décès ». Pour les malades en phase terminale, les soins peuvent être arrêtés en cas d'« obstination déraisonnable », « lorsqu'ils apparaissent inutiles, disproportionnés ou lorsqu'ils n'ont d'autre effet que le seul maintien artificiel de la vie ». Ce texte vise à éviter l'acharnement thérapeutique et légalise donc une forme d'anesthésie sans réveil « afin de dormir avant de mourir pour ne pas souffrir », pour reprendre les mots de Jean Leonetti.

La décision de l'arrêt des soins doit être prise collégialement. Elle peut être demandée par le patient quand les souffrances sont devenues insupportables ou par le médecin si le patient est incapable d'exprimer sa volonté ou s'il ne l'a pas exprimée préalablement.

Chacun peut désormais compléter « des directives anticipées » pour définir la conduite à suivre concernant sa fin de vie. Grâce à un formulaire disponible sur le site du ministère de la Santé, chaque Français peut faire état de sa volonté de limiter ou d'arrêter les traitements en cours, d'être transféré en réanimation ou non, d'être mis sous respiration artificielle ou non. Il peut également exprimer son souhait « d'être soulagé de ses souffrances même si cela a pour effet de mener au décès ».

Attention

Cependant son recours est très restrictif. Le pronostic vital doit être « engagé à court terme », ce qui exclut de fait la plupart des patients victimes de maladies neurodégénératives. De même, le patient doit réitérer sa demande à plusieurs reprises alors que l'évolution de sa maladie l'en empêche parfois.

Cette procédure a été mise en place à la suite de la judiciarisation du cas de Vincent Lambert. Celui-ci est dans un état végétatif permanent depuis un accident de la route survenu en 2008. Alors que son épouse souhaite abréger ses souffrances, sa famille s'oppose à l'arrêt des soins. Plusieurs collèges de médecins ont dénoncé une « obstination déraisonnable » et préconisé un arrêt des traitements, mais la famille épuise tous les recours juridiques pour éviter cette issue fatale.

Une inégalité de traitement face à la mort

Un autre cas d'euthanasie largement médiatisée, celui d'Anne Bert, romancière française partie en Belgique pour recevoir une injection létale en octobre 2017, met en lumière l'inégalité de traitement face à la mort en fonction des législations.

Plusieurs États du monde ont déjà légalisé l'euthanasie sous des formes diverses. L'euthanasie est légale aux Pays-Bas depuis 2001, en Belgique depuis 2002 au Luxembourg depuis 2009. D'autres États légalisent le suicide médicalement assisté. Dans ce cas, c'est le patient lui-même qui doit agir pour se donner la mort.

Le suicide assisté est toléré en Suisse. Un Australien de 104 ans a fait parler de lui en mai 2018 pour le recours à cette pratique. Il ne souffrait pourtant d'aucune pathologie en phase terminale, mais face à la détérioration de sa qualité de vie, il a décidé de bénéficier d'un suicide assisté en Suisse. Après un déjeuner avec sa famille, le centenaire s'est donné la mort en ouvrant la perfusion de produits létaux, selon un protocole organisé par une fondation privée, Exit international.

Un principe de liberté ou un risque de dérive ?

Une majorité de Français se prononce en faveur de l'euthanasie si l'on en croit les sondages d'opinion. L'un d'eux, réalisé par l'Ifop pour le journal *La Croix* et le Forum européen de bioéthique, révèle que 89 % des Français se prononcent en faveur de la légalisation de l'euthanasie ou du suicide assisté. Une très faible minorité, les 11 % restants, se montre satisfaite de la législation actuelle.

Début 2018, le Conseil économique, social et environnemental (CESE) a dénoncé les restrictions imposées par la Haute Autorité de santé (HAS) dans l'application de la loi Claeys-Leonetti. Elle aurait contribué à « restreindre les droits d'accès des patients » alors qu'une partie des professionnels de santé ont paradoxalement moins recours à la sédation profonde qu'avant son inscription dans la loi. Il a par ailleurs recommandé « une dépénalisation conditionnelle de l'aide à mourir » pour les malades incurables en « phase avancée ou terminale ». Cette « sédation profonde explicitement létale » doit permettre d'apaiser les souffrances des malades.

Les partisans de l'euthanasie, réunis notamment dans l'Association pour le droit à mourir dans la dignité (ADMD), défendent un principe de liberté, afin d'offrir à chacun la possibilité de choisir sa mort, tout en limitant les souffrances. Ce serait également un moyen de transcrire dans la loi des pratiques déjà fréquentes dans les hôpitaux. D'après l'Institut national d'études démographiques (Ined), chaque année, entre 2 000 et 4 000 personnes reçoivent une aide active à mourir.

Attention

Pour ses détracteurs, la légalisation de l'euthanasie risquerait de conduire à des dérives, voire à de l'eugénisme. Ils craignent que l'euthanasie ne se traduise par une mort expéditive, décidée par le corps médical qui pourrait alors conduire à des excès envers les patients atteints de maladies neurodégénératives ou lourdement handicapés, devenus incapables d'exprimer leur volonté.

Fiche 70 : Les avancées de la cause animale, vers un droit des animaux ?

Si l'on en croit le philosophe anglais John Stuart Mill, « tout grand mouvement doit faire l'expérience de trois étapes : le ridicule, la discussion et l'adoption ». Si elle était, il y a quelques années encore, au stade du ridicule, la question du droit des animaux progresse.

Des êtres doués de sensibilité

En 2013, la fondation 30 millions d'amis a lancé un appel « pour une évolution du régime juridique de l'animal dans le Code civil, reconnaissant sa nature d'être sensible ». Ce manifeste, signé par une vingtaine d'intellectuels français parmi lesquels Edgar Morin, André Comte-Sponville ou Élisabeth de Fontenay, a permis d'ouvrir le débat. D'après eux, les animaux étant des êtres capables de ressentir le plaisir et la souffrance, il est nécessaire d'octroyer à l'animal la qualité de sujet de droit.

La loi de modernisation et de simplification du droit, adoptée en 2015, apporte une première avancée juridique, qui n'est pas sans ambiguïté. En vertu de l'article 515-14 du Code civil, « les animaux sont des êtres vivants doués de sensibilité. Sous réserve des lois qui les protègent, les animaux sont soumis au régime des biens ». La loi reconnaît donc que l'animal n'est pas une chose tout en inscrivant qu'il continuera à être traité ainsi alors que la loi française ne dispose encore que de deux catégories juridiques, les biens et les personnes.

L'essentiel

La question des droits des animaux s'inscrit dans une réflexion de longue durée. Dès 1850, la loi Grammont est considérée comme le premier texte majeur en matière de protection animale, même si les spécialistes du droit reconnaissent que ce texte est surtout destiné à protéger la sensibilité des spectateurs : « Seront punis d'une amende de cinq à quinze francs, et pourront l'être d'un à cinq jours de prison, ceux qui auront exercé publiquement et abusivement des mauvais traitements envers des animaux domestiques ».

La protection des animaux est étendue au domaine privé dans un décret du 7 septembre 1959 d'Edmond Michelet, alors ministre de la Justice. En 1976, l'article L. 214-1 du Code rural affirme que « tout animal étend un être sensible, [il] doit être placé par son propriétaire dans des conditions compatibles avec les impératifs biologiques de son espèce ».

Un code privé de l'animal

Depuis le début de l'année 2018, les animaux disposent de leur propre code juridique. Réalisé par des universitaires spécialistes du droit des animaux, en collaboration avec la Fondation 30 millions d'amis, ce *Code de l'animal* de plus de 1 000 pages rassemble désormais toutes les législations en vigueur à propos des animaux. Cette démarche, inédite en Europe, consacre une nouvelle étape vers la reconnaissance d'un statut juridique spécifique.

Il ne s'agit cependant que d'un code privé, sur le modèle du code de la montagne ou du code administratif. Il ne contient pas de nouvelles lois et se contente de rassembler toutes les lois existantes dans les sept codes officiels (Codes civil, pénal, rural, de pêche maritime, environnemental, des collectivités territoriales ou de la santé publique). Cette somme à la couverture bleue doit faciliter le travail de défense des animaux. Il rassemble en outre les grandes décisions concernant les animaux qui peuvent faire office de jurisprudence.

L'essentiel

Selon la Fondation 30 millions d'amis, c'est un outil indispensable pour faire évoluer le traitement juridique des animaux. L'association, qui se porte régulièrement partie civile dans les procès pour maltraitance animale, constate par ailleurs un alourdissement général des peines au fur et à mesure du temps.

Le saviez-vous

DES CHAPITEAUX SANS ANIMAUX

Pourtant, à l'origine même du cirque, les animaux sauvages y sont de moins en moins les bienvenus. Selon un sondage de l'Ifop, pour la Fondation 30 millions d'amis, 67 % des Français sont favorables à l'interdiction d'animaux sauvages dans les cirques. L'association Paris Animaux Zoopolis a lancé une vaste campagne en 2018 derrière le slogan « Les animaux ne sont pas des jouets » pour faire interdire le recours à des animaux sauvages dans les spectacles de cirque. De nombreuses communes ont déjà pris des arrêtés d'interdiction alors que près d'une trentaine de pays parmi lesquels la Belgique, l'Inde, le Mexique ou la Suède ont déjà légiféré contre cette pratique.

Vers la reconnaissance d'une personnalité juridique

Les animaux pourraient devenir des sujets de droit, au même titre que les personnes morales que sont les associations ou les syndicats. Cela leur permettrait d'être représentés en leur nom pour faire avancer de manière significative la lutte contre la souffrance animale.

Cependant, les opposants craignent que la reconnaissance juridique se transforme en entrave à l'exploitation économique de l'animal. Selon eux, c'est tout le mode d'alimentation humaine qui est menacée et, par là, l'avenir économique de toute une filière agroalimentaire. Il est donc nécessaire de concilier la protection des animaux tout en préservant la possibilité de les exploiter par l'agriculture.

L'Europe peut alors servir de modèle puisque des mesures ont été adoptées à cette échelle pour protéger les animaux d'élevage. Le Conseil de l'Europe a adopté dès 1976 la Convention sur la protection des animaux dans les élevages. En outre, depuis le traité d'Amsterdam de 1997, « un protocole sur la protection et le bien-être des animaux » enjoint les États de l'Union à « tenir pleinement compte des exigences du bien-être des animaux » « dans les domaines de l'agriculture, des transports, du marché intérieur et de la recherche ».

L'essentiel

La France a accompli un premier pas grâce à l'Agence nationale de sécurité sanitaire de l'alimentation, de l'environnement et du travail (Anses) qui a défini pour la première fois, de manière officielle, le bien-être animal. Présenté comme « l'état mental et physique positif lié à la satisfaction de ses besoins physiologiques et comportementaux, ainsi que de ses attentes », le bien-être animal reconnaît l'importance de son ressenti. Au même moment, l'Assemblée nationale rejetait de nombreuses propositions en faveur de la protection animale.

À méditer

DES INTÉRÊTS DIVERGENTS

Au cours de l'examen du projet de loi Agriculture et alimentation, en mai 2018, l'Assemblée nationale a semblé faire peu de cas de la souffrance animale. Plusieurs amendements ont pourtant été déposés pour interdire l'élevage des poules pondeuses en cage, le broyage des poussins mâle dans les élevages ou encore la castration à vif des cochons, mais ils ont tous été rejetés pour ne pas entraver le développement de la filière agricole. Ce vote a fait l'objet de nombreuses critiques de la part des associations de protection des animaux, dénonçant une soumission aux intérêts de la filière agroalimentaire.

PARTIE 5
LES PROGRÈS DE LA PROTECTION DE L'ENVIRONNEMENT

DANS CETTE PARTIE…

« Notre maison brûle et nous regardons ailleurs. » Cette célèbre phrase prononcée par Jacques Chirac devant l'assemblée plénière du quatrième sommet de la Terre de Johannesburg, en septembre 2002, aurait pu être prononcée hier, tant les enjeux liés à la protection de l'environnement restent prégnants. Elle était pourtant elle-même inspirée d'une chanson de 1986, *Beds are Burning*, d'un groupe australien, Midnight Oil, dénonçant le réchauffement climatique comme responsable des feux de forêt dans leur pays.

Certes, depuis 2002, des progrès ont été accomplis en matière de lutte contre le réchauffement climatique. Les conférences internationales ont fixé un objectif de limitation à ce dérèglement des équilibres planétaires. En dépit de l'égoïsme de certains États, ces grands sommets internationaux ont également permis une prise de conscience mondiale de l'urgence des actions à mener pour limiter la destruction en cours de la planète.

Beaucoup reste cependant à faire et la litanie des articles scientifiques sur le sujet est là pour nous le rappeler. L'homme a souvent tendance à oublier qu'il n'est qu'une partie de cet écosystème terrestre et que la Terre constitue son seul horizon actuel. Il reste possible d'agir pour éviter une faillite écologique même si chaque année l'humanité vit un peu plus à crédit, en ce qui concerne l'exploitation des ressources naturelles.

Chapitre 9
Des énergies en débat

DANS CE CHAPITRE :

- **La lutte contre le réchauffement climatique**
- **Pollution atmosphérique et énergies fossiles**
- **Les défis de l'électricité**

« Ma mort prématurée au moyen d'un carburant fossile reflète ce que nous sommes en train de nous infliger », a écrit David Buckel, célèbre avocat et militant américain, avant de s'immoler par le feu, après s'être aspergé d'essence, le 14 avril 2018, à New York. Par ce suicide médiatique, il espérait dénoncer le rôle des carburants dans la pollution atmosphérique et attirer l'attention du monde sur l'importance de mener des actions plus importantes pour défendre l'environnement.

Vitales pour les sociétés humaines alors que toute l'économie dépend d'elles, les énergies sont très disputées. Si les hommes sont progressivement rattrapés par l'évidence de la fin programmée des énergies fossiles, leur utilisation est responsable d'une pollution atmosphérique qui dérègle à la fois les équilibres globaux et la santé des individus. La nécessité d'une transition énergétique est donc actée, même si les actes concrets peinent à se mettre en place.

La nécessité de changer de modèle énergétique s'installe depuis près de 50 ans maintenant, mais il devient de plus en plus pressant d'agir. Alors que le nucléaire continue de se développer malgré Fukushima, que le diesel est victime d'un opprobre mondial à la suite du mensonge des constructeurs ou que l'éolien peine à décoller en France face aux résistances, les énergies ne manquent pas d'alimenter le débat.

Fiche 71 : Les accords internationaux et la lutte contre le réchauffement climatique

Dès 1895, le chimiste suédois Svante Arrhenius, développe une théorie environnementale qui met en évidence l'influence du CO_2 sur l'amplification de l'effet de serre et l'augmentation des températures globales. Il faut pourtant attendre les années 1970 pour que la communauté internationale agisse pour lutter contre le réchauffement climatique. Aujourd'hui, les mécanismes sont bien connus et les mesures à prendre pour limiter le réchauffement climatique sont identifiées même si leur mise en place reste compliquée.

Une politique internationale volontariste

La première conférence mondiale sur le climat est organisée par l'Organisation météorologique mondiale (OMM) et le Programme des Nations unies pour l'environnement (PNUE) dès 1979 pour mieux appréhender « les changements climatiques d'origine anthropique qui pourraient nuire au bien-être de l'humanité ». Elle donne naissance au Groupe d'experts intergouvernemental sur l'évolution du climat (GIEC) qui produit depuis des rapports alertant sur les liens entre les gaz à effet de serre et le réchauffement climatique.

L'essentiel

Après la définition du développement durable en 1987 par le rapport Bruntdland, le sommet de la Terre de Rio créé la Convention-cadre des Nations unies sur les changements climatiques (CCNUCC) en 1992 qui prévoient la tenue de conférence des parties à la Convention (Conference of the Parties, COP) chaque année depuis 1995.

Lors de la COP-3 organisée au Japon en 1997, le protocole de Kyoto devient le premier accord international contraignant sur la réduction des émissions de gaz à effet de serre. Mais les principaux pollueurs, les États-Unis, la Chine ou l'Inde, refusent de le ratifier alors que la Russie s'en est retirée. Ce protocole doit expirer en 2020.

La COP-21 organisée à Paris en 2015 a ainsi eu pour objectif d'assurer sa succession. Les 175 États signataires se sont engagés à limiter le réchauffement mondial « nettement en dessous de 2°C par rapport aux niveaux préindustriels (la fin du XIXe siècle) en poursuivant l'action menée pour limiter l'élévation des températures à 1,5 degré », même si ces engagements ne sont pas contraignants.

Le saviez-vous

LES GAZ À EFFET DE SERRE, PRINCIPAUX RESPONSABLES DES DÉRÈGLEMENTS

Les gaz à effet de serre, dont le plus présent est le CO_2, ont un rôle bien identifié en matière de réchauffement climatique. Ils laissent entrer dans l'atmosphère le rayonnement solaire, mais retiennent une grande partie des rayons infrarouges. Les carottages réalisés par la Société chimique de France ont montré que la concentration dans l'atmosphère du CO_2 a augmenté de plus de 40 % depuis l'an 1000. La croissance des rejets atmosphériques liés aux activités humaines, 1,5 gigatonne en 1950 contre plus de 25 actuellement, ne permet plus une bonne absorption des gaz par les océans, les forêts et les sols. C'est l'accumulation dans l'atmosphère de ces excédents qui se traduit par un phénomène de réchauffement.

Un dérèglement climatique d'ampleur

Ces difficultés de la diplomatie internationale se traduisent par une aggravation en cours du réchauffement climatique. La limite des 2 degrés de hausse par rapport à la fin du XIXe siècle a très peu de chances d'être respectée d'après les rapports du GIEC. Elle est pourtant pensée comme un moyen de garantir les rendements agricoles tout en limitant la hausse du niveau de la mer. La hausse des températures atteint actuellement 0,85 °C, mais elle pourrait se poursuivre jusqu'à 4,8°C à la fin du siècle, si aucune mesure n'est adoptée.

L'essentiel

Depuis 1995, la température moyenne mondiale a augmenté de 0,4 °C alors que le niveau moyen des océans a crû de huit centimètres. La banquise a perdu 30 % de son épaisseur et 30 % de sa superficie. La fonte des terres gelées en profondeur dans l'espace arctique libère des gaz emmagasinés depuis des millions d'années. La diminution de l'effet d'albédo, le renvoi d'une partie des rayons du soleil par des surfaces claires, aggrave encore le phénomène.

La hausse des températures globales provoque en outre un dérèglement climatique plus large qui se traduit notamment par la multiplication des phénomènes météorologiques exceptionnels. Les cyclones sont plus puissants et donc beaucoup plus dévastateurs, étant donné le réchauffement des eaux de l'Atlantique. Les inondations sont également plus fréquentes ; en Caroline du Nord, les hautes marées provoquaient 20 jours d'inondations par an dans les années 1990 contre 80 jours actuellement.

À méditer

2018, L'ANNÉE DE LA PRISE DE CONSCIENCE ?

Les températures extrêmes de l'été 2018 ainsi que la multiplication des événements climatiques exceptionnels cette année pourrait bien mettre fin au déni du changement climatique. La vague de chaleur qui s'est abattue sur le Japon a été déclarée catastrophe naturelle alors que le pays venait de subir des inondations et des glissements de terrain meurtriers. Aux États-Unis, des immenses feux de forêt ont touché l'ouest du pays avant que l'ouragan Florence ne provoque de vastes inondations dans le sud-est. La vague de chaleur qui s'est abattue sur le globe cet été risque bien de consacrer 2018 comme l'une des années les plus chaudes alors que, pour l'heure, les quatre dernières années occupent les quatre premières places des années les plus chaudes depuis la mise en place des relevés en 1880. Ces records de température associés à la multiplication des phénomènes climatiques exceptionnels pourraient bien contribuer à l'évolution de la perception du dérèglement climatique, qui pourrait cesser de n'être qu'une théorie abstraite.

Des mesures drastiques nécessaires

Les moyens à mettre en œuvre pour enrayer cette spirale néfaste sont cependant bien identifiés. Depuis 2014, conséquence du ralentissement de l'économie des principaux émergents, les émissions mondiales annuelles de CO_2 se sont stabilisées. Mais les actions menées par les États devront dépasser les engagements pris lors de la 21e COP qui, s'ils étaient entièrement respectés, se traduiraient par une hausse des températures de 3 °C à l'horizon 2100.

Un rapport spécial du Groupe d'experts intergouvernemental sur l'évolution du climat (GIEC), présenté comme le rapport de la dernière chance lors de sa publication en octobre 2018, entretient l'espoir d'une limitation du réchauffement climatique à 1,5 °C. Construite à partir de plus de 6 000 études scientifiques, cette synthèse de 400 pages prône un sursaut international.

L'essentiel

La solution la plus radicale et la plus efficace consiste à rompre drastiquement avec les énergies fossiles. En laissant sous terre 90 % des réserves de charbon, 50 % des réserves de gaz et 30 % des réserves de pétrole, l'humanité parviendrait à limiter la hausse des températures. L'amélioration de l'efficacité énergétique est en cours pour limiter les consommations d'énergie fossile alors que le développement des sources alternatives doit permettre de sortir de la dépendance vis-à-vis de ces énergies non renouvelables.

À méditer

« AU PIED DE MON ARBRE, JE VIVAIS HEUREUX... »

Parmi les solutions potentielles, figurent en bonne place l'arrêt de la déforestation, le reboisement et la restauration des milieux sylvestres mondiaux. La forêt couvre actuellement 30 % de la superficie terrestre et absorbe environ 30 % des émissions humaines. D'après les chercheurs du Woods Hole Research Center (WHRC), un institut de recherche indépendant, une plus grande attention portée aux forêts pourrait permettre de remplir un quart des objectifs de plafonnement du réchauffement climatique. Si la déforestation est encore massive en Amazonie ou en Asie du Sud-Est, la Chine a accru son domaine forestier de plus de 60 millions d'hectares depuis les années 1980 et la surface forestière indienne a gagné 7 millions d'hectares depuis 1995.

Fiche 72 : Le nucléaire, allié indispensable ou adversaire des énergies renouvelables ?

Si la fermeture de la centrale de Fessenheim est attendue pour la fin 2019, la mise en service du premier EPR en Chine montre bien que la fin du nucléaire n'est pas pour maintenant alors que la deuxième économie mondiale a déjà programmé la construction de vingt nouvelles centrales. Pourtant, cette énergie traverse une période difficile depuis la catastrophe de Fukushima en 2011 qui a précipité la décision allemande de mettre fin à son programme nucléaire.

Le nucléaire, un choix assumé

La France a fait le choix d'investir massivement dans le nucléaire civil depuis 1945, date de la création par le général de Gaulle du Commissariat à l'énergie atomique (CEA). Pensé comme un gage d'indépendance, le nucléaire connaît un développement considérable dans les années 1960, avec notamment la mise en service d'un premier prototype de centrale nucléaire en 1967 à Cadarache. Notre pays possède aujourd'hui 58 réacteurs nucléaires en activité qui produisent 75 % de l'électricité, soit 38,7 % du mix énergétique, devant le pétrole qui représente 32,4 %.

L'essentiel

En vertu de la loi de transition énergétique de 2015, la France s'est engagée à diminuer de moitié sa consommation énergétique en 2050, à réduire de 30 % le recours aux énergies fossiles d'ici 2030 ou encore à baisser la part de l'électricité d'origine nucléaire à 50 %. Alors que l'objectif initial fixait l'horizon 2025, Nicolas Hulot a reconnu, fin 2017, que ce délai ne serait pas tenu, car une diminution trop rapide du parc nucléaire se traduirait par le maintien des quatre centrales à charbon et la construction de nouvelles centrales au gaz.

La stratégie radicale allemande de sortie du nucléaire fait office de contre-modèle. Quatre jours après la catastrophe de Fukushima, le 15 mars 2011, la chancelière Angela Merkel a annoncé l'arrêt immédiat de huit réacteurs nucléaires et la sortie définitive de l'atome en 2022. Cette décision s'inscrit plus largement dans le cadre de l'*Energiewende*, « la transition énergétique », une feuille de route présentée en 2000 pour repenser le modèle énergétique. Mais l'arrêt brutal du nucléaire s'est soldé par un maintien de la production électrique à partir des énergies fossiles ; le charbon représente encore plus de 40 % de la production d'électricité, soit la première source d'énergie utilisée dans la production de courant, ce qui explique que l'Allemagne ne remplit pas ses objectifs en matière de réduction des émissions de CO_2.

À méditer

UNE CENTRALE FLOTTANTE POUR EXPLOITER LES HYDROCARBURES

Pendant que le monde réfléchit à des solutions de transition énergétique, la Russie vient de mettre en service la première centrale nucléaire flottante du monde. Sur une barge de 144 m de long pour 30 m de large, les deux réacteurs doivent être déployés dans l'Arctique pour permettre l'extraction et la transformation des hydrocarbures. Outre l'impact en termes d'émission de gaz à effet de serre, les ONG alertent sur les dangers d'une telle installation dans des eaux jusqu'alors préservées. Greenpeace compare cette barge à fond plat dénuée de système de propulsion à « une palette en bois envoyée pour dériver dans les eaux les plus difficiles au monde ».

Des renouvelables à la peine

La transition énergétique allemande a néanmoins permis une accélération massive des énergies renouvelables. Elles sont passées de 10 % de la production d'électricité en 2005 à près de 30 % aujourd'hui. Grâce à un soutien public par des tarifs garantis de rachat de l'électricité, l'Allemagne a développé une nouvelle filière industrielle dans l'éolien, qui lui permet aujourd'hui d'exporter. La mer du Nord a ainsi vu fleurir de vastes champs éoliens. Le coût de ce soutien aux renouvelables est évalué à 400 milliards d'euros entre 2000 et 2025, ce qui justifie une électricité en moyenne 20 % plus chère que celle payée par les Français.

L'attachement français au nucléaire s'explique aussi par le faible coût de cette énergie, estimé à quatre centimes par kilowatt-heure. La maîtrise d'un savoir-faire technologique est également mise en avant alors que la France développe via Framatome, ex-Areva, des centrales de nouvelle génération, dites EPR pour Evolutionary Power Reactor, en Finlande ou au Royaume-Uni. Cette évolution, qui a pris un retard tout aussi considérable que le surcoût des projets, s'est traduite par une crise profonde de la filière qui a nécessité une refonte totale.

L'essentiel

En raison de ses investissements massifs dans le nucléaire, la France est à la traîne dans le domaine des énergies renouvelables. Elles ne représentent que 17,8 % de la production totale d'électricité en 2016 contre 10,9 % en 2005. Parmi cette production, l'hydraulique continue d'occuper une place majeure avec 10,1 % de la production électrique française. Par rapport à ses voisins européens, la France accuse donc un profond retard avec 107 000 emplois dans le secteur contre plus du triple pour l'Allemagne.

Fiche 73 : L'éolien, une énergie en débat

Ce retard est le plus sensible en matière d'éolien. Les éoliennes fournissent 51 % de l'électricité au Danemark, 18 % en Espagne, 16 % au Royaume-Uni contre moins de 4 % pour la France. En raison d'une législation très restrictive et d'un rejet très large de la population, le secteur éolien connaît de grandes difficultés, à tel point que Jean-Yves Grandidier, P.-D.G. de Valorem, opérateur en énergie verte, parle lui-même d'une « filière mort-née ».

Une filière sous perfusion

Dans un rapport rendu public en avril 2018, la Cour des comptes dénonce le coût de la politique de soutien au développement des énergies renouvelables. Ces mécanismes représentent chaque année plus de 5 milliards d'euros, dont 4,4 milliards pour les éoliennes électriques. Le secteur vit des subventions publiques.

Ce soutien public prend notamment la forme d'un rachat d'électricité à un tarif très supérieur au marché pour les 6 500 éoliennes terrestres installées en France. La Cour des comptes alerte par ailleurs sur le risque d'explosion du coût alors que les tarifs garantis courent sur une période de vingt ans.

En ce qui concerne l'éolien offshore, le gouvernement a décidé de remettre à plat toute la filière en 2018, malgré le retard important. Première façade maritime européenne, la France ne dispose d'aucune éolienne offshore en activité. L'État a annulé les appels d'offres octroyés en 2012 et 2014, en raison du coût potentiel des projets, afin de renégocier les tarifs garantis à l'époque qui représentent six fois les tarifs du marché actuel.

Des difficultés d'installation

Les industriels dénoncent quant à eux les difficultés d'installation pour expliquer ce retard. L'encadrement très strict par la loi et les nombreux recours sont à l'origine de délais de création beaucoup plus longs qu'à l'étranger. Alors qu'en Allemagne, trois à quatre ans suffisent pour créer un parc éolien, il faut en moyenne sept à dix ans en France. Ces délais se répercutent au niveau du retard technologique puisque les éoliennes installées sont souvent déjà obsolètes.

53 % des projets en cours sont l'objet d'un recours. Les oppositions viennent des écologistes, des chasseurs, mais également des riverains qui parviennent à ralentir ou à faire arrêter les projets de création. Les associations misent sur la lenteur de la justice pour obtenir le retrait des investisseurs. Elles dénoncent les atteintes aux paysages et au patrimoine,

les nuisances en termes de bruit ou de pollution lumineuse, ou encore les risques pour les oiseaux migrateurs puisque les éoliennes sont systématiquement placées dans les couloirs de vent.

Outre ces recours, les parcs éoliens sont encadrés par une législation très contraignante. 86 % du territoire est interdit en raison de la politique de protection du patrimoine, de la protection de la faune sauvage dans les zones Natura 2000 ou encore des contraintes du ministère de la Défense. L'État envisage d'étendre la zone tampon autour des radars militaires d'un rayon de 70 km contre 30 km actuellement, ce qui réduirait encore les possibilités de déploiement de l'éolien.

Un retard considérable

La France ne satisfait donc pas ses objectifs en matière de développement durable. La loi de transition énergétique avait prévu un doublement de la capacité installée en éolien terrestre d'ici 2023 ; il faudrait 4 000 éoliennes supplémentaires pour remplir cet objectif. En matière d'éolien offshore, le revirement du gouvernement signifie qu'aucun parc ne sera achevé avant 2022, ce qui risque encore de creuser l'écart par rapport aux autres pays alors que plus de 4 000 éoliennes tournent déjà sur les côtes européennes.

Pour combler ce déficit, un groupe de travail mandaté par le ministre de la Transition écologique et solidaire a présenté dix propositions en janvier 2018. Pour inciter les communes à accepter la création de nouveaux projets, il propose de revoir la fiscalité qui est pour l'heure reversée à l'échelle intercommunale. De même, le financement participatif par des riverains est envisagé pour établir une contrepartie à la nuisance.

Le saviez-vous

DES TECHNOLOGIES DU FUTUR POUR REPENSER LA FILIÈRE

Alors que l'éolien a pris du retard, d'autres technologies sont actuellement testées sur le même principe. Des hydroliennes exploitant l'énergie des courants ou des marées sont en cours de déploiement, notamment dans l'estuaire de la Garonne. Contrairement à l'énergie solaire ou éolienne, l'hydrolien a l'avantage d'être prédictible puisque les marées peuvent être calculées plusieurs centaines d'années à l'avance. L'éolien offshore flottant est également déployé dans plusieurs fermes pilotes. D'autres énergies prometteuses se profilent parmi lesquelles l'énergie houlomotrice, produite par les vagues, l'énergie osmotique, produite grâce à la différence de salinité des eaux ou encore l'énergie thermique des mers, produite grâce aux courants chauds entre les eaux superficielles et les eaux profondes.

Fiche 74 : La remise en cause du diesel

Quand Anne Hidalgo, maire de Paris, prévoit l'interdiction du diesel dans la capitale pour 2024 ou quand Nicolas Hulot, alors ministre de la Transition écologique et solidaire, annonce la fin des moteurs thermiques pour 2040, l'opinion publique se dit que le changement est pour bientôt. En revanche, quand il s'agit du patron de Porsche qui annonce que « la voiture du futur sonnera le glas des moteurs à combustion », on se dit que l'automobile est en train de vivre un revirement industriel considérable.

Une technologie mise en cause

Mis au point en 1892 par l'ingénieur allemand Rudolf Diesel, la technologie du même nom a permis de donner une nouvelle jeunesse au moteur à combustion depuis les années 1970, grâce à un allégement de fiscalité par rapport à l'essence. La France avait notamment encouragé son déploiement. En 2017, le moteur diesel représente encore 47 % des ventes de véhicules neufs pour les particuliers et 84,6 % des flottes d'entreprises.

Le saviez-vous

TRUE LIES

Le scandale du Dieselgate, né aux États-Unis en 2015 après les révélations sur les moteurs truqués par le groupe Volkswagen, a profondément bouleversé l'industrie automobile mondiale. Une ONG américaine, l'ICCT (International Council on Clean Transportation) a révélé que le groupe allemand avait installé un logiciel qui permettait d'adapter les normes antipollution pendant les tests. 11 millions de véhicules concernés dans le monde, 22 milliards de réparations aux États-Unis, plus de 50 milliards de pertes boursières ont donné à cette affaire une ampleur hors norme. Dans la foulée, d'autres constructeurs sont soupçonnés de tricherie ; les affaires judiciaires sont toujours en cours contre plusieurs groupes notamment Fiat-Chrysler.

L'opinion découvre alors que cette technologie plébiscitée est largement polluante. Les véhicules diesel émettent des oxydes d'azote, dont le désormais fameux dioxyde d'azote (NO_2), pour lequel le groupe Volkswagen a voulu montrer en vain l'innocuité en le faisant inhaler à haute dose par des singes. La dangerosité des particules ultrafines, en particulier les hydrocarbures aromatiques polycycliques (HAP), est également révélée par le scandale. Fragmentées par les filtres à particules, ces nanoparticules peuvent alors pénétrer dans le sang pour atteindre le cerveau ou le placenta des femmes enceintes. Les chercheurs ont également montré le rôle joué par les HAP dans le développement des pathologies cardio-vasculaires.

L'essentiel

D'après la revue scientifique *Nature*, les oxydes d'azote sont responsables de 38000 morts prématurées chaque année dans le monde. L'OMS estime à 500000 le nombre annuel de morts liées à la pollution de l'air, dont 48000 en France. Face à ces constats alarmistes, la Commission européenne a renvoyé la France devant la Cour de justice de l'Union européenne (CJUE) en mai 2018 pour non-respect des normes de qualité de l'air. Neuf États européens sont ainsi l'objet d'une procédure d'infraction, notamment l'Allemagne et le Royaume-Uni alors que deux d'entre eux, la Pologne et la Bulgarie ont été condamnées en 2017.

Un abandon progressif du moteur thermique

La crise du diesel remet en cause brutalement l'hégémonie des moteurs à combustion. Plusieurs constructeurs ont déjà annoncé qu'ils allaient cesser la commercialisation des modèles diesel. Après Volvo en 2017, Toyota, Mitsubishi ou encore Fiat-Chrysler ont renoncé officiellement à cette technologie. Signe d'un changement profond, le nouveau patron de Volkswagen, Matthias Müller, a suggéré au gouvernement allemand de rediriger les avantages fiscaux accordés au diesel vers des aides à la diffusion des modèles électriques ; mais, preuve que tout le monde n'est pas prêt à cette rupture technologique, la leader du parti radical l'a qualifié en retour de « Judas du diesel ».

Les pouvoirs publics ont cependant pris la mesure de cet opprobre. La France a décidé d'aligner progressivement les prix des carburants. Le bonus est désormais réservé aux seuls véhicules électriques alors qu'une prime à la casse permet dans certaines conditions d'obtenir une aide supplémentaire pour se séparer d'un vieux véhicule diesel.

D'autres pays sont allés encore plus loin, comme la Norvège qui souhaite une disparition des ventes de véhicules diesel d'ici 2025. Grâce à un système de bonus-malus, les ventes de véhicules électriques et hybrides ont été supérieures à celles des véhicules thermiques en 2017.

L'essentiel

Cette politique ambitieuse semble porter ses fruits puisqu'en mars 2018, le marché de l'électrique a réalisé en France son meilleur résultat depuis son lancement. Plus de 4 200 modèles particuliers électriques ont été immatriculés, soit une hausse de 41,60 % par rapport à mars 2017. Néanmoins, les prix élevés rendent ce marché encore fragile. Les technologies hybrides devraient profiter largement de cette nouvelle ère alors que les spécialistes du secteur prévoient qu'ils soient les seuls véhicules à répondre à des normes antipollution de plus en plus drastiques d'ici quelques années.

Fiche 75 : La fermeture des voies sur berges à Paris

Symbole de l'essor automobile au cours des Trente Glorieuses, les voies sur berges sont inaugurées en 1967 par le Premier ministre Georges Pompidou lui-même qui, quelques années plus tard, déclarera vouloir « adapter la ville à l'automobile ». Depuis 2016, la fermeture de la partie centrale de cette voie express transversale aménagée le long de la Seine en fait une incarnation de la politique écologiste de la maire de Paris.

Une politique antipollution volontariste

La maire de Paris, Anne Hidalgo, défend une politique de restriction de la place de l'automobile dans la capitale depuis son élection en 2014. La décision de fermer 3,3 km au centre de la voie Georges-Pompidou est devenue le symbole de son mandat, tant les débats se sont cristallisés autour de cette interdiction de circulation entrée en vigueur à l'automne 2016. Le conseil régional d'Île-de-France et sa présidente, Valérie Pécresse, concentrent les attaques sur cette politique accusée de renforcer les embouteillages.

Présidente, depuis 2016, du C40 Cities, un regroupement de 96 métropoles mondiales pour lutter contre le réchauffement climatique, Anne Hidalgo incarne le combat des villes mondiales contre la pollution. Sa majorité municipale a décidé d'interdire progressivement les véhicules thermiques. Depuis le 1er juillet 2017, les véhicules répondant à la norme Crit'Air 5 sont interdits dans la capitale avant que la mesure ne concerne les Crit'Air 4 à partir de 2019, les Crit'Air 3 en 2022 pour parvenir à la fin du diesel à Paris pour les JO de 2024.

L'essentiel

D'après la mairie de Paris, la pollution causerait en Île-de-France 2 500 morts prématurées par an, ce qui justifie ce changement de paradigme. Une étude réalisée par l'institut Wuppertal, à la demande de l'ONG Greenpeace, a révélé au printemps 2018 que Paris demeurait à la traîne en Europe au niveau de la qualité de l'air. Loin derrière Copenhague, Amsterdam et Oslo, Paris occupe la septième place de ce classement des villes européennes. Si en matière de transport public, Paris décroche un bon résultat grâce à son réseau de métro le plus dense du monde, ce n'est pas le cas au niveau de la pollution à cause de la congestion du trafic. Sa population totale élevée et ses fortes densités contribuent à asphyxier une des capitales les plus engorgées en Europe.

LES RATÉS DE LA MOBILITÉ DOUCE EN LIBRE-SERVICE

À méditer

Pour encourager les usagers à emprunter davantage de moyens de transport non polluant, les grandes métropoles déploient depuis plusieurs années des véhicules en libre-service. En 2018, ce secteur connaît quelques ratés. Alors que le système de véhicules électriques en libre-service Autolib' a cessé en juillet 2018, en raison d'une dette abyssale, le Vélib' traverse lui aussi une période trouble. À la suite d'un appel d'offres, Smovengo a succédé à JC Decaux pour son exploitation, mais le nouvel opérateur connaît de nombreux retards et dysfonctionnements. Les 1 400 nouvelles stations devaient être installées pour mars 2018 alors que seules 533 l'étaient effectivement. En avril 2018, moins de 3 000 vélos en libre-service étaient disponibles contre plus de 13 000 à l'automne 2017.

Un combat mondial contre les embouteillages

Les grandes métropoles mondiales souffrent toutes de ce fléau. Outre le développement des transports en commun et des mobilités douces, elles œuvrent à la réduction du nombre de véhicules polluants.

Londres fait figure de précurseur en introduisant un péage urbain dès 2003. Selon le rapport de la société Transport for London, le trafic automobile a été réduit de 21 % entre 2000 et 2015 alors que l'utilisation du vélo est en hausse sur la même période ; chaque jour, ce sont ainsi 80 000 voitures qui ne circulent plus dans la capitale britannique alors que le péage affiche désormais une surtaxe pour les véhicules les plus polluants.

D'autres villes européennes ont adapté le système. Depuis 2006, les véhicules les plus polluants sont interdits de circulation à Copenhague. Bruxelles a quant à elle interdit la circulation des véhicules les plus polluants depuis janvier 2018, parmi lesquels toutes les voitures diesel.

En France, les péages urbains devraient se généraliser en vertu de la loi mobilité présentée au printemps 2018. Ils n'étaient pour l'heure qu'expérimentaux et limités à une durée de trois ans. Pour éviter qu'ils ne se transforment en une barrière financière et donc sociale, l'Eurométropole de Lille envisage la création d'un éco-bonus mobilité qui récompenserait financièrement les automobilistes acceptant de renoncer à leur véhicule aux heures de pointe.

Ce système existe déjà aux Pays-Bas. Des caméras identifient les automobilistes grâce à leur plaque minéralogique. Ils sont ensuite invités à participer au programme en plaçant un boîtier à l'intérieur de leur véhicule. À chaque trajet évité, ils reçoivent une somme d'argent pour récompenser leur bonne conduite.

À méditer

DUNKERQUE, EN POINTE SUR LA GRATUITÉ DES TRANSPORTS

Ville portuaire et sidérurgique du nord de la France, plus connue pour son carnaval ou la débâcle de 1940, Dunkerque est en passe de devenir un modèle pour les autres métropoles. Depuis le 1er septembre 2018, elle est la plus grande agglomération d'Europe à instaurer la gratuité pour tous de son réseau de bus. Changer les mentalités en termes de déplacements et augmenter la fréquentation des transports publics sont les principaux objectifs de cette mesure estimée à 4,5 millions d'euros, soit 10 % du budget global de l'intercommunalité. Pendant deux ans, les 200 000 habitants de l'agglomération ont pu tester ce service avant qu'il ne devienne pérenne. Comme elle, une trentaine de villes en France ont déjà franchi le pas à l'instar de Châteauroux depuis 2001 et d'Aubagne depuis 2009, ce qui pourrait faire réfléchir les responsables politiques des principales villes de France.

Fiche 76 : La voiture électrique autonome

Un homme pense avoir la solution pour lutter la fois contre les embouteillages et la pollution : Elon Musk. En développant la voiture électrique autonome, le patron de Tesla promet de révolutionner les déplacements urbains. En attendant, son entreprise accumule les retards industriels, les pertes financières, et l'exploitation expérimentale des voitures électriques autonomes s'est traduite par plusieurs accidents récents.

Une révolution technologique

Certains comparent la révolution de la voiture électrique autonome avec les débuts de l'automobile. Elon Musk serait un nouvel Henry Ford. Une nouvelle révolution industrielle se préparerait dans le sillage de cette rupture technique et de l'innovation managériale qui l'accompagne. La rigueur de Ford tranche avec les facéties du patron de Tesla, mais ils ont en commun de devoir affronter un scepticisme ambiant face à cette évolution exponentielle du progrès technologique. Comme pour la seconde industrialisation, un faisceau d'innovations se conjugue. Les voitures commercialisées par Tesla disposent non seulement de l'*autopilot*, mais elles offrent également la possibilité d'une mise à jour à distance, sur le modèle des smartphones, pour en faire des voitures évolutives.

Depuis 2012, Google a mis en service la première voiture autonome, très vite rejoint par Tesla puis par les autres constructeurs. Les leaders historiques du marché s'y mettent, à l'instar de Volvo qui expérimente notamment des voitures sans chauffeur pour le compte d'Uber. Même les constructeurs allemands ont suivi ; Audi commercialise une voiture autonome de niveau 3, *eyes off*, qui autorise une conduite automatisée à faible vitesse.

La législation mondiale a été adaptée en mars 2016, mais elle n'autorise pas encore le véhicule totalement autonome. La circulation routière est régulée depuis 1968 par la convention de Vienne, définie par l'ONU. Désormais, « les systèmes de conduite automatisée seront explicitement autorisés sur les routes [...] à condition qu'ils puissent être contrôlés, voire désactivés par le conducteur ». En France, Emmanuel Macron a annoncé une évolution du cadre législatif pour 2019 qui permettra la circulation des véhicules autonomes de niveau 4, *mind off*, qui autorise une conduite automatisée sans contrôle ni reprise en main par le conducteur.

Le saviez-vous ? LA FRANCE ÉGALEMENT DANS LA COURSE

Les constructeurs français ne restent pas spectateurs face à cette révolution. Renault teste actuellement le concept EZ-GO de navette autonome électrique, sans volant ni chauffeur, qui pourra servir de taxi urbain sur simple commande dans une application. En Normandie, sur l'autoroute A13, Renault procède également à des tests du *concept car* Symbioz, une longue berline autonome, connectée et électrique. La technologie embarquée dans ses véhicules sera déployée à partir de 2023 dans une gamme électrique totalement renouvelée.

Un horizon obscurci

En dépit de son potentiel innovant, la voiture autonome connaît quelques déboires. Le pionnier en la matière, l'entreprise Tesla, enchaîne les retards industriels, à tel point que les spécialistes mettent en doute la capacité de l'entreprise à tenir ses promesses ambitieuses.

Depuis 2009, seulement deux trimestres se sont soldés par un bénéfice net alors que Tesla a perdu 7 milliards de dollars. Les levées de capitaux lui fournissent encore une trésorerie abondante, mais les difficultés de production peuvent menacer le modèle économique.

L'entreprise traverse actuellement une période de trouble, depuis que son dirigeant a annoncé son intention de la retirer des marchés financiers en août 2018, avant d'y renoncer. Le gendarme de la bourse américaine, Securities and Exchange Commission (SEC), n'a pas apprécié ces atermoiements et a décidé de poursuivre Elon Musk en justice, l'accusant d'avoir volontairement trompé les investisseurs afin de faire remonter artificiellement les cours de la société. Un accord devrait permettre une levée des poursuites contre Elon Musk en contrepartie de l'abandon de la présidence du Conseil d'administration de Tesla pour une durée de trois ans.

En outre, plusieurs accidents mortels ont entaché la réputation des véhicules autonomes. Concentrées de technologie grâce à leurs radars et leurs nombreuses caméras, ces voitures sont présentées comme sûres. Pourtant, un accident mortel a impliqué un véhicule autonome Uber dans l'État d'Arizona, en mars 2018. La société de transport a décidé de suspendre tous ses essais sur la voie publique. Les détracteurs dénoncent cette course à l'automatisation qui conduit à la commercialisation d'une technologie au potentiel économique énorme, sans avoir pris toutes les garanties en matière de sécurité.

La crainte majeure reste précisément celle de l'accident. Ce risque pose d'abord la question des choix de l'intelligence artificielle ; en cas de collision inévitable avec des piétons, la voiture choisira-t-elle de sacrifier le conducteur ou les riverains ? De même, en cas d'accident avec une tierce personne, la question de l'indemnisation par les assureurs n'est pas encore réglée. Les risques de piratage à distance pèsent également sur le devenir du véhicule totalement autonome.

Le saviez-vous

UN POISSON D'AVRIL À PLUSIEURS MILLIARDS DE DOLLARS

La première capitalisation boursière de l'industrie automobile américaine traverse une période difficile marquée notamment par la plus lourde perte trimestrielle de son histoire début 2018, par la fin du crédit d'impôt pour les voitures électriques aux États-Unis ou encore par la plainte d'un syndicat américain après le licenciement de 700 employés. Cependant, ces difficultés ne font pas perdre son humour au patron de la société. Elon Musk a posté sur Twitter le dimanche 1er avril une photographie de lui, couché sur une voiture Tesla, avec autour du cou un écriteau affichant *bankwupt* (« ruiné »). Un message précise : « Malgré d'intenses efforts pour trouver de l'argent, y compris une tentative désespérée de ventes massives d'œufs de Pâques, Tesla a fait totalement et complètement faillite. » Les investisseurs ont lourdement sanctionné cet humour le lendemain avec une perte de plus de 5 % du titre. À moins justement qu'il ne s'agisse pour le fantasque patron d'un moyen de plomber l'action de son entreprise afin d'en racheter des titres à bon compte.

Fiche 77 : Les compteurs Linky, un réseau intelligent ou intrusif ?

Les compteurs communicants suscitent également des réserves. D'ici 2021, Enedis doit remplacer 35 millions de compteurs électriques alors que GRDF œuvre au remplacement des 11 millions de compteurs gaz déployés dans le pays. Linky pour l'électricité et Gazpar pour le gaz doivent permettre une amélioration globale du réseau grâce à la collecte à distance des consommations, mais leur déploiement s'accompagne d'une vague d'inquiétude et de refus.

Des capteurs communicants

Ces nouveaux appareils sont présentés comme des compteurs intelligents puisqu'ils permettent de collecter à distance les données de consommation d'énergie globales d'un foyer. Chaque jour, ou de manière plus régulière si l'usager donne son consentement, le compteur transmet au fournisseur des informations sur la consommation.

Grâce à la communication à distance, les usagers et les fournisseurs d'énergie s'évitent la relève des compteurs, peuvent modifier à distance la puissance ou encore repérer les pannes. Les économies ainsi réalisées doivent financer le déploiement, dont le coût est estimé à 5 milliards d'euros, rien que pour le compteur Linky. Ce dernier facilite en outre la gestion du réseau en intégrant plus facilement les productions d'énergie renouvelable, souvent délocalisées et intermittentes.

Les fournisseurs d'énergie pourront également proposer des offres modulées pour encourager la consommation sur les heures creuses et ainsi mieux répartir les besoins en énergie, si l'usager accepte une collecte toutes les heures, voire toutes les demi-heures. « Inciter les utilisateurs à limiter leur consommation aux périodes de pointe » demeure le principal objectif de Linky, comme le rappelle la loi de transition énergétique de 2015 qui a prévu son déploiement.

L'essentiel

Ainsi, en Australie, où un système similaire est déployé, un fournisseur d'énergie propose un contrat qui coupe automatiquement leur système de climatisation pendant dix minutes en cas de pics de consommation, sans que cela ait un impact sur la température du foyer.

UNE MESURE D'ANTICIPATION POUR LES VOITURES ÉLECTRIQUES ?

À méditer

Alors que les voitures électriques connaissent un succès grandissant, le compteur Linky pourrait permettre de mieux faire face à la hausse de la consommation liée à leur chargement. En 2030, entre 6 et 9 millions de véhicules électriques circuleront en France. Les nouveaux compteurs pourront éviter une surcharge du réseau en fin de journée grâce à une gestion intelligente de la charge.

Inquiétudes et refus

En dépit des avantages annoncés, le déploiement de ces nouveaux compteurs suscite de nombreuses craintes. Celles-ci se concentrent sur le risque lié à l'utilisation des données et les dangers que représenterait cette technologie. Ces inquiétudes se traduisent par le refus de plusieurs communes d'accepter la pose de ces nouveaux compteurs ; les préfectures et la justice cassent régulièrement ces arrêtés municipaux qui retardent le déploiement.

En matière de données, la Commission nationale de l'informatique et des libertés (CNIL) a condamné Direct Énergie, en mars 2018, pour ne pas avoir demandé explicitement le consentement des usagers. Les associations mettent en garde contre les dérives possibles des compteurs communicants. Ils pourraient permettre de connaître à distance les habitudes de chaque foyer, les heures de lever ou de coucher, ou encore la présence ou non de personnes au domicile. La CNIL a posé des règles très strictes en interdisant la commercialisation de ces données.

Les ondes électromagnétiques émises par le recours au courant porteur en ligne (CPL) entre le compteur et le concentrateur de quartier ou encore au GSM entre le concentrateur et le centre de gestion d'Enedis, sont également présentées comme nuisibles à la santé humaine par les associations. L'association Robin des Toits, formée à l'origine pour lutter contre les antennes relais, déploie actuellement son énergie contre les compteurs communicants. L'Agence nationale des fréquences (ANFR) fournit pourtant un bilan rassurant à propos des émissions de ces nouveaux compteurs.

Une autre association, Next Up, met en garde contre les risques d'incendie. Lors de son déploiement expérimental dans les régions de Lyon et Tours en 2010-2011, huit incendies ont eu lieu sur les 300 000 compteurs installés. Mais le gestionnaire du réseau met en cause la mauvaise qualité de la pose pour expliquer ces dysfonctionnements. Depuis, d'autres cas d'incendie ont été signalés, certains relevant de la pure désinformation.

Chapitre 10
La protection de la biodiversité

DANS CE CHAPITRE :

- » **La mobilisation citoyenne pour l'environnement**
- » **La disparition des espèces animales**
- » **La gestion des ressources**

L'homme est devenu « une arme de destruction massive » contre la nature d'après Nicolas Hulot, ministre de la Transition écologique et solidaire de mai 2017 à septembre 2018. D'après lui, l'homme est non seulement incapable d'éviter la « tragédie climatique » mais également responsable de la sixième extinction en cours des espèces.

De nombreuses études scientifiques témoignent de cette érosion généralisée des écosystèmes et de la biodiversité. Au cours des trois dernières décennies, près de 80 % des populations d'insectes ont disparu d'Europe alors que les oiseaux se font de plus en plus rares dans les campagnes. Les combats publics pour les abeilles ou contre la traque des animaux exotiques ne sont que la partie immergée d'une vaste menace pesant sur la diversité animale. Des chercheurs annoncent ainsi une extinction de masse des animaux, tant en nombre d'espèces qu'au niveau de leur répartition. Tous les espaces de la planète sont concernés par cette chute spectaculaire de la biodiversité alors que la responsabilité est-elle aussi commune.

La surexploitation des ressources devient tangible quand la rareté menace. L'abondance de l'eau dans nos sociétés occidentales fait souvent oublier qu'elle est un problème majeur pour une grande partie de l'humanité. L'opulence conduit au gâchis quand il s'agit notamment d'utiliser le plastique à usage unique. L'adaptation des modèles de société est en cours, même si les changements restent pour l'heure mesurés.

Fiche 78 : Notre-Dame-des-Landes et la multiplication des zones à défendre

Le 16 janvier 2018, le Premier ministre, Édouard Philippe a annoncé l'abandon du projet d'aéroport de Notre-Dame-des-Landes et l'évacuation de la zone à défendre (ZAD). Alors que la normalisation est en cours, cette lutte témoigne d'un processus de durcissement des conflits environnementaux en dépit d'une volonté de mieux prendre en compte l'avis des populations face aux grands projets d'aménagement du territoire.

Un retour à l'ordre pour la ZAD de NDDL

Face à « l'impasse » consécutive à « l'indécision des gouvernements successifs », le gouvernement a choisi de renoncer à l'aménagement d'un nouvel aéroport dans une zone bocagère située à 15 km au nord de Nantes, en dépit de l'antériorité du projet. Décidée en 1967 pour anticiper la croissance du transport aérien et désengorger l'aéroport de Nantes, la construction de ce nouvel aménagement s'était enlisée face aux difficultés financières avant d'être relancée en 2000 par Lionel Jospin. Déclaré d'utilité publique en 2008, le nouvel aéroport devait être construit à partir de 2016 avant que les travaux ne soient empêchés par l'occupation du terrain par des militants, rêvant d'un nouveau Larzac(la mobilisation contre l'aménagement d'une caserne militaire avait donné naissance, sur le plateau du Larzac à un projet alternatif d'occupation de l'espace dans l'effervescence des années 1960).

Mais l'heure n'est plus aux utopies et l'État a décidé de reprendre le contrôle du territoire. En guise de compromis, les personnes occupant illégalement les lieux ont la possibilité d'être régularisées si elles déposent un projet viable d'exploitation agricole soumis à l'approbation de la chambre d'agriculture. Les 1 200 hectares d'espaces agricoles acquis par l'État pour y construire l'aéroport ont ainsi été en grande partie redistribués sous la forme de convention d'occupation précaire (COP), autorisant une occupation légale des lieux. Les militants refusant de participer à ce processus ont été évacués par étapes en avril et mai 2018 pour permettre un retour à l'État de droit. Une présence policière permanente sécurise les lieux.

Attention

La redistribution des terres ne s'est pas faite sans heurts, car la cohabitation entre les agriculteurs traditionnels dont une partie a pu récupérer les terres cédées il y a plusieurs décennies et les néoruraux est parfois complexe. Les seconds veulent pérenniser un modèle de société alternatif pour préserver la qualité paysagère de ces zones humides en même temps que l'esprit de la ZAD. D'autres projets artisanaux et culturels doivent encore être reconnus par l'État pour inscrire dans la légalité le souhait altermondialiste des zadistes.

À méditer

LA CRAINTE D'UN NOUVEAU SIEVENS

Si l'État a déployé des moyens policiers considérables, 2 500 gendarmes mobiles lors des opérations d'évacuation, les forces de l'ordre ont été exhortées à la mesure pour éviter de revivre le drame de Sievens. En octobre 2014, un jeune militant, Rémi Fraisse, avait été tué par l'explosion d'une grenade offensive, lors de la contestation d'un projet de barrage dans le Tarn. Sa mort avait rappelé celle de Vital Michalon en 1977 qui luttait contre la construction du supergénérateur Superphénix. Surtout, elle avait contraint le gouvernement à renoncer à l'aménagement du barrage face au retournement de l'opinion publique.

Une multiplication des combats

Notre-Dame-des-Landes illustre la radicalisation de la lutte contre les grands aménagements. La décentralisation et la démocratie de proximité devaient pourtant permettre une meilleure acceptation des grands projets par les citoyens. Depuis la création de la Commission nationale du débat public (CNDP) par la loi Barnier de 1995, un débat public doit être organisé en vue d'un rapport sur la perception de l'aménagement par les citoyens. Relayant les avis et arguments de la population, ce compte rendu destiné aux décideurs politiques et entreprises engagées dans le projet, doit permettre de l'amender en vue de parvenir à un compromis.

Attention

Néanmoins, les mouvements de contestation des grands projets d'aménagement se multiplient. Le projet de construction d'un laboratoire souterrain d'enfouissement de déchets nucléaires à Bure, une commune de 82 habitants dans la Meuse, suscite des réticences. Imaginé en 1998, le projet dont les travaux doivent débuter en 2025 prévoit de stocker à 500 mètres sous terre 85 000 m^3 de déchets nucléaires à haute activité et à vie longue. Les militants installés dans le bois Lejuc, à l'aplomb des futures galeries souterraines, ont déjà été évacués en février 2018, mais il sera difficile d'empêcher une nouvelle ZAD.

En Guyane, le mouvement se radicalise contre le projet de la Montagne d'or, la plus grande mine d'or jamais envisagée en France. Mené par le groupe russe Norgold et le canadien Columbus Gold, ce projet doit soutenir l'économie guyanaise par l'exploitation de ses précieuses ressources. Cependant, une partie de la population et des associations réunies dans le collectif, « Or de question » affichent une hostilité résolue face au risque de déboisement de la jungle amazonienne et à la potentielle utilisation de cyanure pour extraire l'or. Contrairement à l'objectif initial, la procédure de débat public a cette fois contribué à la radicalisation de l'opposition contre le projet.

Fiche 79 : Des océans sous pression

Le 24 décembre 2017, l'Assemblée générale des Nations unies a adopté une résolution sur la haute mer prévoyant l'ouverture de négociations devant aboutir d'ici 2020 à un traité international protégeant sa biodiversité. C'est une nouvelle étape importante qui se joue depuis la convention sur le droit de la mer adoptée à Montego Bay en 1982, alors que les océans subissent à la fois la pression de la pêche industrielle et de la pollution au plastique.

Une surexploitation des ressources

Même si elle ne fournit que 1,2 % des calories consommées par l'humanité, la pêche à une empreinte écologique beaucoup plus massive que les autres sources de production de nourriture. La pêche industrielle a un impact dévastateur sur le stock de nombreuses espèces. Le rythme des captures ne permet pas aux espèces de se reconstituer. Un tiers des stocks mondiaux sont victimes de la surpêche. Le constat est plus alarmant encore dans certains espaces maritimes ; 90 % des 44 espèces de poissons pêchés en Méditerranée sont surexploités.

L'essentiel

D'après les données de l'Organisation des Nations unies pour l'alimentation et l'agriculture (FAO), le pic des prises a été atteint en 1996 avec 86 millions de tonnes de poissons prélevées. Depuis, les prises baissent très légèrement. Cependant, les ONG mettent en garde contre ces données officielles collectées auprès des États qui occultent bien souvent la pêche de subsistance et les pêches clandestines.

Le saviez-vous

VERS L'INTERDICTION DE LA PÊCHE ÉLECTRIQUE EN EUROPE

Dans les derniers mois de l'année 2017, une vaste campagne d'opinion dénonçait les méfaits de la pêche électrique, utilisée massivement par des équipages néerlandais en mer du Nord. Cette technique qui consiste à déloger les poissons en envoyant des impulsions dans les sédiments était pourtant présentée par ses partisans comme durable du fait d'un impact moins destructeur que les chalutiers. Le Parlement européen s'est prononcé pour l'interdiction totale de la pêche électrique en janvier 2018. La mobilisation des pêcheurs français et des ONG de protection de l'environnement a permis de faire rentrer au port les chaluts à électrodes.

Une étude publiée en février 2018 dans la revue *Science* a permis de montrer que la pêche industrielle exploite plus de la moitié de la superficie des océans, soit environ 200 millions de kilomètres carrés, ce qui représente quatre fois plus que les espaces exploités par l'agriculture. Grâce aux données des systèmes d'identification automatique des navires, les chercheurs ont pu établir que la pêche industrielle représentait 40 millions d'heures rien que pour l'année 2016, pour parcourir près de 500 millions de kilomètres, soit 1200 fois la distance qui relie la Terre à la Lune.

Des continents de plastique

Découvert en 1997 par l'océanographe Charles J. Moore dans le Pacifique, le phénomène des gyres océaniques est désormais bien connu. La force centripète des courants marins aspire lentement des morceaux de plastique dans le centre des océans. L'invention du plastique révolutionnait les sociétés mondiales au XXe siècle. Cette substance, a priori anodine, est en passe de détruire les écosystèmes océaniques. Dans le Pacifique, le septième continent est évalué à environ 1,6 million de kilomètres carrés, soit trois fois la France continentale. La masse n'est pas compacte, mais l'on retrouve du plastique jusqu'à 30 mètres de profondeur.

Au printemps 2018, l'ONG Sea Shepherd a mis en ligne une vidéo intitulée *Plastic Ocean* qui montre des raies, des tortues ou des dauphins étouffant dans un océan de plastique. Chaque année, ce sont 8 millions de tonnes de déchets plastiques qui sont rejetés en mer, selon le site Planetoscope.

Le plastique est devenu le troisième matériau le plus fabriqué par l'homme, derrière le ciment et l'acier, mais contrairement aux deux précédents, son utilisation est très courte. D'après une étude publiée dans la revue *Science Advances*, l'humanité a ainsi fabriqué 8,3 milliards de tonnes de plastique depuis 1950, dont la moitié dans les treize dernières années.

Selon Alex Cornelissen, un des cadres de Sea Shepherd, le plastique s'est imposé comme « une nouvelle espèce invasive » menaçant toute la faune océanique. À partir de 2050, les océans pourraient contenir plus de plastique que de poissons.

Sa présence affecte même les récifs coralliens selon une étude publiée en janvier 2018 dans la revue *Science*. Pour lutter contre cette présence massive, il ne suffira pas de nettoyer les océans, il faudra aussi repenser la place du plastique dans nos sociétés.

Le saviez-vous

LA CHASSE AU PLASTIQUE EST OUVERTE

En France, après les sacs plastiques interdits depuis 2016, vient bientôt le tour de la vaisselle jetable dont l'interdiction est prévue pour 2020. Cette mesure fait tache d'huile en Europe alors que la Grèce interdit les sachets plastiques depuis janvier 2018 et qu'une île des Cyclades, Sikinos, a même banni les pailles en plastique des cocktails. Au Royaume-Uni, le gouvernement a lui aussi présenté un plan de lutte contre le plastique en janvier 2018 prévoyant d'interdire les pailles, les cotons-tiges tout en introduisant une taxe sur les sacs en plastique.

La Commission européenne a, quant à elle, émis une proposition de directive visant à réduire drastiquement la consommation des produits en plastique à usage unique. Parmi les mesures annoncées, figure notamment l'obligation d'instaurer un système de consigne pour les bouteilles en plastique à usage unique. Souvent mélangés, les plastiques sont très peu recyclés. Depuis 1980, 9 % des déchets plastiques sont recyclés, 12 % incinérés alors que 79 % sont rejetés dans la nature.

Fiche 80 : Le commerce des espèces menacées

Première destination mondiale de l'ivoire jusqu'alors, la Chine en a interdit le commerce depuis le 1er janvier 2018. Cette mesure a été adoptée conjointement avec les États-Unis trois ans auparavant, dans le but d'enrayer la menace pesant sur les populations d'éléphants dans le monde.

Un commerce de grande ampleur

Les animaux sauvages menacés sont répertoriés dans un fichier tenu par la Convention sur le commerce international des espèces de faune et de flore sauvages menacées d'extinction (Cites) depuis 1973. Les données sont régulièrement mises à jour en fonction de l'évolution de la menace pesant sur les espèces. Le constat est alarmant. En dépit des mesures de protection, les espèces menacées sont l'objet d'un trafic à très grande échelle.

L'essentiel

Le Fonds international pour la protection des animaux (IFAW) a révélé l'ampleur de ce trafic dans une enquête publiée en mai 2018. Après des investigations menées en Allemagne, en France, au Royaume-Uni et en Russie, l'ONG a montré qu'en seulement six semaines, 5 381 annonces portant sur des espèces menacées étaient parues en ligne, pour un montant de 3,9 millions de dollars. 80 % de ces annonces visaient des animaux vivants, afin d'alimenter le commerce des nouveaux animaux de compagnie exotiques. 55 % d'entre elles concernaient des reptiles alors que les tortues, lézards, crocodiles ou autres serpents sont l'objet d'un fort engouement.

À méditer

UNE PHARMACOPÉE ASIATIQUE TRÈS MENAÇANTE

La médecine traditionnelle chinoise avait largement mis en péril les populations sauvages de tigres dont les griffes sont censées lutter contre l'insomnie, les yeux contre l'épilepsie ou encore le cerveau contre les boutons. La menace s'est ensuite concentrée sur le rhinocéros dont les cornes ont un cours qui dépasse celui de l'or, ce qui a encouragé des éleveurs sud-africains à créer une cryptomonnaie, « le rhinocoin », dont le cours est indexé sur les prix de la corne du pachyderme afin de financer des mesures de protection de l'espèce. Moins médiatique est la menace pesant sur les pangolins, des mammifères recouverts d'écailles vivant en Afrique. Prisées pour leurs vertus thérapeutiques et aphrodisiaques, ses écailles en font le mammifère le plus braconné au monde. Sur les dix dernières années, plus d'un million de pangolins ont été capturés. Sa disparition annoncée menace l'écosystème des forêts tropicales face à l'absence de régulation des populations de fourmis et de termites dont il est friand.

Ce commerce concerne également des produits dérivés des espèces menacées comme l'ivoire dont les transactions internationales sont pourtant interdites depuis 1989. Ce matériau profite du flou juridique qui entoure son commerce. Alors qu'il est interdit par la Commission européenne, des dérogations sont possibles pour le marché français notamment pour les objets en ivoire travaillés antérieurs à 1947 qui ont le statut d'antiquités. L'ONG IFAW dénonce cette ambiguïté juridique qui alimente les trafics. Elle a lancé en février 2018 une campagne de sensibilisation auprès des particuliers visant à éliminer les objets en ivoire, intitulée *#jedonnemonivoire*.

Lutter contre les trafics

Éliminer le trafic international est le moyen le plus efficace pour lutter contre le braconnage des espèces menacées. Sur les dix dernières années, 20000 éléphants ont été abattus pour leur ivoire et 7 000 rhinocéros ont été tués pour leur corne. D'après le dernier recensement, *The Great Elephant Census*, de 2016, le nombre d'éléphants a diminué d'un tiers en Afrique entre 2007 et 2014 pour s'établir à 350000 individus contre plus d'un million dans les années 1970. L'interdiction ainsi décidée en Chine depuis janvier 2018 doit contribuer à protéger les éléphants d'Afrique. Depuis cette mesure, le prix du kilo d'ivoire est passé de plus de 2 000 dollars à moins de 700 dollars. La lutte contre les trafics passe également par des actions fortes dans les pays de braconnage. En sensibilisant les populations locales à l'importance de la ressource, dans le cadre d'un développement touristique notamment, les animaux menacés sont mieux protégés. Certains États ont opté au contraire pour une militarisation de la lutte contre le braconnage en adoptant des moyens coercitifs pour vaincre les braconniers. Le braconnage est cependant en pleine expansion alors que cette activité est très lucrative, dans des environnements souvent instables et pauvres.

Le saviez-vous

UN RECUL AMÉRICAIN SUR LES TROPHÉES DE CHASSE

Les États-Unis proposent quant à eux une solution originale pour préserver les espèces menacées. L'importation des trophées de chasse, originellement interdite par Barack Obama en 2014, a été réinstaurée en mars 2018, à condition d'apporter la preuve que les fonds générés par la chasse bénéficient à la conservation des espèces. Il faudra donc débourser 50 000 dollars pour rapporter aux États-Unis une défense, une queue ou des oreilles d'éléphant. En novembre 2017, Donald Trump junior, le fils de l'actuel président, avait posté de lui une photo d'un safari sur laquelle il posait avec la queue qui venait d'être découpée sur un éléphant.

Fiche 81 : Vivre avec le loup

La coexistence entre l'homme et l'animal est au centre des problématiques abordées dans *Jurassic World : Fallen Kingdom*. Ce cinquième opus sorti en 2018 aborde cette question alors que les dinosaures sont libérés de leur sanctuaire et que l'humanité débat de la nécessité ou non de sauver ces animaux disparus. Le sort du loup, qui avait déserté la France depuis les années 1930 avant de réapparaître soixante ans plus tard en traversant les Alpes, n'est peut-être pas si éloigné que cela de la fiction.

Un retour en force

Après une disparition de plusieurs dizaines d'années, le loup a fait son retour en France en 1992. Cette réapparition naturelle est la conséquence de l'augmentation de la population lupine de l'autre côté des Alpes alors que la convention de Berne, signée en 1989, visait une meilleure préservation de l'espèce. Ce mécanisme de propagation est inhérent à la race puisque les jeunes loups quittent la meute pour s'installer sur un nouveau territoire, parfois éloignés de plusieurs centaines de kilomètres. Un loup a récemment été observé dans les Flandres belges alors qu'en France, la présence du canidé a été attestée dans le nord-est du pays.

L'essentiel

358 individus sont aujourd'hui recensés, même si ce comptage délicat est très politique puisqu'il détermine le volume de prédation autorisé. L'Office national de la chasse et de la faune sauvage (ONCFS) estime une fourchette entre 320 et 400 animaux dont la présence a été établie par un réseau de correspondants. L'espèce est en pleine croissance alors qu'elle a dépassé la centaine individus après l'an 2000 avant de doubler en dix ans. Les 52 meutes françaises se concentrent surtout dans les Alpes, le sud du Massif central et l'est des Pyrénées.

Espèce protégée depuis 1994, le loup ne fait pas que des heureux. La cohabitation avec l'économie pastorale est difficile comme en témoigne l'ampleur des attaques. 10 000 moutons ont été tués par le loup en 2016, 11 741 en 2017. Les éleveurs bénéficient d'indemnisation pour ces pertes dans leurs troupeaux et l'État les encourage financièrement à adopter des mesures de protection du cheptel par un gardiennage renforcé, une électrification des clôtures ou encore le recours à des chiens de défense. Ces mesures coûtent 26 millions d'euros par an. Certains éleveurs souffrent plus particulièrement de la présence de l'animal alors que 20 % d'entre eux cumulent 64 % des pertes pour un bilan annuel moyen de plus de 25 bêtes tuées.

Assurer la cohabitation grâce au plan loup

L'État définit un plan loup tous les cinq ans pour faire cohabiter l'homme et l'animal. Ce plan d'action national a été revu en 2018 pour le quinquennat à venir. Le document préparé par les ministères de la Transition écologique et de l'Agriculture a pour objectif « d'assurer la conservation du canidé et de prendre en compte la détresse des éleveurs ».

Il prévoit une limitation du nombre de loups à 500 individus en 2023 en autorisant un abattage d'une partie de l'espèce chaque année. Pour l'année 2018, le seuil a été fixé à 40 spécimens alors que le nombre de loups tués dépendra de l'évolution de l'espèce ; pour les années à venir, entre 10 % et 12 % de la population totale pourra être abattu par des tirs de défense ou des tirs de prédation. En contrepartie de cette limitation de l'espèce, l'État fixe une conditionnalité des indemnisations des éleveurs. Les contreparties financières demeurent si des mesures de protection des troupeaux sont adoptées.

Ce compromis est contesté à la fois par les associations de défense de l'environnement et par les éleveurs. Alors que les premiers insistent sur l'importance du loup dans l'écosystème et la nécessité d'une population lupine suffisante pour assurer le brassage génétique et donc la viabilité de l'espèce, les seconds exigent la fin des attaques contre les troupeaux.

L'essentiel

Parmi les motifs de satisfaction figure néanmoins une volonté de mieux connaître l'espèce par la création d'un centre de ressources rassemblant l'état des connaissances sur le loup. L'État encourage également le développement d'expérimentations de mesures de protection et d'effarouchement, notamment le marquage des alpages par des crottes de loups de meutes éloignées pour décourager l'installation de nouvelles bêtes.

Le saviez-vous

L'OURS

Un autre animal déchaîne les passions dans les Pyrénées. Le 6 mars 2018, le tribunal administratif de Toulouse a condamné l'État pour n'avoir pas pris des mesures suffisantes pour assurer la pérennité de la présence de l'ours, condamnation qui fait suite à l'ouverture d'une procédure d'infraction par la Commission européenne pour le même motif depuis 2012. Au même moment, le ministre de la Transition écologique annonçait la réintroduction à l'automne de deux ourses femelles dans les Pyrénées-Atlantiques pour éviter la disparition de l'animal dans cette partie du massif, où vivent deux mâles. L'État n'avait pas procédé de lâcher d'ours depuis douze ans après les réintroductions de plusieurs ourses slovènes en 1996, 1997 et 2006. Ces deux femelles doivent remplacer Claude et Cannelle abattues par des chasseurs en 1994 et 2004.

Fiche 82 : Les produits phytosanitaires, un effet papillon

En trente ans, près de 80 % des insectes ont disparu d'Europe. C'est le résultat alarmant d'une enquête internationale menée à partir des données de capture d'insectes depuis 1989, publiée dans la revue *PLoS ONE*, en octobre 2017. Cet effondrement rapide de l'entomofaune est dû à l'intensification des pratiques agricoles. Elle provoque le déclin des oiseaux, les insectes formant l'un des socles de la chaîne alimentaire.

Les abeilles face aux néonicotinoïdes

Le déclin des abeilles domestiques bénéficie d'une médiatisation par le monde apicole en raison de la portée économique du problème. Les apiculteurs demandent au gouvernement un plan de soutien exceptionnel face aux pertes qui affectent les ruches. Les taux de perte ne devraient pas excéder 5 % ; ils atteignent pourtant 30 % depuis plusieurs années et risquent de grimper à plus de 70 % dans certains territoires cette année. La production de miel s'en ressent. Elle s'est effondrée en passant de 32 000 tonnes en 1995 à 10 000 tonnes en 2017 selon l'Union nationale de l'apiculture française (UNAF).

Les études scientifiques pointent la responsabilité des néonicotinoïdes (clothianidine, imidaclopride et thiaméthoxame) utilisés dans l'agriculture pour enrober les semences. Depuis leur mise sur le marché dans les années 1990, ces substances chimiques caractérisées par leur persistance se sont accumulées dans l'environnement en contaminant les fleurs sauvages. Très concentrées, ces molécules sont les plus puissantes jamais synthétisées ; un gramme d'imidaclopride peut détruire autant d'abeilles que 7,3 kilogrammes de DDT, l'insecticide le plus populaire dans l'après-guerre.

L'essentiel

Les néonicotinoïdes ont été interdits pour les cultures en plein champ à partir du 1er septembre 2018, après des années de combat. Mais cette intervention des pouvoirs publics intervient sans doute trop tard, alors que les dégâts sont irréversibles. Face aux remontées des apiculteurs français, le Comité scientifique et technique de l'étude multifactorielle des troubles des abeilles (CST) est créé dès 2001. Deux ans plus tard, il établit la toxicité du produit, confirmée par de nombreuses études scientifiques ultérieures. Mais les pressions des industriels permettent le maintien sur le marché des néonicotinoïdes jusqu'à cette année.

Le saviez-vous

LE NUMÉRIQUE AU SECOURS DES ABEILLES

Une start-up française, Hostabee, propose au monde apicole un boîtier connecté pour contrôler en temps réel la santé des ruches. Grâce à des capteurs d'humidité et de température, l'apiculteur peut savoir en consultant l'application si sa grappe d'abeilles est capable de maintenir une température de 35 °C, nécessaire à la survie de la colonie. L'apiculteur peut ainsi éviter d'ouvrir inutilement les ruches en bonne santé et intervenir sur les essaims qui se refroidiraient. Plus de 2 000 boîtiers ont ainsi été vendus en Europe et aux États-Unis.

Le glyphosate en procès

Une autre molécule a donné lieu à un débat national en 2018 : le glyphosate, composante active du Roundup, un herbicide très populaire, commercialisé depuis 1974 par Monsanto. En dépit de son classement comme cancérogène probable par l'OMS, ce produit reste utilisé dans l'agriculture. Les collectivités doivent s'en passer depuis 2017 alors que l'achat par les particuliers, autorisé jusqu'en 2019, est strictement régulé.

Contrairement aux néonicotinoïdes, les pressions des industriels ont, cette fois, eu raison de la santé publique. À la fin de l'année 2017, l'Union européenne a prolongé de cinq ans l'autorisation d'exploitation de cette molécule. Au printemps 2018, le parlement français a rejeté plusieurs amendements au projet de loi Agriculture et alimentation proposant d'interdire l'usage du glyphosate, conformément à un engagement présidentiel. D'autres renoncements ont été déplorés par les associations de protection de l'environnement alors que l'assemblée a refusé de créer des zones de protection autour des habitations ou d'interdire l'usage des drones pour étendre des pesticides.

Attention

Le président de la République a pourtant réitéré son intention d'interdire la molécule incriminée d'ici 2021, le temps pour les industriels de trouver une alternative. Mais les ONG craignent que les industriels dépensent davantage leur temps et leur budget dans le financement d'études présentées comme scientifiques dont l'unique but est d'insinuer le doute dans l'opinion publique sur les impacts réels du produit mis en cause. Les *Monsanto papers*, un ensemble de documents déclassifiés par la justice américaine en 2017 tendent à leur donner raison ; ces documents confidentiels ont en effet montré que la firme américaine avait déstabilisé les scientifiques et les autorités sanitaires.

ADIEU MONSANTO, VIVE BAYER

Le saviez-vous

Le groupe allemand Bayer a racheté l'américain Monsanto pour 63 milliards de dollars, soit la plus grosse fusion jamais tentée par une entreprise allemande. Mais la marque créée en 1901 ne devrait pas résister à la nouvelle entité, de peur que sa réputation n'entache celle du géant allemand alors que plusieurs enquêtes sont en cours, notamment au niveau européen pour établir l'existence ou non de conflit d'intérêts entre les industriels et les agences réglementaires. Monsanto cristallise les critiques alors que Bayer est davantage associée à des médicaments du quotidien comme l'aspirine. Une grande partie des consommateurs a en effet oublié que le groupe allemand était le fournisseur du zyklon B, gaz utilisé dans les centres de mise à mort nazis installés en Pologne pour y décimer une grande partie des déportés de la Seconde Guerre mondiale.

Le scandale du chlordécone aux Antilles

En Martinique et en Guadeloupe, c'est une enquête de Santé publique France parue en octobre 2018 qui a relancé le débat sur les pesticides, en montrant que 95 % des Guadeloupéens et 92 % des Martiniquais sont contaminés par le chlordécone.

Cette molécule extrêmement toxique a été utilisée massivement de 1972 à 1993 dans les bananeraies. Les États-Unis l'ont interdite dès 1977, soit treize ans avant la France, après des troubles sanitaires observés sur les ouvriers d'une usine de Virginie. Les sols sont ainsi contaminés pour des siècles par ce perturbateur endocrinien neurotoxique, pouvant altérer la fertilité, classé comme cancérogène possible par l'OMS depuis 1979.

La consommation de légumes racines, de volailles ou de produits de la pêche issus des zones contaminées empoisonne la population. La Martinique détient ainsi le triste record du cancer de la prostate avec 227 nouveaux cas pour 100 000 hommes chaque année, soit deux fois plus qu'en métropole.

Attention

Le manque de transparence de l'État alimente le soupçon et la psychose. Les autorités métropolitaines sont accusées d'avoir couvert le scandale. Une plainte contre X a été déposée en 2006 pour « mise en danger d'autrui et administration de substances nuisibles », en raison de l'importation de plus de 1 500 tonnes de chlordécone en 1990 et 1991 alors que le produit était déjà interdit. L'État ne peut nier avoir eu connaissance de ces flux alors que les produits ont bien été dédouanés à leur arrivée.

Fiche 83 : La crise de l'eau en Afrique du Sud

Dans la première moitié de l'année 2018, l'Afrique du Sud a connu une sécheresse historique qui a obligé le gouvernement à adopter des mesures drastiques de restriction de l'eau. Cette pénurie a contraint les habitants des quartiers résidentiels à se ravitailler dans les points de distribution créant ainsi une situation d'égalité réelle avec les habitants des *townships* habitués à s'approvisionner ainsi.

Une sécheresse exceptionnelle

Après trois années de sécheresse historique, les autorités sud-africaines ont décrété l'état de catastrophe naturelle entre le 13 février et le 13 juin 2018. Les barrages qui ravitaillent Le Cap étaient au plus bas. Les nappes phréatiques s'épuisaient. Le pays a enregistré alors son plus bas niveau de précipitation depuis 1921.

Face à la menace de couper le système d'approvisionnement en eau et par crainte de la pénurie, les habitants n'ont d'autre choix que de se ravitailler dans des points de distribution gardés par l'armée. Les Sud-Africains veulent éviter le sort des Mozambicains voisins dont plus d'1 million d'habitants de la capitale, Maputo, ont été privés d'eau potable.

Cette situation extrême est la conséquence d'un faisceau de facteurs. La sécheresse détruit la végétation et augmente ainsi l'aridité puisque les sols sont incapables d'absorber les fortes précipitations dont une partie s'écoule directement vers l'océan. La concentration même de la population en ville se traduit par une augmentation des besoins en eau avec les évolutions des modes de vie. L'agriculture industrielle, grosses consommatrices d'eau, doit produire toujours plus pour une population qui s'enrichit et qui a rompu avec l'agriculture vivrière.

Des mesures d'urgence

Face à cette situation de crise, l'Afrique du Sud a adopté des mesures d'urgence radicale. La population est soumise à des restrictions, notamment au Cap, deuxième ville du pays avec ses 4,5 millions d'habitants. Les Capétoniens ont dû se limiter à 50 litres par personne et par jour, soit l'équivalent d'une douche de trois minutes. La municipalité a mené une vaste campagne pour accompagner la mesure, vantant en particulier la nécessité de réutiliser la même eau plusieurs fois.

Surtout, elle a menacé les habitants du « jour zéro », à partir duquel l'armée prendrait en charge la distribution d'une eau limitée à 25 litres par jour. Ce scénario catastrophe a pu être évité grâce aux restrictions qui ont permis de faire baisser la consommation globale du Cap de 830 millions de litres par jour en moyenne en 2017 à 526 millions.

Les restrictions ont alimenté un marché noir et fait craindre une hausse de l'insécurité face à l'interdiction de nombreux métiers liés à l'eau comme les centres de lavage de voiture. Surtout, les autorités du Cap ont craint pour l'image de la ville alors que le tourisme est une source importante de devises. Les hôtels et les restaurants ont dû se soumettre aux restrictions, ce qui a provoqué de nombreuses annulations. Pour éviter que la crise ne recommence, les dirigeants investissent dans des forages et des usines de désalinisation.

Le saviez-vous

QUAND ON ARRIVE EN VILLE

Cette expérience pionnière de restriction massive de l'eau dans une mégapole devra probablement être reconduite dans d'autres villes du monde, si l'on en croit l'étude publiée sur la question dans *Nature Sustainability* en janvier 2018. Parmi les 482 plus grandes agglomérations du monde, regroupant 736 millions d'habitants, près d'une sur quatre devrait connaître de sérieux problèmes d'approvisionnement en eau dans les années à venir. Leurs besoins seront alors supérieurs au volume disponible en surface. La croissance des villes qui regroupent déjà plus de 54 % de la population mondiale pourrait se traduire par une récurrence de l'épisode exceptionnel que vient de traverser Le Cap.

Fiche 84 : Zéro déchet et économie circulaire

Sommes-nous devenus des *Homo detritus* tout juste bon à consommer puis à jeter à l'ère du « poubellocène » ? C'est en tout cas la description que fait de l'homme le sociologue Baptiste Monsaingeon dans son livre du même nom (*Homo detritus*) paru en 2017. L'économie circulaire contribue à repenser ce modèle de développement en limitant l'épuisement des ressources et la dégradation de l'environnement.

Lutter contre l'obsolescence programmée

Prolonger la période d'utilisation des produits manufacturés est un premier moyen pour sortir d'une économie linéaire très dévoreuse en ressource. Face aux soupçons d'obsolescence programmée, seul moyen d'assurer le renouvellement de la consommation alors que les taux d'équipement des principaux biens de consommation sont proches du 100 %, la loi de transition énergétique de 2015 défend l'économie circulaire. Les fabricants sont encouragés à informer les consommateurs sur la disponibilité des pièces détachées, mention qui deviendra obligatoire en 2020. Grâce à cette loi, l'obsolescence programmée devient un délit passible de deux ans d'emprisonnement et de 300 000 euros d'amende.

À méditer

LA RÉPARABILITÉ, UN NOUVEL ARGUMENT COMMERCIAL

Alors que la riposte est déclenchée contre ces stratégies commerciales, des entreprises érigent la durabilité en argument marketing. Seb promet de disposer des pièces de rechange nécessaire pendant une durée de dix ans afin de demeurer le leader mondial du petit électroménager. L'entreprise néerlandaise Fairphone commercialise un téléphone modulable d'une durée de vie de cinq ans alors que les smartphones classiques sont en moyenne remplacés tous les 18 mois. La start-up française L'Increvable développe le prototype d'un lave-linge écologique et durable même si le tarif annoncé peut refroidir les ardeurs des consommateurs. Le prix affiché est d'environ 1 000 euros, soit trois fois le tarif d'une machine classique pour une commercialisation attendue en 2019.

L'essentiel

Une association, Halte à l'obsolescence programmée (HOP), s'est emparée de cette opportunité pour attaquer successivement deux géants des nouvelles technologies. Epson est accusé d'imposer aux consommateurs un remplacement anticipé des cartouches alors qu'Apple est soupçonné de brider des performances de ses iPhones, à chaque sortie d'une nouvelle génération. Les deux enquêtes judiciaires sont encore en cours, mais elles sont très dévastatrices en termes d'image. Apple a déjà reconnu que ces ralentissements imposés suite à des mises à jour étaient en effet programmés, non pas dans le but de précipiter un nouvel achat, mais d'économiser les batteries. Pour sauver la face, l'entreprise américaine a annoncé une baisse des tarifs de remplacement des batteries.

Mieux valoriser les déchets

Le recyclage est à l'essence même de l'économie circulaire puisqu'il évite l'extraction de nouvelles matières premières. La France est à la peine dans le domaine. En 2008, l'Union européenne a fixé l'objectif de recycler 50 % des déchets ménagers d'ici à 2020. Si le reste de l'Union se rapproche de l'objectif avec 45 % des déchets ménagers valorisés en 2015, la France n'en recycle que 39 %. Elle est certes loin devant la Roumanie (13 %) ou Malte (6 %), mais elle est l'une des plus mauvais élèves d'Europe de l'Ouest alors que l'Allemagne recycle 66 % de ses déchets ménagers. En matière de collecte des bouteilles en plastique, la France fait pire encore avec 55 % de ces contenants recyclés contre plus de 90 % dans les pays nordiques.

Pour combler ce retard, le gouvernement veut simplifier et unifier les règles de tri en harmonisant les poubelles d'ici à 2022. Une modulation de la TVA est également à l'étude pour que la valorisation des déchets soit plus avantageuse que leur élimination. Les collectivités locales prennent également des initiatives comme la facturation au poids ou au nombre de collectes pour encourager à la réduction des déchets.

L'essentiel

À Lyon, une péniche collecte chaque semaine les déchets encombrants pendant que les autres grandes métropoles déploient elles aussi des procédés ingénieux pour mieux valoriser les déchets. Rotterdam multiplie les centres de tri de proximité et Barcelone a installé une quantité impressionnante de modules de tri.

Dans ce contexte, la consigne pourrait redevenir à la mode. Elle était la norme jusque dans les années 1960 pour une grande partie des contenants en verre dont le coût était restitué aux consommateurs au retour de l'emballage en magasin. Les Brasseurs d'Alsace perpétuent ce modèle qui consommerait 75 % d'énergie et 33 % d'eau en moins par rapport au recyclage. Seul un tiers des bouteilles sont consignées en France, essentiellement dans la restauration, contre trois quarts en Allemagne. Le gouvernement veut remettre au goût du jour la consigne en l'adaptant notamment aux contenants en plastique.

Le saviez-vous LE *PLOGGING*, UN SPORT VERTUEUX

Pour allier les plaisirs du sport au sentiment du devoir citoyen accompli, le *plogging* s'est imposé comme une nouvelle mode venue des pays nordiques. Contraction de *plocka upp* (« ramasser » en suédois) et de « jogging », cette activité consiste à se muscler les cuisses tout en ramassant les déchets au gré du parcours. Loin de l'approche répressive de la propreté urbaine, ce running écolo a de plus en plus d'adeptes en France. Un ostéopathe nantais, Nicolas Lemonier, fondateur de l'association Run Eco Team, a eu la bonne surprise de recevoir un appel de Facebook, dont le fondateur, Marck Zuckerberg, est lui-même un adepte de ce sport en vogue. Il a été invité à visiter le siège de Cupertino et a reçu l'aide du réseau social pour réaliser une vidéo promotionnelle qui lui a permis de multiplier par dix les adhésions à son association.

L'étape ultime de l'économie circulaire, est-ce alors peut-être de rompre avec le modèle consumériste en renonçant aux déchets ? La tendance « zéro déchet » séduit de plus en plus de partisans bien décidés à consommer autrement et à repenser leur relation avec les biens matériels. Ce nouveau modèle de société fait figure d'utopie concrète. Les boutiques en vrac fournissent de la nourriture à cette nouvelle communauté qui refuse les emballages plastiques et le concept même du produit à usage unique.

Ce modèle de société est parfois décrié comme une nouvelle étape de la décroissance vue par les bobos. Pour se défendre, ses adeptes ont une association Zero Waste France qui a proposé en janvier 2018 aux volontaires le défi Rien de neuf, consistant à ne rien acheter de neuf pendant un an. 12 000 personnes se sont engagées en janvier.

Aux États-Unis, une *buy nothing day* (journée sans achat) a été créée en réaction au *black friday* incarnant la surconsommation. C'est une Française, Béatrice Johnson, qui fait figure d'égérie du mouvement international Zero Waste. Elle est devenue célèbre en postant une photographie d'un bocal d'un demi-litre contenant l'intégralité des déchets produits par sa famille en un an.

Si ce mouvement ne séduit que quelques milliers de personnes en France, il révèle un changement de paradigme dans le rapport à la consommation, que l'on retrouve dans le succès de l'économie collaborative, incarnée notamment par le succès du site Leboncoin.

Le saviez-vous

LES *PLASTIC ATTACKS* À L'ASSAUT DES SUPERMARCHÉS

Vingt-cinq habitants de Keynsham au Royaume-Uni se sont donné rendez-vous le 27 mars 2018 aux caisses du supermarché local pour une action éclair contre le suremballage. Une fois les courses réglées, les militants ont déposé l'intégralité des emballages achetés ce jour-là dans trois chariots vides installés devant le magasin. Plus de 20 millions de personnes ont vu la vidéo, ce qui a encouragé des déclinaisons dans plus de 50 villes du monde à l'été 2018.

PARTIE 6
UN AUTRE MONDE, CELUI DE DEMAIN

DANS CETTE PARTIE…

« L'homme de l'avenir aura peut-être des joies immenses. Il voyagera dans les étoiles, avec des pilules d'air dans sa poche. Nous sommes venus, nous autres, ou trop tôt ou trop tard. Nous aurons fait ce qu'il y a de plus difficile et de moins glorieux : la transition. » Nous y sommes encore. Nous traversons toujours cette période de transition, dont parlait Gustave Flaubert dans les années 1870. Impossible de savoir de quoi le monde de demain sera fait.

Nous espérons que le monde qui s'offre à nous sera meilleur, comme chaque génération qui nous a précédés sur cette Terre. Un monde de labeur et de difficultés matérielles a laissé place pour une partie de l'humanité à des conditions de vie bien meilleures, même si l'opulence a ses excès et que ces facilités ne sont pas encore partagées par tous. Les sports, la culture ou le numérique se sont démocratisés pour offrir du rêve à de plus en plus d'humains. La révolution des communications a permis à la planète de mesurer son unicité et de faire progresser largement les savoirs.

Les évolutions scientifiques en cours peuvent effrayer puisque l'homme aspire lui-même à se faire peur. La vigilance est de mise pour poser des conditions éthiques à ces progrès à venir. À défaut de se concrétiser, ils permettent déjà de rêver. Comme Gustave Flaubert il y a près de 150 ans, nous aspirons aussi à voyager dans l'univers.

Chapitre 11
Une aspiration au divertissement

DANS CE CHAPITRE :

- **Sport et géopolitique**
- **Culture et financement**
- **Les atouts du numérique**

« L'homme sans divertissement est un homme plein de misère », rappelait Jean Giono dans *Un roi sans divertissement*, empruntant une de ses célèbres *Pensées* au philosophe Pascal. La place des loisirs dans nos sociétés contemporaines ne permet pas d'infirmer cette maxime. Alors que l'évolution des conditions de travail et d'existence libère davantage de temps pour les individus, les divertissements permettent de l'occuper.

Le sport, en tant que pratique ou comme spectacle, occupe ainsi une place majeure dans le monde contemporain. Les grandes compétitions sportives internationales diffusées dans le monde entier déchaînent les passions, en même temps qu'elles constituent une arme diplomatique pour leurs organisateurs. Le sport s'est imposé comme un moyen d'affrontement pacifique entre les États. Il offre même la possibilité à certains pays d'exister sur la carte du monde.

Si la popularité de la culture est moins visible, elle n'en est pas moins grande. Le cinéma, la musique ou l'art permettent de rapprocher les hommes alors que le numérique peut favoriser la démocratisation de toutes les formes de culture. Des films et désormais des séries deviennent en quelques jours des phénomènes mondiaux grâce à de nouveaux moyens de diffusion en ligne. Les opportunités qui nous sont offertes sont ainsi infiniment plus grandes que celles qu'on pût expérimenter nos ancêtres.

Fiche 85 : La Russie et le sport

La Coupe du monde de football qui s'est tenue en Russie du 12 juin au 15 juillet 2018 illustre particulièrement la volonté d'instrumentaliser le sport au service de la puissance d'un État. Ce même dessein n'avait pourtant pas réussi à la Russie avec les Jeux olympiques. La course à la performance pour terminer au sommet du tableau des médailles à Sotchi a conduit les fédérations russes à mettre en place un système de dopage généralisé qui s'est traduit par leur exclusion des grandes compétitions internationales et l'obligation de concourir sous une bannière neutre aux JO de Pyeongchang en février 2018.

Une soif de prestige

Plus grande compétition sportive avec quatre milliards de spectateurs, soit plus de la moitié de l'humanité, le Mondial de football revêt des enjeux planétaires. Alors que la Russie accueille 600 000 visiteurs étrangers et plus de 5 000 journalistes accrédités, Vladimir Poutine souhaite faire de la compétition une arme politique pour redorer l'image de son pays et affirmer sa puissance.

Il entend d'abord faire oublier les récentes crises en Ukraine ou en Syrie qui ont largement entaché la réputation russe. Les opérations militaires en Ukraine n'avaient pas permis à la Russie de profiter pleinement des JO de Sotchi en 2014 ; cette fois, le chef du Kremlin a prévenu : « J'espère qu'il n'y aura pas de telles provocations, mais si c'était le cas, cela aurait de très graves conséquences sur l'État ukrainien en général. »

C'est par la qualité de l'organisation plus que par les performances de son équipe nationale que la Russie entend profiter de la compétition pour atténuer cette image belliqueuse. La dégradation des relations avec l'Occident, consécutive à l'empoisonnement d'un ex-agent double, Sergueï Skripal, à Londres, doit être effacée par la compétition alors que les officiels britanniques l'ont boycottée.

Au niveau intérieur, le mondial est l'occasion d'affermir une autorité déjà bien stable. Face à la crainte des débordements, alors que les supporteurs russes s'étaient fait remarquer lors de l'Euro 2016 en France par des affrontements avec les groupes de supporters anglais, des mesures de sécurité draconiennes ont été prises. Toute forme de contestation lors de la Coupe du monde est prohibée, en témoigne notamment l'arrestation de plusieurs étudiants dénonçant l'installation de la fan zone au pied de l'université ; les autorités leur ont répondu de « fermer les fenêtres » s'ils souhaitaient réviser en paix.

À méditer

2026 : LES JEUX SONT FAITS

Par souci de transparence, la FIFA a révélé, pour la première fois de son histoire, le choix des votants pour l'attribution de la coupe du monde de 2026. Le 13 juin, un dossier conjoint monté par les États-Unis, le Mexique et le Canada a été déclaré vainqueur. Quelques jours avant, Donald Trump publiait sur Twitter un message assez clair : « Les États-Unis ont mis au point un projet FORT avec le Canada et le Mexique pour le mondial 2026. Cela serait dommage que des pays que nous avons toujours aidés fassent campagne contre la candidature américaine. Pourquoi devrions-nous soutenir ces pays alors qu'ils ne le font pas en échange (y compris à l'ONU) ? » Dans une menace à peine voilée, le président des États-Unis promet de se souvenir de l'issue du scrutin dans l'attribution future des aides américaines.

Faire oublier les errements

Le Mondial est également un moyen de tourner le dos aux enquêtes actuelles visant le sport russe. L'attribution du Mondial en 2010 par la FIFA alors que la Russie disposait du plus mauvais dossier, face à une Angleterre favorite, est l'objet d'une enquête internationale depuis 2014. 13 des 22 votants d'alors ont été suspendus. Ces soupçons visent plus particulièrement l'espionnage par les services secrets, les contrats économiques opportuns ou encore les pressions politiques sur les décisionnaires.

Parmi les éléments les plus compromettants figurent la destruction des ordinateurs russes des membres du comité de candidature ou encore le rôle ambigu de Frantz Beckenbauer, ancien joueur allemand, qui, après avoir soutenu la candidature russe, a signé en 2012 un contrat d'image avec la société gazière de Russie (RGO), faisant de lui l'ambassadeur de Gazprom, sponsor de la FIFA. En dépit de ces enquêtes, Vitali Moutko, chargé de piloter le comité de candidature russe et grand organisateur du tournoi a été promu vice-premier ministre.

Le football doit également faire oublier un début d'année difficile marqué par la suspension de nombreux athlètes et l'obligation de concourir sous une bannière neutre lors des JO d'hiver de Corée du Sud. Après avoir fait profil bas, la Russie a été rapidement réintégrée par le Comité international olympique (CIO).

Attention

Mais les enquêtes se poursuivent et révèlent notamment les méthodes employées pour corrompre l'Agence mondiale antidopage (AMA). Plusieurs juridictions s'intéressent de près à Anders Besseberg, président de la fédération norvégienne de biathlon et membre du conseil de fondation de l'AMA. Son train de vie fastueux et les accusations des lanceurs d'alerte l'associent à une corruption active de la Russie pour permettre à ses athlètes d'échapper aux contrôles antidopage ; le biathlète russe, Evgeny Ustyugov, vainqueur de nombreuses compétitions internationales avant sa retraite à 28 ans, est particulièrement ciblé.

À méditer

LA VICTOIRE D'UNE ÉQUIPE, MIROIR DE LA FRANCE

Vingt ans après la célébration d'une France « black, blanc, beur », nous étions en droit d'espérer que la victoire des Bleus ne soit cette fois pas ramenée à la question de l'origine des joueurs composant l'équipe de France de football. C'était sans compter sur un article de *Paris Match* intitulé « L'Afrique, aussi championne du monde de foot », sur des commentaires plus ou moins douteux sur les réseaux sociaux ou encore sur la réaction du président vénézuélien, Nicolas Maduro, qui a célébré une « France qui gagne grâce à des joueurs africains ou fils d'Africains ». Lors d'un discours à Johannesburg, Barack Obama a même rendu hommage à des « mecs qui ne ressemblent pas tous à des Gaulois ». Cette France qui gagne est au contraire une France talentueuse et métissée, la France telle qu'elle est, même si cette identité plurielle n'éclate pas encore aux yeux en observant nos élites politiques et économiques.

Fiche 86 : Les JO 2024 de Paris, une stratégie de prestige très coûteuse

Après plusieurs échecs des candidatures françaises pour l'organisation des JO de 1992 et de 2008, la France a connu un traumatisme en 2005 avec la victoire de Londres face à Paris pour l'organisation des jeux de 2012. À l'été 2017, Paris a finalement obtenu gain de cause, après le retrait successif des autres candidats et l'annonce d'une double attribution : Paris organisera les jeux de 2024, cent ans après ses premiers jeux, et Los Angeles ceux de 2028. Alors qu'ils doivent avoir lieu dans plusieurs années, le débat se cristallise déjà autour du coût d'un tel projet.

Les craintes d'une dérive budgétaire

Les organisateurs ont promis que les jeux de Paris seront les premiers jeux de l'histoire à respecter le budget annoncé. Cependant, plusieurs rapports publiés en 2018 alertent déjà sur les dérives possibles d'un budget initialement annoncé à 6,8 milliards d'euros, répartis de manière quasi équitable entre l'organisation et les dépenses d'infrastructures.

L'Inspection générale des finances a mis en garde contre les risques de surcoût et proposé plusieurs alternatives pour diminuer les frais comme le recours à des piscines démontables pour limiter les déficits d'exploitation de piscines olympiques dispendieuses.

Ce respect du budget est pourtant déterminant pour la crédibilité du Comité international olympique (CIO), et non moins indispensable pour assurer une adhésion populaire des supporters qui sont aussi électeurs et contribuables.

Les précédents jeux témoignent d'une explosion des coûts. Si l'organisation des JO par Barcelone en 1992 a permis une mutation globale de l'image de la ville, ceux d'Athènes en 2004 sont restés célèbres pour l'explosion de la dette du pays et pour ses éléphants blancs, nom donné aux infrastructures massives laissées à l'abandon. En dépit d'un budget prévisionnel de 5,3 milliards d'euros, le coût final a dépassé les 10 milliards. Pékin affolait les statistiques en 2008 avec un coût estimé à 40 milliards d'euros contre 2,6 milliards annoncés. Sotchi en 2014 égalait presque le budget chinois, du jamais vu pour des JO d'hiver avant que Pyeongchang dépasse les 10 milliards d'euros.

Attention

Face à ces dérives, il n'est pas étonnant que les Jeux olympiques soient boudés par les opinions publiques. Paris a ainsi bénéficié du retrait successif de ses concurrents. Les habitants d'Hambourg ont refusé, par référendum, de concourir. À Rome, la candidature a succombé à un changement de majorité avec l'arrivée au pouvoir de la maire du mouvement Cinq Étoiles, Virginia Raggi. Budapest renonce à son tour après qu'une pétition contre les jeux regroupe près de 300 000 signataires. Le CIO déplore la rareté des candidats, en particulier pour les jeux d'hiver, alors qu'il doit attribuer en 2019 les jeux de 2026 et de 2030.

Une opportunité pour le Grand Paris

L'organisation de cette compétition paraît être l'occasion idéale pour redonner vigueur à un projet en gestation depuis des décennies : le Grand Paris. Visant à repenser l'échelle de la capitale pour lui donner les moyens d'agir comme une véritable ville mondiale, cette opération urbaine achoppe face aux contraintes budgétaires et aux tensions entre les élus. Les JO sont l'occasion de relancer cette transformation en profondeur de la région-capitale en transfigurant une banale opération urbaine en une épopée nationale.

Les travaux du Grand Paris Express, un anneau de plus de 200 km dont l'achèvement est prévu pour 2030, ont débuté cette année alors que les parties est et nord du chantier devront être prêtes pour 2023. Ce projet à plus de 100 milliards d'euros a donc attendu les jeux pour sortir de terre.

Les infrastructures olympiques s'inscrivent désormais dans une dynamique urbaine globale. Le nord-est de l'Île-de-France doit accueillir le village olympique dont les logements devront participer à l'effort de construction face au déficit en la matière de l'Île-de-France. Les nouvelles constructions sur les communes de Saint-Denis, l'Île-Saint-Denis et Saint-Ouen poursuivront la revitalisation entamée avec la coupe du monde 1998 qui avait permis l'aménagement de la Plaine-Saint-Denis, à proximité du Stade de France.

Le saviez-vous

LA FRANCE RENONCE À L'EXPOSITION UNIVERSELLE DE 2025

Dans une lettre publiée en janvier 2018, le Premier ministre annonçait le retrait de la candidature française à l'organisation de l'Exposition universelle de 2025, arguant notamment des « faiblesses structurelles du projet » dans un contexte « de redressement de nos finances publiques ». La candidature était pourtant portée depuis 2011 et devait transformer le pôle scientifique et technologique de Paris-Saclay en une vitrine internationale de la puissance technologique humaine. Cet événement aurait pu permettre de renouer avec une tradition glorieuse. La France a accueilli à cinq reprises l'Exposition universelle entre 1855 et 1937, permettant de façonner le visage actuel de la capitale.

Fiche 87 : La stratégie très sportive du Qatar

En ouverture de la Coupe du monde 2018, le régent d'Arabie saoudite, Mohammed Ben Salmane n'a pas manqué d'afficher sa complicité avec Vladimir Poutine. La lourde défaite de l'équipe saoudienne n'a pas entaché la joie du souverain, refusant de laisser le rival qatari, seule puissance sportive de la région alors même que son équipe nationale n'est pas qualifiée, privée de compétition après une défaite face à la Syrie. Depuis plusieurs années, le Qatar, petit émirat gazier du golfe, utilise le sport pour rayonner dans le monde.

Un investissement massif

Dans le souci de diversifier une économie rentière largement dépendante des exportations de gaz, le Qatar considère le sport comme une opportunité de placement en même temps qu'un moyen de donner à ce territoire de 11500 km² une visibilité internationale. Le sport permet également de sortir de son isolement alors que le pays subit une rupture diplomatique avec ses voisins du golfe depuis juin 2017. Ses anciens partenaires, au premier rang desquels l'Arabie saoudite, lui reprochent sa proximité avec l'Iran et ses liens avec les terroristes syriens du front Al-Nosra, ex-branche d'Al-Qaïda.

Ces investissements massifs sont d'abord tournés vers l'Europe où l'émirat rachète en 2011 le Paris-Saint-Germain par l'intermédiaire du Qatar Sports Investments (QSI), révolutionnant ainsi les championnats français de football et de handball. Alors que le montant du rachat ne dépassait pas 40 millions d'euros, des investissements lourds, estimés à plus de 850 millions d'euros sur cinq ans, ont été consentis pour bâtir une équipe capable de gagner la Ligue des champions, souhait ultime de l'émir, Tamim ben Hamad Al Thani, avant de recevoir le Mondial en 2022. À l'été 2017, le PSG s'attachait ainsi les services du prodige brésilien Neymar pour 222 millions d'euros et du jeune attaquant français Kylian Mbappé pour 180 millions d'euros.

L'essentiel

Dans l'émirat, des sommes considérables sont également investies pour le sport. Dès 2004, le pays accueille la première épreuve du calendrier moto GP, en espérant dans un futur proche recevoir un grand prix de F1, privilège déjà accordé au Bahreïn depuis 2004 et à Abu Dhabi depuis 2009. Surtout, les investissements sont tournés vers le football, en vue de la coupe du monde de 2022.

Le Qatar sera alors le premier pays à organiser une coupe du monde sans jamais y avoir participé. Les premiers stades couverts, notamment le stade Khalifa de Doha, sont équipés de climatisation, car la Fifa n'avait pas encore validé le changement de calendrier au début des travaux. Contrairement aux habitudes, la Coupe du monde sera organisée en hiver et la finale se jouera le 18 décembre, jour de la fête nationale qatarie.

Un parcours semé d'embûches

Ces accommodements valent aujourd'hui au Qatar des soupçons de corruption. Les conditions d'obtention de la 22e édition du Mondial intéressent les justices de plusieurs États. Mediapart a ainsi révélé l'existence d'un virement de 22 millions de dollars au bénéfice de Ricardo Teixeira, ex-président de la Confédération brésilienne de football, qui aurait servi d'intermédiaire pour obtenir les votes des patrons des confédérations d'Asie, d'Amérique du Nord et d'Amérique du Sud. La justice américaine tente d'obtenir leur extradition.

En Europe, c'est une enquête suisse qui vise Nasser Al-Khelaïfi, en tant que directeur du groupe BeIN Media, l'accusant de « corruption privée active » au bénéfice de l'ex-secrétaire général de la FIFA, Jérôme Valcke.

Le Qatar souffre également d'accusations d'esclavagisme relatives aux conditions de travail des ouvriers asiatiques détachés pour construire les stades, alors que les accidents se sont multipliés et que les principes élémentaires de liberté ne semblent pas respectés.

Au niveau sportif, le PSG n'est pas parvenu à dépasser le stade des quarts de finale de la Ligue des champions, en dépit des sommes dépensées. Affront plus important encore, le cheikh Mansour, membre de la famille royale d'Abu Dhabi, est parvenu à remporter la compétition en 2016 avec Manchester City. La Ligue des champions ne sourit définitivement pas aux Qataris dont la chaîne de télévision BeIN Sport a perdu ses droits de diffusion pour la période 2018-2021.

Attention

Le succès espéré du PSG devait pourtant faire oublier les piètres performances de l'équipe nationale. Construite à grand renfort de naturalisation chèrement obtenue, la sélection nationale pointe à la 98e place du classement FIFA, entre l'Inde et la Palestine. Le pays tout entier veut éviter de revivre le cauchemar du mondial de handball de 2015 organisé à Doha. Si sportivement, cette compétition a été un succès malgré la défaite en finale contre la France, la presse internationale a raillé une équipe de mercenaires dont seuls deux joueurs étaient natifs de l'émirat.

Le saviez-vous LA CULTURE AUSSI

Le Qatar mise aussi sur la culture pour repenser sa stratégie de développement. Cinq mois à peine après l'ouverture du Louvre Abu Dhabi, c'est autour de Doha de concentrer l'attention mondiale grâce à l'inauguration de la Bibliothèque nationale du Qatar, dont le bâtiment, conçu par l'architecte néerlandais Rem Koolhaas, a l'allure d'un destroyer stellaire de *Star Wars*. Cette bibliothèque de prêt ouverte gratuitement à la population accueille également des chercheurs et une précieuse collection de livres anciens. Elle prend place au cœur d'un quartier en pleine mutation avec d'un côté des musées, dont le musée d'art islamique conçu par l'architecte chinois Ieoh Ming Pei en 2008 et le Musée national du Qatar de Jean Nouvel, et de l'autre, le campus Education City, des antennes des écoles les plus prestigieuses du monde.

Fiche 88 : Netflix à l'assaut du cinéma

Crée en 1997, comme loueur de DVD par correspondance aux États-Unis, Netflix s'est imposé depuis comme un géant de l'audiovisuel. Offrant un catalogue de films et de séries contre un abonnement, la plate-forme est en phase avec les attentes des consommateurs. Ce nouveau modèle risque bien de précipiter la fin des chaînes classiques pour lesquelles le téléspectateur n'est qu'un consommateur passif, soumis à une programmation imposée.

Un géant de l'audiovisuel

Présente depuis 2007 sur le Web, l'entreprise dirigée par Reed Hastings finance des contenus exclusifs depuis 2013. Parmi les principaux succès maison, figurent des séries emblématiques comme *House of Cards* ou *Orange is the New Black*. Désormais disponible dans 190 pays, Netflix compte 125 millions d'abonnés, dont 3,5 millions en France. Le bouche-à-oreille lui permet une croissance très rapide, avec 7,4 millions de nouveaux abonnés sur le premier trimestre 2018. Son chiffre d'affaires suit la même courbe positive avec plus de 11,6 milliards de dollars de recettes en 2017, dont 886 millions de bénéfices.

Pour conquérir toujours plus de spectateurs, Netflix entend développer son activité de production en investissant 8 milliards de dollars dans l'audiovisuel et le cinéma en 2018. L'entreprise se rêve en plate-forme globale et refuse de se montrer complice de l'uniformisation du monde par les canons américains. Elle souhaite à terme financer des contenus dans tous les pays où elle est présente alors que 55 % de ses abonnés sont déjà hors des États-Unis. Ainsi, 1 milliard de dollars ont été consacrés aux productions originales européennes, soit deux fois plus qu'en 2017.

Le géant américain n'a pas hésité à engager le bras de fer avec le Festival de Cannes dont le règlement impose la sortie en salle pour qu'un film soit mis en compétition. Refusant de se plier à cette règle qui lui imposerait un délai de trois mois avant de diffuser le film dans son bouquet, en vertu de la chronologie des médias, Netflix a boycotté le festival. Quelques mois plus tard, un autre festival, la Mostra de Venise, s'est montré bien plus conciliant avec la plate-forme américaine de streaming, en attribuant un Lion d'or à *Roma* du réalisateur mexicain Alfonso Cuaron.

L'essentiel

L'entreprise cherche ainsi à séduire les réalisateurs renommés et son P.-D.G. a fait de l'obtention d'un Oscar, un objectif à atteindre. Le tournage de *The Irishman* de Martin Scorsese en 2018 marque peut-être un tournant décisif. Face au refus du projet par les studios hollywoodiens, le réalisateur oscarisé s'est résolu à collaborer avec Netflix pour tourner ce biopic sur le tueur à gages Frank Sheeran, avec Robert de Niro et Al Pacino, dont la sortie est prévue en 2019.

L'ACCORD AVEC LES OBAMA, UN AUTRE GROS COUP

À méditer

C'est un nouveau coup de semonce pour la profession. Après un rapprochement avec des grands noms du milieu, une première récompense dans l'un des festivals majeurs, la plate-forme américaine poursuit sa stratégie hégémonique en obtenant un contrat du couple Obama. L'ancien président des États-Unis et son épouse ont conclu un accord avec Netflix, dont le montant est resté secret, afin de produire des longs-métrages de fiction, des séries de télé-réalité et des documentaires via la société de production qu'ils possèdent. Le couple présidentiel a dû engranger une coquette somme alors qu'ils avaient déjà empoché 60 millions de dollars de la Penguin Random House contre la promesse d'écrire un livre chacun.

Une riposte qui s'organise

Les appétits ne manquent pas pour contrer le succès du géant américain. Jeff Bezos souhaite faire d'Amazon le concurrent le plus sérieux tout en prétendant lui aussi remporter un Oscar. Le leader mondial de la distribution en ligne a élargi son service Amazon Prime, qui a été conçu pour réduire les délais de livraison des commandes, moyennant un abonnement annuel. Les 47 millions d'abonnés ont désormais accès un catalogue de films et de séries, dont certains constituent des contenus originaux. Amazon a ainsi signé un accord avec Woody Allen pour qu'il réalise une série pour la firme.

Les acteurs classiques de l'audiovisuel tentent également de concurrencer Netflix. Aux États-Unis, NBCUniversal, 21st Century Fox et The Walt Disney Company se sont associés pour créer Hulu qui donne accès à des films et des séries par abonnement depuis sa création en 2007. En Europe, un accord passé au printemps 2018 entre les groupes publics français, allemand et italien (France Télévisions, ZDF et Rai) a permis de créer « L'alliance » destinée à cofinancer des séries. En Europe du Nord, les groupes audiovisuels publics danois, suédois, norvégien, finlandais et islandais se sont associés au printemps 2018 pour former « Nordic 12 » pour coproduire autant de séries par an alors que Netflix qui revendique 4,2 millions d'utilisateurs sur 26 millions d'habitants, a marché sur leurs terres en produisant *The Rain* au Danemark. En France, la réaction vient plutôt des groupes privés ; TF1 et M6 travaillent sur l'idée d'une plate-forme commune sur le modèle d'Hulu.

Fiche 89 : De nouvelles sources de financement pour la culture

Dans la musique également, la culture de l'abonnement s'est imposée, ce qui a permis de mettre fin à plusieurs décennies de difficultés budgétaires alors que le téléchargement illégal menaçait les revenus. Pour le patrimoine, ce sont les restrictions budgétaires des collectivités qui obligent à inventer de nouveaux modèles économiques pour le préserver. Menacée, la culture se doit d'explorer de nouvelles sources de financement pour exister.

Un Loto pour le patrimoine

Alors que la France dispose d'un des patrimoines les plus riches au monde, la rigueur budgétaire imposée par le creusement des dettes nécessite une diversification des sources de revenus afin de le pérenniser. En septembre 2017, Emmanuel Macron confiait à Stéphane Bern une mission d'identification et de sauvegarde du patrimoine en péril. L'animateur a ainsi reçu la charge de proposer un nouveau modèle de financement pour le patrimoine auquel l'État consacre 360 millions chaque année.

À méditer

LE *CROWFUNDING* POUR LE CHÂTEAU DE LA MOTHE-CHANDENIERS

C'est une autre initiative inspirante qui a permis le rachat par 25 000 personnes à travers le monde du château de la Mothe-Chandeniers dans la Vienne. L'édifice du XIIIe siècle menaçait de s'écrouler, envahi par la végétation depuis de nombreuses années. L'ancien propriétaire ne parvenait pas à s'en séparer avant qu'une annonce ne soit postée sur un site de financement participatif. Grâce à une publicité inattendue, des milliers de personnes du monde entier ont permis de lever 1 617 millions d'euros en 80 jours. En attendant une exploitation touristique, le château appartient désormais à une société par actions simplifiées (SAS) gérée par 25 000 actionnaires.

L'essentiel

Une plate-forme numérique gérée par la Fondation du patrimoine a permis d'identifier 250 monuments en péril dont 18 ont bénéficié des 20 millions d'euros d'un fonds spécial, alimenté par les recettes d'un jeu de grattage et d'un loto. Le 14 septembre, un tirage exceptionnel avec un gain de 13 millions d'euros est organisé à l'occasion des Journées du patrimoine. 12 millions de tickets à gratter sont également mis en vente au prix de quinze euros, soit le ticket le plus cher de l'histoire de la Française des jeux.

La somme allouée aux monuments dépendra du montant des travaux et de l'urgence patrimoniale. Contrairement aux excès de la communication qui entoure la mission confiée à Stéphane Bern, ce financement nouveau ne pourra pas sauver le patrimoine, mais il contribuera à développer le mécénat populaire et collectif.

Le streaming au secours de la musique

Après une première décennie compliquée dans le nouveau millénaire, alors que le chiffre d'affaires de la profession était divisé par deux pendant que le nombre de majors passait de six à trois, la musique renoue avec la rentabilité.

Ce succès grandissant s'explique par un nouveau modèle économique qui a rompu avec l'acquisition des produits culturels pour profiter d'un accès à ces produits sous forme numérique, moyennant le versement d'un abonnement. En 2017, pour la première fois de son histoire, les revenus tirés des ventes dématérialisées dépassaient ceux liés aux ventes de disques et autres supports physiques de musique, selon la Fédération internationale de l'industrie phonographique (IFPI).

L'essentiel

Le succès de l'introduction en Bourse de Spotify en avril 2018 est le symbole de ce renouveau. L'entreprise suédoise créée en 2008 a été valorisée à plus de 26 milliards de dollars alors qu'elle peine à être rentable malgré son succès. Il s'agit de la plus importante introduction en Bourse ces dernières années pour une entreprise technologique. Elle compte 160 millions d'utilisateurs actifs dont 70 millions versent un abonnement, loin devant les 38 millions d'abonnés payants du service Apple Music crée en 2015. À la troisième place, figure une entreprise française fondée en 2007, Deezer, talonné par un autre géant des GAFA, Amazon Music Unlimited. Le succès des enceintes connectées semble offrir un bel avenir au marché de l'abonnement musical, même si la question du partage des ressources entre créateurs, producteurs et distributeurs reste sensible.

Fiche 90 : Le retour des œuvres issues de la colonisation

Déjà Cicéron en, 70 avant J.-C., avait construit une partie de sa popularité sur le combat mené contre Verres, un prêteur peu scrupuleux qui s'était approprié des œuvres d'art en Sicile, colonie romaine. Victor Hugo était devenu un héros national en Chine après sa prise de position contre le sac du palais d'été de Pékin. Dans un discours prononcé à Ouagadougou le 28 novembre 2017, Emmanuel Macron a suscité un espoir immense en appelant de ses vœux « un retour du patrimoine africain à l'Afrique ».

La fin d'un tabou

En dépit des lois internationales, les États sont très réticents en matière de restitution des œuvres d'art. Le long conflit opposant la Grèce au Royaume-Uni pour les frises du Parthénon en est le symbole. Depuis 1970 une convention de l'Unesco réprime néanmoins le trafic illicite d'œuvres d'art et demande la restitution du patrimoine culturel mal acquis. Ces dispositions sont très peu respectées, car les États y opposent une législation nationale.

En France, en vertu de l'édit de Moulins de 1566, les collections publiques sont déclarées inaliénables. La restitution se heurte de surcroît au principe du Code civil selon lequel « possession vaut titre », nonobstant les conditions d'acquisition.

Les principaux musées européens regorgent ainsi d'un patrimoine culturel volé comme butin de guerre alors que le pillage a été généralisé dans l'histoire. Pendant la colonisation, les États européens s'y sont livrés pour des motifs à la fois matériel et symbolique. Enjeux économiques, les vols permettent d'accumuler de la richesse, d'augmenter les revenus des militaires et de récompenser l'engagement. D'un point de vue symbolique, le pillage offre au vainqueur la possibilité de jouir des symboles du pouvoir vaincu afin de témoigner de sa propre puissance dans des espaces privés et publics.

L'essentiel

La déclaration de l'actuel président de la République au Burkina Faso marque un tournant historique. L'idée de restituer les biens africains est une réponse à une campagne du Conseil représentatif des associations noires de France (CRAN) lancée en 2013. Le président du Bénin, Patrice Talon, a profité de l'occasion pour formuler en 2016 une demande officielle de restitution du patrimoine volé dans l'ex-royaume de Dahomey. Le Premier ministre d'alors, Jean-Marc Ayrault, y avait opposé le principe d'inaliénabilité des collections françaises.

Un chantier immense

Dans la foulée de cette déclaration, le président de la République a mis sur pied une mission de réflexion confiée à l'historienne Bénédicte Savoy et à l'économiste et écrivain sénégalais Felwine Sarr. Ils doivent déterminer les conditions dans lesquelles cette restitution peut être mise en œuvre. Un travail de recherche historique sera nécessaire pour établir les conditions dans lesquelles les pièces d'art africain ont été acquises, car certains objets achetés de manière légale ne seront pas concernés par les restitutions.

En parallèle, le directeur du musée du quai Branly, Stéphane Martin, est chargé de déterminer où et comment les œuvres d'art peuvent être rendues. Les institutions européennes refusent souvent de prêter des œuvres d'art aux musées africains, en raison des conditions de conservation et de sécurité. C'est cet argument qui a longtemps permis au Royaume-Uni de conserver l'intégralité des frises du Parthénon avant de les partager après l'inauguration du musée archéologique d'Athènes. L'ex-président sénégalais, Abdoulaye Wade, a ainsi construit à Dakar un musée des civilisations noires dont les 5 000 m² de surface d'exposition sont pour l'heure restés vides.

Le saviez-vous

DES MUSÉES DÉPOSITAIRES D'UNE HISTOIRE COLONIALE

Si la question des restitutions n'engage pour l'instant que la France, elle concerne la plupart des pays d'Europe dont les principaux musées regorgent de collections africaines. Le British Museum de Londres dispose ainsi de plus de 200 000 objets africains. En Allemagne, 180 000 objets issus des collections ethnologiques de l'ancien État prussien doivent être abrités dans un musée en construction, le Humboldt Forum de Berlin dont l'ouverture est prévue en 2019. Les propos tenus par le président français sont venus renforcer la polémique naissante alors que l'Allemagne semble redécouvrir son histoire coloniale.

Fiche 91 : La réalité virtuelle et la démocratisation de l'art grâce au numérique

Si cette nouvelle technologie remonte au début des années 2000, elle peine à s'imposer. Une nouvelle génération beaucoup plus aboutie a émergé sur le marché depuis 2016 pour plonger l'utilisateur dans un monde virtuel englobant, grâce à un casque spécifique. Surtout utilisée dans les jeux vidéo, la réalité virtuelle pourrait constituer une révolution dans le domaine artistique.

Ouvrir les collections à tous

Face à une baisse de fréquentation, les musées se veulent plus interactifs pour coller davantage aux habitudes des nouvelles générations. La plupart des grandes institutions, à l'instar du British Museum de Londres, considèrent la réalité virtuelle comme un moyen de se réinventer. Depuis l'expérience pionnière du Google Art Project qui offrait la possibilité de se rendre virtuellement dans les grands appartements royaux et la galerie des Glaces du château de Versailles, l'immersion à distance a été révolutionnée par la réalité virtuelle.

Les institutions muséales collaborent avec les entreprises technologiques, par intérêts respectifs. Les premières peuvent financer de nouveaux services proposés à distance ou dans les musées eux-mêmes alors que les secondes cherchent à diffuser leurs innovations. HTC a ainsi noué des partenariats avec des grands musées tels que l'Ermitage de Saint-Pétersbourg, de même que Google développe un réseau avec 1 200 musées dans le cadre du Google Arts et Culture.

Le saviez-vous

L'IMMATÉRIEL SÉDUIT ÉGALEMENT LE MONDE DE LA MODE

En avril 2018, au cours du Festival international de mode et de photographie de Hyères, un défilé inédit, organisé par la styliste Vanessa Schindler, a placé des spectateurs au centre d'une pièce vide. Avec un casque sur les yeux et des écouteurs diffusant une musique de circonstance, les amateurs de mode ont pu découvrir les nouvelles créations de l'artiste dans un univers onirique traversé par des mannequins virtuels.

Faire revivre le passé

Pour les monuments historiques, la réalité virtuelle peut permettre de réaliser le vieux rêve de Michelet, un des pères de l'histoire qui voulait redonner vie aux acteurs du passé. Le Mémorial de Caen offre à ses visiteurs une expérience immersive qui permet de voler au-dessus d'une Normandie replongée au temps de la Seconde Guerre mondiale. En Angleterre, le Yorkshire Museum propose de visiter un camp viking récemment découvert par les archéologues grâce au « Viking World ». Le monde entier s'y met alors que Rome permet de visiter les ruines de la Maison dorée de Néron pendant qu'en Égypte, il est désormais possible de se rendre à l'intérieur du tombeau de Toutankhamon.

Les musées d'histoire naturelle se sont également saisis de l'opportunité pour donner vie aux nombreux squelettes qu'ils conservent. Le Muséum national d'histoire naturelle de Paris propose ainsi, depuis fin décembre 2017, cinq stations de réalité virtuelle pour « un voyage au cœur de l'évolution ». Les casques permettent d'explorer la généalogie de plus de 450 espèces, jusqu'à 3,5 milliards d'années en arrière. À Berlin, le Musée d'histoire naturelle redonne vigueur au giraffatitan, l'un des plus grands dinosaures qui ait jamais existé. Dans un autre domaine, le Science Museum de Londres propose, avec « Space Descent », de revivre la mission spatiale de Tim Peake, premier Britannique dans l'espace après avoir effectué un séjour de six mois en 2016 dans la station spatiale internationale.

Un nouveau processus de création

La réalité virtuelle peut également enrichir l'expérience artistique elle-même. Au Power Station of Art (PSA) de Shanghai, la fondation Cartier pour l'art contemporain a présenté entre le 25 avril et le 29 juillet 2018 l'exposition, « A Beautiful Elsewhere » au cours de laquelle le visiteur pouvait apprécier une centaine d'œuvres de la scène artistique contemporaine dont une partie a fait l'objet d'une virtualisation. Accompagné par une voix off, le visiteur pouvait ainsi pénétrer dans la Petite Cathédrale en mosaïque d'Alessandro Mendini ou se déplacer autour de Kelvin 40, l'avion futuriste imaginé par Marc Newson.

Certains artistes vont encore plus loin en se saisissant de cette opportunité pour réinventer les arts plastiques. Ils peuvent ainsi peindre sans toile ou sculpter sans matière en utilisant les applications de dessin en réalité virtuelle. L'œuvre d'art est sortie de sa matérialité pour constituer une expérience dans laquelle le spectateur peut se plonger. L'artiste n'a ainsi pour seule limite à sa créativité que son imagination. Il peut placer le spectateur au cœur de son propre univers dans une réalité virtuelle volumétrique en temps réel. La plasticienne japonaise Drue Kataoka est convaincue d'être à l'aube d'une révolution des arts quand elle réalise ses installations d'un nouveau genre.

Fiche 92 : La remise en cause de la neutralité du Net

Et si les nombreuses opportunités offertes par le numérique étaient remises en cause par une décision américaine ? C'est en tout cas ce que redoutent les détracteurs de la circulaire « Restoring Internet Freedom » qui menace le principe de neutralité du Net, pourtant présent depuis les débuts d'Internet.

L'abandon de l'idéal d'un Internet ouvert

La neutralité du Net garantit la libre circulation des contenus sur le Web puisqu'en vertu de ce principe, les opérateurs ont obligation de traiter tous les contenus mis en ligne sans discrimination. Ils ne peuvent faire payer plus ou moins cher l'accès à certains services et ont l'interdiction de bloquer l'accès à certains sites ou à certains types de contenus. C'est ce principe fondateur qui a fait qu'Internet est « un terrain de jeu ouvert à tous, sur lequel les nouveaux entrants et les joueurs les plus établis peuvent atteindre des utilisateurs de la même façon », comme l'expliquent les dirigeants de Google dans un communiqué publié en réaction à l'abandon de ce principe aux États-Unis.

À la suite d'une décision prise le 14 décembre 2017 par l'Agence fédérale des communications (FCC), les États-Unis ont rompu avec la conception d'un Internet ouvert depuis le 11 juin 2018. Dès lors, les fournisseurs d'accès peuvent faire payer davantage des internautes pour qu'ils aient accès à des services d'une qualité supérieure et, en revers, ralentir les accès des autres utilisateurs, créant un Internet à deux vitesses. Ce combat est une grande victoire des fournisseurs d'accès qui présente la fin de la neutralité du Net comme un moyen de financer les investissements importants pour faire face à l'augmentation de la circulation des données.

Un débat de société fondamental

Derrière cette question très technique, se cache en réalité un enjeu fondamental pour le développement de notre société, étant donné la place prise par les réseaux de communication.

Pour l'instant, la neutralité du Net n'est pas remise en cause dans le reste du monde. En Europe, elle est garantie par le Body of European Regulators for Electronic Communications (Berec) qui est chargé de veiller à son application. En ce qui concerne la France, le responsable de l'Autorité de régulation des communications électroniques et des postes (Arcep) a déclaré que la décision américaine n'aura pas d'impact en Europe, même s'il reconnaît que cette première risque d'alimenter la demande des opérateurs de télécommunications en faveur de la suppression de cette législation.

Attention

La remise en cause de la neutralité du Net risque de se traduire par une diminution de l'innovation puisque les start-up n'auront pas accès aux mêmes bandes passantes que les acteurs établis, ce qui explique que la polémique soit alimentée par les acteurs de l'Internet eux-mêmes. Plus généralement, cette suppression porte en germe une menace contre la démocratie puisque les fournisseurs d'accès pourront moduler la qualité d'accès au réseau en fonction des contenus, voire interdire certains contenus.

Le saviez-vous

UNE VASTE CAMPAGNE D'OPINION POUR FAIRE RECULER TRUMP

Cette décision américaine est en grande partie motivée par la volonté du président de rompre avec l'héritage de son prédécesseur qui avait fait inscrire la neutralité du Net dans le droit, en vertu d'une circulaire, « Open Internet », adoptée en 2015. Un vaste mouvement cherche à faire revenir Donald Trump sur sa décision. Des manifestations sont organisées devant les locaux de Verizon, une compagnie de téléphone dans laquelle a travaillé Ajit Pai, responsable de la FCC. Plusieurs acteurs du Web ont volontairement ralenti le débit le jour de l'entrée en vigueur de la nouvelle loi pour sensibiliser les utilisateurs aux éventuelles conséquences de la mesure. Les procureurs généraux de 22 États américains ont porté plainte contre la FCC alors que le Sénat tente de faire annuler cette décision.

Chapitre 12
La science, au secours de l'homme ?

DANS CE CHAPITRE :

- » **Les progrès technologiques**
- » **Les avancées de la médecine**
- » **La conquête spatiale**

C'est un vieux rêve propre à l'humanité que de vouloir maîtriser totalement le monde par le triomphe de la rationalité et du génie humain. Si l'époque dans laquelle nous vivons est souvent critiquée, les innovations ont permis d'augmenter le niveau de vie des hommes. Le cyberespace offre l'accès à une information et une culture mondiales. Les technologies nouvelles font espérer une meilleure préservation de l'environnement.

Les sciences offrent la possibilité d'endiguer les maladies, de faciliter les conditions de vie des hommes ou encore leur permettent de rêver à voyager dans le reste de l'univers pour y percer les mystères de l'humanité.

Si cette perspective semble radieuse, les conditions de réalisation de ce nouveau monde portent en germe des menaces. La redéfinition de la puissance accroît la vulnérabilité d'un monde dont l'économie est entièrement soumise au contrôle des réseaux numériques. La privatisation de l'espace fait craindre une reproduction des erreurs commises ici-bas avec l'exploitation effrénée des ressources. Le dépassement de l'homme par le transhumanisme peut apparaître comme une destruction de sa propre condition, le réduisant à l'état de matière.

Fiche 93 : Cybersécurité et contrôle des réseaux

La guerre a trouvé dans le cyberespace un nouveau terrain d'épanouissement. Nos sociétés sont désormais vulnérables face à des cyberattaques de plus en plus massives de plus en plus efficaces. La riposte s'organise alors qu'un cadre international de régulation du cyberespace peine à se mettre en place.

Des sociétés vulnérables

La cybercriminalité est une menace de plus en plus préoccupante. En 2017, 156 700 incidents de piratage d'entreprise ont été signalés contre 82 000 en 2016. Le succès des cryptomonnaies a notamment permis un développement massif des « rançongiciels » qui promettent de lever le blocage d'un ordinateur contre le versement d'une somme d'argent.

Deux attaques massives ont révélé l'ampleur du problème. Le virus WannaCry, en mai 2017, infectait plus de 300 000 ordinateurs dans le monde, dont ceux des hôpitaux britanniques. Un mois plus tard, NotPetya touchait des dizaines d'entreprises dans le monde pour des dégâts estimés à plus d'un milliard d'euros. Pendant une quinzaine de jours, certaines sociétés comme Saint-Gobain ont été contraintes de se passer totalement de leurs ordinateurs.

Une partie des mystères entourant ces attaques a été levée en 2018. Au mois de février, les gouvernements britanniques et américains ont directement accusé la Russie d'être à l'origine du logiciel malveillant NotPetya après une enquête réalisée par le Centre national de cybersécurité britannique (NCSC) et les services de renseignement américains. Les Russes auraient ainsi ciblé l'Ukraine en infectant un logiciel de comptabilité très populaire dans le pays, MeDoc, pour diffuser un virus paralysant les ordinateurs et empêchant toute récupération des données. Cependant, ce logiciel s'est ensuite répandu par ricochet dans de nombreuses entreprises en Europe et dans le monde.

Les gouvernements britanniques et américains ont promis des ripostes alors que la Russie est également soupçonnée d'avoir attaqué des millions de matériels connectés dans les entreprises et administrations occidentales. Cette fois, les États n'ont pas attendu la fin de l'attaque pour dénoncer cet espionnage.

Le saviez-vous : UNE MAUVAISE PUBLICITÉ POUR CERTAINES MARQUES

Les autorités américaines ciblent certaines entreprises accusées d'être bienveillantes vis-à-vis du cyberespionnage. Ainsi, depuis janvier 2018, l'entreprise russe d'antivirus Kaspersky Lab est privée de publicité sur Twitter sur injonction du ministère américain de la Sécurité intérieure. Les agences de renseignement américaines soupçonnent des liens entre Kaspersky et la Russie. De la même manière, les entreprises chinoises de télécommunication ZTE et Huawei ont des difficultés à pénétrer le marché américain. Les instances gouvernementales ont interdiction d'utiliser des produits vendus par ces entreprises alors que les responsables politiques dénoncent régulièrement les risques d'espionnage liés à l'utilisation de ces appareils.

Réguler le cyberespace

Le droit international en matière de cyberespace reste balbutiant, ce qui explique notamment l'appel lancé par Microsoft pour transposer la convention de Genève sur le droit de la guerre dans le domaine du numérique. L'échelle de lutte contre les attaques informatiques est celle de l'État et les discussions au niveau de l'ONU peinent à se concrétiser.

En Europe, la directive sur « la sécurité des réseaux et des systèmes d'information » devait être transposée dans les droits nationaux avant le 9 mai 2018. Créant une coordination européenne en matière de cybersécurité, ce texte oblige les agences nationales à signaler les incidents informatiques dont elles sont victimes auprès de l'Enisa, agence européenne chargée de la sécurité des réseaux. En France, l'Agence nationale de la sécurité des systèmes d'information (Anssi) veille au contrôle du cyberespace alors que des moyens de plus en plus conséquents sont déployés en matière de cybersécurité.

L'essentiel

Les entreprises s'organisent également face à la menace. En avril 2018, 34 grandes entreprises du secteur ont signé un accord sur la cybersécurité, promettant de ne pas aider les États qui souhaiteraient mener des cyberattaques. Si certaines manquent à l'appel comme Google, Apple ou encore Amazon, cet accord visant à protéger les utilisateurs d'Internet a été signé par Microsoft, Facebook ou Avast.

À méditer

COLLABORER AVEC LES PIRATES

Pour améliorer leur capacité de résistance, les entreprises ont de plus en plus recours à des *hackers*. Les pirates informatiques travaillent ainsi à détecter des failles de sécurité dans les systèmes des grands groupes avant de les monnayer avec eux, selon la pratique du *bug bounty*. Des plates-formes en ligne se sont spécialisées dans ces transactions, à l'instar de Bounty Factory qui permet de mettre en relation les *hackers* et les services internes d'une société afin de corriger la faille le plus rapidement possible. Les défaillances les plus critiques peuvent se monnayer plusieurs milliards d'euros.

Fiche 94 : Les robots, la main-d'œuvre de demain

Déjà Aristote, dans *La Politique*, s'interrogeait sur l'impact des technologies dans l'organisation des sociétés : « Le jour où les machines sauront tisser toutes seules, nous n'aurons plus besoin d'esclaves. » Cette question très ancienne reste d'actualité alors qu'Amazon ouvre à Seattle un supermarché sans caissier ou que l'automatisation de l'industrie et des services fait craindre une baisse des emplois.

Une révolution en cours

L'automatisation est loin de constituer une nouveauté, mais elle concerne désormais de nouveaux secteurs d'activité. Répandue depuis de nombreuses années dans l'industrie, la robotique connaît une nouvelle jeunesse avec les « cobots », des robots collaboratifs, pouvant assister un opérateur dans des tâches spécifiques. De la même manière, les bras articulés sont désormais largement utilisés dans l'assemblage automobile ou le soudage.

Les services à la personne s'ouvrent également à la robotique. Dans les Ehpad (établissements d'hébergement pour personnes âgées dépendantes), les écoles ou les centres de soins, les robots humanoïdes agissent en appui des personnels. Ainsi depuis 2015, le robot NAO agrémenté de la solution Zora, acronyme néerlandais de « soins, revalidation et animation pour les personnes âgées », est utilisé dans plusieurs Ehpad pour stimuler la mémoire des personnes âgées en accomplissant des exercices thérapeutiques. Le même robot est utilisé auprès des enfants autistes et dans certains établissements scolaires de l'académie de Versailles pour apprendre le codage aux enfants.

L'essentiel

Dans la restauration, des bras articulés font leur apparition aux États-Unis pour préparer les commandes. À San Francisco, le Cafe X propose à ses clients de déguster une boisson concoctée par un automate après une commande sur application mobile. À Los Angeles, un restaurant de la chaîne de restauration rapide Caliburger commercialise des hamburgers dont les steaks hachés sont cuits grâce au robot Flippy.

À méditer

UN NOUVEAU LUDDISME À SAN FRANCISCO ?

Les actes de vandalisme se multiplient dans les villes américaines contre les robots. Les quotidiens locaux, comme le *Los Angeles Times*, font régulièrement état d'attaques portées contre des voitures autonomes ou des robots livreurs, accusés d'obstruer les trottoirs et de bloquer le passage des poussettes et des piétons. Les autorités municipales ont ainsi décidé d'interdire le centre-ville à ces robots livreurs pour éviter qu'il ne soit l'objet de déchaînement de violence, à l'instar du « luddisme », un mouvement violent de rejet des machines, né en Angleterre en 1779. Un ouvrier, Ned Ludd, avait fait des émules en brisant un métier à tisser pour dénoncer le remplacement des emplois par des machines.

Vers une humanisation du travail ?

Le déploiement massif des robots fait craindre pour les emplois, mais il peut au contraire être une opportunité pour humaniser le travail. La grande distribution connaît actuellement de profonds changements. En janvier 2018, Amazon a lancé un nouveau concept de magasin, un supermarché numérique dans lequel les clients peuvent effectuer leurs achats et repartir sans passer en caisse ; grâce à des capteurs et des caméras installés dans les magasins, ils sont débités automatiquement sur leur compte en ligne. S'il ne s'agit encore que d'une expérimentation, l'annonce quasi simultanée de la suppression de 2 400 emplois par le groupe Carrefour, longtemps numéro 2 mondial de la grande distribution avant de connaître une chute, témoigne d'une recomposition en cours.

À l'heure où les compétences techniques peuvent être transférées au robot, le savoir-être et la créativité sont déterminants pour les emplois de demain. Les cabinets de conseil insistent sur les *soft skills*, des aptitudes comportementales propres à l'homme comme la capacité d'adaptation, la motivation, le sens de l'initiative ou de l'organisation. En misant davantage sur le capital humain, cette humanisation du travail peut permettre d'enrayer le chômage.

Fiche 95 : L'intelligence artificielle pour dépasser les limites de l'humain

L'intelligence artificielle pose la question en d'autres termes puisqu'elle doit donner à la machine des capacités propres à l'être humain. Elle a été popularisée en 2016 lorsqu'un champion du monde du jeu de go a été battu par un programme développé par Deepmind, une filiale de Google. En octobre 2017, ce même programme a été lui-même été battu par un algorithme qui a appris tout seul les règles en jouant contre lui-même.

Rapprocher la machine de l'homme

Par le traitement des connaissances et du raisonnement, l'intelligence artificielle doit permettre à une machine d'exercer des fonctions traditionnellement associées à l'intelligence humaine. Grâce au *deep learning*, apprentissage profond, fondé sur des réseaux de neurones artificiels, les machines sont désormais capables d'apprendre par elles-mêmes en fonctionnant par raisonnements successifs. Elles s'enrichissent à partir d'énormes bases de données.

Cette technologie a imposé l'usage de l'intelligence artificielle dans notre quotidien. Les programmes sont désormais capables d'identifier des objets ou des visages, à la manière du dernier iPhone dont le déverrouillage peut s'opérer grâce à la reconnaissance faciale. Ils peuvent également répondre à une question ou à un ordre, à la manière des logiciels de reconnaissance vocale popularisés par les objets connectés. Une start-up canadienne, Lyrebird, est même parvenue à créer un système capable d'imiter n'importe quelle voix, après l'écoute d'une minute d'enregistrement.

De nombreux domaines font désormais appel à l'intelligence artificielle comme la santé pour aider au diagnostic et à l'étude de l'imagerie médicale, ou la banque pour accorder ou non des prêts et proposer de nouveaux services financiers aux clients.

La menace de la singularité

Cette capacité d'apprentissage des machines fait craindre le moment de la singularité technologique, à partir duquel l'intelligence artificielle sera devenue semblable à celle du cerveau humain.

En février 2018, 26 spécialistes de la question ont publié un rapport pour mettre en garde sur les potentiels usages malveillants de ces technologies. Les terroristes pourraient profiter des véhicules autonomes pour transporter des explosifs ou causer des accidents à distance. Les programmes pourraient manipuler les élections en fabriquant des vidéos et des discours trompeurs. Ou encore, l'intelligence artificielle pourrait rendre plus crédible les techniques de *phishing* qui cherchent à tromper l'utilisateur par l'envoi de e-mails émanant de proches ou d'institutions.

L'essentiel

En 2015, déjà, Stéphane Hawking signait un appel aux côtés de plus d'un millier de personnes pour faire interdire les armes létales autonomes. Pour l'instant, la législation internationale ne les interdit pas, mais l'ONU y réfléchit. Dans les cauchemars les plus fous comme dans *Terminator*, les machines pourraient échapper au contrôle de leur créateur et dominer l'humanité.

À méditer

SOPHIA, UN MODÈLE DE SAGESSE ?

« OK, je vais détruire les humains. » C'est ce qu'a répondu le robot humanoïde Sophia à son fondateur, David Hanson, dans un entretien filmé par la chaîne américaine CNBC. Sophia, une machine à visage humain, a fait le tour des plateaux de télévision, s'est exprimée devant les Nations unies et a même obtenu la citoyenneté saoudienne. Elle incarne pour certains, un fantasme, pour d'autres, un cauchemar, tant son visage, inspiré de celui d'Audrey Hepburn, est très réaliste et capable d'interagir. Depuis le Consumer Electronic Show (CES) qui s'est tenu à Las Vegas en janvier 2018, Sophia dispose même de jambes, la rendant capable de se déplacer seule. Cependant, la réplique qui l'a rendue célèbre est le meilleur témoignage de ses limites. Elle ne répond qu'avec des phrases automatisées, générées en fonction de mots-clés, ce qui fait d'elle « une escroquerie » ou « une foutaise » selon les termes de Yann LeCun, responsable de la recherche en intelligence artificielle chez Facebook.

Fiche 96 : La médecine en progrès

Pour ne pas être dépassé par les robots ou l'intelligence artificielle, l'homme doit continuer d'être réparé. En quelques siècles, la médecine a connu des progrès considérables, permettant à l'humanité de prolonger son espérance de vie. Mais elle doit encore relever de nombreux défis, notamment la lutte contre les cancers et les risques cardio-vasculaires.

La lutte contre le cancer

Les progrès de la médecine ont permis d'améliorer le taux de survie à cinq ans pour les principaux cancers. Traditionnellement, les médecins utilisent trois grands procédés curatifs : la chirurgie, la radiothérapie et la chimiothérapie. Chacun d'entre eux a connu des progrès considérables ces dernières décennies. Ainsi, les patients atteints d'un cancer de la prostate avaient 72 % de chances de survivre cinq ans après entre 1989 et 1993 contre 94 % entre 2005 et 2010. De même, les femmes atteintes d'un cancer du sein ont 87 % de chances de survie contre 80 % pour la période antérieure.

L'essentiel

Des études récentes laissent envisager des progrès plus importants encore dans le traitement du cancer. À la conférence annuelle sur le cancer à Chicago tenue en juin 2018, une étude internationale menée auprès de 10 000 femmes a montré que, dans 70 % des cas, les patientes peuvent éviter la chimiothérapie préventive et s'épargner des effets secondaires très lourds. Les médicaments hormonaux pourraient suffire pour retirer la tumeur.

Les progrès de l'immunothérapie sont également prometteurs même s'ils ne concernent que certaines formes de cancer. Lors de ce même congrès, des résultats probants ont été présentés en la matière. L'immunothérapie mise sur les défenses immunitaires du patient pour combattre les tumeurs et peut-être très efficace contre les leucémies. Les cellules CAR-T, autorisées aux États-Unis depuis 2017 et utilisées en Europe de manière expérimentale, sont sur le point de révolutionner le traitement du cancer du sang. En modifiant génétiquement des globules blancs prélevés chez les patients, il est possible de fabriquer un récepteur artificiel hybride, capable de reconnaître les cellules de la tumeur à combattre.

L'IMMUNOTHÉRAPIE SOUS LE FEU DES PROJECTEURS

La traditionnelle saison des Nobel au début du mois d'octobre a récompensé cette année deux chercheurs qui ont œuvré au succès de l'immunothérapie. Le Japonais Tasuku Honjo et l'Américain James Allison ont ainsi été distingués du prix Nobel de médecine pour leurs travaux sur la régulation de la réponse immunitaire, principe de base de ce traitement révolutionnaire. Outre la notoriété, ces deux scientifiques pourront se partager une récompense de 9 millions de couronnes suédoises (soit près d'un million d'euros) pour faire avancer la science. Malgré son âge avancé, Tasuku Honjo (74 ans) est bien décidé à poursuivre ses recherches afin d'étendre à davantage de malades cette technologie.

Une meilleure récupération après un AVC

Les risques cardio-vasculaires représentent l'autre grand fléau contre lequel doivent lutter les médecins. Chaque année en France, 150 000 personnes sont victimes d'un accident vasculaire cérébral (AVC). La moitié conservera un handicap neurologique plus ou moins profond. Plus de 500 000 personnes vivent avec des séquelles d'AVC en France. Ce risque concerne d'abord les hommes même si les évolutions des modes de vie tendent à augmenter les risques cardiaques chez les femmes.

La prise en charge des AVC s'est nettement améliorée, notamment dans le traitement des AVC ischémiques, provoqués par l'occlusion d'une artère irriguant le cerveau. Néanmoins, en fonction des délais d'intervention, les dégâts peuvent être irréversibles.

L'essentiel

Une étude réalisée par des équipes japonaises, publiée dans la revue *Science* en avril 2018, fait état d'une nouvelle molécule, l'*edonerpic maleate*, capable d'améliorer les capacités de récupération du cerveau touché. Pour l'heure, elle n'a été testée que sur des animaux. Ces derniers témoignent cependant d'une meilleure capacité de récupération de la motricité à la suite de la prise de médicaments qui favorisent la plasticité neuronale en aidant le cerveau à recadrer les neurones pour restaurer les fonctions lésées.

À méditer

LA FERME DES ANIMAUX

Des scientifiques de l'université de Californie ont créé un élevage d'un nouveau type dans l'espoir de développer des organes humains dans des animaux. Chaque année, de nombreux patients meurent en attente d'une greffe. Aux États-Unis cette liste compte 118 000 patients sur liste d'attente dont 8 000 ne vivront pas assez longtemps pour profiter d'une greffe. En France, 24 000 personnes sont en attente de greffe pour environ 6 000 opérations annuelles. La mise au point de chimères grâce à la manipulation génétique pourrait donc être très prometteuse, même si cette expérience présentée en février 2018 n'est encore qu'au stade expérimental. L'agence gouvernementale américaine a refusé de financer ces recherches qui ne dépendent encore que de crédits privés.

Fiche 97 : Prolonger la vie grâce au transhumanisme

Difficile de ne pas céder aux promesses du transhumanisme. Contrairement à la médecine, ce courant de pensée propose d'augmenter les performances physiques et intellectuelles de l'homme grâce à la science et aux technologies, l'objectif ultime étant de s'affranchir de la mort.

Dépasser les limites de l'humain

Selon les transhumanistes, les progrès scientifiques et technologiques permettent de dépasser les limites posées par la nature humaine. Il est non seulement possible de réparer, mais aussi d'améliorer l'homme et ses capacités grâce aux découvertes neuroscientifiques, génétiques et robotiques. Nous serons donc bientôt en mesure de créer une race d'hommes augmentés, voire de laisser la place à une posthumanité affranchie de la souffrance et de la maladie grâce aux NBIC (nanotechnologies, biotechnologies, informatique et sciences cognitives).

Les investissements actuels sont colossaux. Les projets les plus ambitieux sont portés par les géants de la tech, notamment les GAFA (Google, Apple, Facebook, Amazon) ou les NATU (Netflix, Airbnb, Tesla, Uber). Alphabet, la maison-mère de Google, possède ainsi deux filiales spécialisées dans la lutte contre la vieillesse et la mort. Calico doit relever « le défi de l'âge et des maladies associées » alors que Verily travaille sur des projets plus concrets, notamment des lentilles de contact capables de mesurer le taux de sucre dans le sang des diabétiques. Elon Musk s'est également lancé dans l'aventure avec Neuralink, une start-up qui vise à construire une interface homme-machine dans le cerveau, commercialisable à partir de 2021.

Les possibilités sont immenses. Des chercheurs américains sont parvenus à corriger une mutation porteuse d'une maladie héréditaire dans le génome d'un embryon humain avant sa réimplantation afin de lui éviter des éventuelles souffrances futures. Grâce aux nano-assembleurs, il est possible de dupliquer des cellules, voire de les régénérer, afin de régénérer le corps humain.

La fusion bio-machine permet d'envisager de connecter les cerveaux des intelligences artificielles. L'objectif suprême pourrait être de télécharger le contenu du cerveau humain sur des supports informatiques afin d'accéder à un affranchissement total de la mort et donc à l'immortalité. Le transhumanisme permettrait ainsi un dépassement de la matière pour offrir une nouvelle vie à l'esprit par-delà le corps.

Le saviez-vous

DES EXPÉRIENCES CONCLUANTES CHEZ LES MOLLUSQUES

Une équipe de l'université de Californie à Los Angeles (UCLA) est parvenue à transférer la mémoire d'une limace de mer dans l'un de ses congénères. D'après les résultats publiés dans la revue *eNeuro* au printemps 2018, grâce à un transfert d'ARN, un des supports de l'ADN, une limace a pu témoigner d'un comportement réflexe acquis par un autre animal à l'issue d'une longue phase d'apprentissage.

Un nouvel eugénisme ?

En dépit de ces potentialités immenses, le courant transhumaniste reçoit un accueil très frileux de la part des scientifiques. Jacques Testart, un biologiste connu pour avoir créé Amandine, le premier bébé-éprouvette, présente le transhumanisme comme un nouvel eugénisme dans un livre paru en 2018, *Au péril de l'humain. Les promesses suicidaires des transhumanistes*. En raison des enjeux économiques évidents, le risque est grand de fabriquer une humanité à deux vitesses entre des nouveaux humains plus intelligents, capables de repousser la mort pendant que les autres seront exclus de ces progrès technologiques.

L'essentiel

L'homme du futur pourrait devenir un nouveau dieu, si ses moyens l'y autorisent. Selon Ray Kurzweil, ingénieur en chef de Google, grand promoteur du transhumanisme, « dès les années 2030, nous allons, grâce à l'hybridation de nos cerveaux avec des nanocomposants électroniques, disposer d'un pouvoir démiurgique ». Ainsi débarrassé de la mort, l'homme risquerait de perdre l'essence même de la vie.

À méditer

LE SOUS-DOUÉ DU TRANSHUMANISME

Laurent Alexandre est souvent présenté comme le gourou français du transhumanisme. Il écume les plateaux de télévision et publie régulièrement dans la presse nationale. Dans une tribune publiée dans *L'Express* le 31 janvier 2018, il a provoqué l'ire des lecteurs en appelant de ses vœux à « favoriser les bébés chez les intellectuelles, ingénieures et chercheuses ». Parti du constat que « les femmes douées ont moins d'enfants », il l'explique par une politique de solidarité « profondément antidarwinienne » qui offre la possibilité « aux plus faibles », dotés de « moins bonnes capacités cognitives », de « survivre et prospérer ». Promoteur d'une humanité inégalitaire, il discrédite ainsi le transhumanisme par la promotion d'un eugénisme à peine masqué.

Fiche 98 : La privatisation de l'espace

L'image a fait le tour du monde. Un cabriolet Tesla de couleur rouge, conduit par un mannequin armé d'une combinaison, file vers Mars, depuis son lancement le 6 février 2018. Le vol inaugural de la fusée Falcon Heavy, désormais la plus puissante au monde, n'est pas sans rappeler les moments fondateurs de la conquête spatiale. Cependant, si elle était l'apanage des gouvernements à ses origines, la course à l'espace a vu émerger de nouveaux acteurs privés.

De nouveaux lanceurs privés

L'irruption de Space X sur le marché des lanceurs de satellites a brisé le duopole formé par l'européen Arianespace et le russe Proton. Quinze ans après sa création, en 2002, la firme américaine s'est payé le luxe de devenir le leader mondial des vols spatiaux grâce à sa fusée Falcon 9. Avec 18 tirs en 2017, contre 11 pour Arianespace, Space X a démontré le succès de son nouveau modèle économique, fondé sur la réutilisation des lanceurs. Depuis 2016, l'entreprise américaine est capable de faire revenir sur la Terre les différents étages de sa fusée pour réaliser des économies et accélérer la cadence des lancements. Grâce à ce procédé, Space X figure parmi les acteurs les moins chers du marché ; le prix d'un lancement est en moyenne de 61,2 millions de dollars pour Space X contre 92 millions de dollars chez ses concurrents.

En février 2018, une nouvelle étape a été franchie avec le lancement réussi de Falcon Heavy, la fusée la plus puissante du monde depuis la mise au rebut de Saturne V, lanceur des missions Apollo. Cette fusée de plus de 200 mètres de haut est un assemblage de trois lanceurs de type Falcon 9, pour emporter plus de 54 tonnes de charges. Elle serait ainsi capable de transporter du matériel pour construire des futures bases lunaires.

Ce succès ouvre la voie au Big Falcon Rocket (BFR), l'autre grand projet actuel de la firme dont le lancement est prévu pour 2020. Cette navette doit remplacer les vols long-courrier, permettre de faire le tour de la Lune et de se rendre sur Mars avec des passagers d'ici à 2025.

Le saviez-vous

LE RETOUR AU TEMPS DES MAMMOUTHS

Le lancement de la Falcon Heavy de Space X, propulsée par 27 moteurs Merlin qui lui donnent une poussée équivalente à celle de 18 Boeing 747, concrétise le retour des fusées géantes. Elles avaient pourtant été abandonnées depuis 1973 et le dernier vol de la fusée Saturne V de la NASA, capable d'emporter jusqu'à 140 tonnes de matériel en orbite. Si les projets en cours se poursuivent, le dernier lanceur des missions Apollo ne sera bientôt plus la fusée la plus puissante de tous les temps. La NASA développe depuis 2011 le Space Launch System (SLS), dont le premier vol prévu en 2019 pourrait emporter 130 tonnes. Puisque la surenchère est de mise pour Elon Musk, le Big Falcon Rocket sera capable de transporter jusqu'à 150 tonnes, d'où le surnom que lui donne son fondateur : « Big Fucking Rocket. »

La course à l'appropriation des ressources

La capacité des entreprises privées à se rendre dans l'espace pourrait mettre en péril les fragiles équilibres de la gouvernance spatiale. Depuis 1967, le statut juridique de l'espace et des ressources extra-atmosphériques est déterminé par le traité de l'Espace. Le cosmos y est pensé comme une chose commune, qui « ne peut faire l'objet d'appropriation nationale par proclamation de souveraineté ».

La réduction drastique des budgets nationaux consacrés à l'exploration spatiale a amené les États à envisager des partenariats avec des entreprises privées pour financer la recherche. Sur le modèle des grandes découvertes de l'époque moderne, ils encouragent des acteurs privés à s'investir dans la conquête spatiale, leur promettant en retour la possibilité d'exploiter les ressources considérables du reste de l'univers.

Depuis 2015, les États-Unis ont remis en cause la philosophie globale du traité de l'Espace par le *Space Act*, adopté sous l'administration Obama. Cette législation confère aux entreprises privées un titre juridique de propriété sur les ressources qu'elles pourront extraire des astres. Les États-Unis ont été imités dès 2016 par les Émirats arabes unis, puis en 2017 par le Luxembourg, qui attire ainsi par sa législation fiscale avantageuse de nombreuses filiales de compagnies minières. L'exploitation des ressources, notamment les métaux précieux présents dans certains astéroïdes, constitue, selon les spécialistes, une des prochaines étapes de la conquête spatiale.

À méditer

PRIVATISER LA STATION SPATIALE INTERNATIONALE

Cette idée que l'on doit au président Trump a été révélée par une note interne de la NASA, dévoilée par le *Washington Post*. La Station spatiale internationale (ISS) constitue pourtant le symbole le plus fort de la réussite d'une gouvernance multilatérale pour la recherche scientifique. Occupée en permanence par un équipage international se consacrant à la recherche scientifique, l'ISS est en service depuis 2000 grâce à une collaboration entre la NASA, l'Agence fédérale russe (FKA) et les agences spatiales européenne, japonaise et canadienne. Le président des États-Unis souhaiterait une privatisation pour 2025, afin de réorienter les crédits pour des missions vers la Lune et Mars.

Fiche 99 : Les pays émergents à la conquête de l'espace

La guerre froide avait permis des avancées majeures au niveau de la conquête spatiale, en particulier le premier pas de l'homme sur la Lune, le 20 juillet 1969, grâce à la mission américaine Apollo 11. Alors que l'homme est aujourd'hui scientifiquement incapable de reproduire cet exploit, les fortes ambitions des pays émergents pourraient relancer la course à l'espace.

Des outsiders de l'espace

Si les États-Unis ont remporté le combat face à l'URSS à la fin des années 1960, la Chine rêve de les détrôner. Elle affiche de fortes ambitions spatiales. En 2003, elle a été le troisième pays capable d'envoyer un humain dans l'espace par ses propres moyens ; Yang Liwei est devenu le premier thaïkonaute de l'histoire, le 15 octobre 2003 après avoir fait 14 fois le tour de la Terre en 21 heures.

Placé sur orbite en 2011, le module spatial Tiangong 1 (Palais céleste 1), étape préliminaire dans la construction d'une station spatiale, a été désintégré en 2018 alors que le deuxième module du nom doit permettre le développement d'une grande station spatiale habitée chinoise d'ici 2022.

Plus en retard que sa voisine, l'Inde perçoit également l'espace comme un moyen de trouver une place digne de son poids démographique dans la gouvernance mondiale. En 2013, l'agence spatiale indienne a réussi à placer un satellite en orbite autour de Mars. Trois ans plus tard, l'Inde parvenait à envoyer dans la haute atmosphère une mini-navette spatiale avant de lancer, en 2017, 104 satellites autour de la Terre en une seule fois, une première mondiale. L'autre géant d'Asie souhaite ainsi se distinguer par une conquête spatiale à bas coût.

À méditer

UNE ARMÉE SPATIALE POUR LES ÉTATS-UNIS ?

En juin 2018, le président des États-Unis a demandé au Pentagone de créer une sixième branche des forces armées américaines, spécialisée dans le combat spatial. Depuis 1947, l'armée américaine est divisée en cinq branches : l'armée de terre (US Army), l'armée de l'air (US Air Force), la marine (US Navy), le corps des Marines et celui des garde-côtes. Souhaitant perpétuer « la domination américaine de l'espace » face à la montée en puissance d'autres pays comme la Chine, Donald Trump relance l'ambition de Ronald Reagan de militariser l'espace par le programme « Initiative de défense stratégique » de 1985.

Objectif Lune

Presque 50 ans après les premiers pas de l'homme sur la Lune, le plus gros satellite naturel de la Terre fait de nouveau rêver. Dans un décret signé le 11 décembre 2017, Donald Trump a relancé le programme lunaire américain, reléguant dans un deuxième temps l'objectif de la conquête martienne. Prenant le contre-pied de son prédécesseur, il souhaite également demeurer en tête de la conquête spatiale alors que la Chine et l'Inde ont visé la Lune en 2018.

Par la mission Chandrayaan 2, l'Inde ambitionne d'alunir pour la première fois. En 2008, la première mission du nom avait consisté à tourner autour de l'astre sélène. Cette fois, les Indiens souhaitent poser un atterrisseur pour faire circuler un Rover lancé en exploration sur quelques centaines de mètres. Sur le modèle des missions concurrentes, l'objectif est de trouver d'éventuelles traces d'eau sous forme de glace afin de les étudier alors que la première mission Chandrayaan avait permis d'établir la présence de blocs de glace sur le sol martien.

Pour la Chine, l'année 2018 est encore plus riche puisque son agence spatiale vise la face cachée de la Lune, une première mondiale. Conséquence des rythmes de rotation, un hémisphère de la Lune n'est pas visible depuis la Terre. Il a pu être photographié à plusieurs reprises depuis 1959, mais il n'a jamais été exploré. La sonde Chang'e 4, du nom de la déesse de la Lune dans la mythologie taoïste chinoise, a prévu de s'y poser grâce au lancement d'un satellite qui devrait permettre l'atterrissage d'un robot roulant.

La face cachée de la lune fait fantasmer les astronautes, car elle constitue un point d'observation privilégié de l'univers. À l'abri des signaux terrestres, cet endroit est le plus propre et le plus silencieux du système solaire ; il serait peut-être possible d'y détecter des signaux émis par l'univers au moment de sa formation et donc de remonter aux origines du monde.

Fiche 100 : Quitter la Terre : à la recherche d'autres planètes habitables

Alors que l'exploration du système solaire est désormais à la portée d'entreprises privées ou de pays émergents, les agences institutionnelles des pionniers de la conquête spatiale se concentrent davantage vers l'étude des exoplanètes, des planètes situées en dehors de notre système solaire. L'espoir d'y détecter les conditions favorables à la vie, voire la vie elle-même, constitue leur but ultime.

La quête des exoplanètes

Depuis 1995 et la découverte de la première exoplanète, 51 Pegasi-b, tournant autour de l'étoile 51 de la constellation de Pégase, la recherche s'est emparée de cette nouvelle opportunité. L'encyclopédie des planètes extrasolaires, Exoplanet.eu, compte désormais plus de 3 790 références de planètes tournant autour d'une autre étoile que le soleil. Depuis 2009, cette quête a fait de gros progrès grâce au télescope Kepler de la NASA. Alors qu'il vit ses dernières heures, la relève est assurée par le lancement d'ici 2020 d'une nouvelle génération d'appareils spécialisés dans la détection d'exoplanètes.

Fonctionnant selon la méthode dite « des transits », ces télescopes surveillent un grand nombre d'étoiles afin de détecter les variations de luminosité qui se produisent consécutivement au passage d'une exoplanète devant le disque stellaire. Leur travail de détection peut ensuite être complété par des mesures faites avec des instruments au sol, même si seuls les appareils en orbite permettent une observation sur des périodes très longues sans subir les fluctuations de l'atmosphère terrestre.

La relève prend d'abord le nom de TESS (Transiting Exoplanet Survey Satellite), lancé le 18 avril 2018 depuis la Floride. Ce télescope d'à peine plus d'un mètre cube a pour mission de rechercher des planètes d'une taille comparable à celle de la Terre en scrutant les étoiles les plus proches de notre planète. La mission Cheops (CHaracterising ExOPlanets Satellite) de l'Agence spatiale européenne (ESA) suivra en 2019 pour étudier des exoplanètes déjà connues. Enfin, en 2021, c'est le télescope spatial James-Webb qui devrait révolutionner cette quête.

Le saviez-vous ? UNE AGENCE DE VOYAGES DE LA NASA

Depuis le printemps 2018, la NASA a ouvert une agence de voyages interplanétaire nommée « Exoplanet Travel Bureau ». Les séjours qui y sont proposés restent évidemment virtuels alors que les technologies ne permettent pas encore de les visiter physiquement. Néanmoins, grâce aux données scientifiques, des artistes ont imaginé ces mondes inconnus pour offrir aux visiteurs des visualisations interactives, en attendant la démocratisation du tourisme dans l'espace.

De la vie ailleurs dans l'univers ?

La recherche d'une vie extraterrestre constitue à la fois l'objectif ultime de l'astronomie et la réponse à l'une des questions les plus existentielles de l'humanité. Deux grandes pistes sont explorées pour prouver l'existence de la vie ailleurs dans l'univers.

La plus ancienne consiste à étudier les technosignatures émises par d'éventuelles autres civilisations avancées technologiquement. C'est la piste poursuivie par le programme SETI (Search for Extraterrestrial Intelligence). Depuis 1959, des scientifiques fouillent l'espace dans l'espoir de détecter des signaux d'intelligence extraterrestre. Deux chercheurs de l'université de Harvard, Manasvi Lingam et Abraham Loeb, pensent ainsi pouvoir interpréter les « sursauts radio rapides », des ondes radio très brèves détectées par les radiotélescopes, comme des signes de promenade dans l'espace d'extraterrestres. Selon eux, les extraterrestres pourraient voyager dans des vaisseaux dont les voiles avanceraient grâce à des rayons émis par des émetteurs.

La science se tourne également vers les biosignatures, les empreintes atmosphériques liées à la présence de la vie. Grâce à une nouvelle génération de télescopes, les chercheurs sont désormais capables de mesurer la composition des gaz entourant les exoplanètes. Un grand pas devrait être accompli en 2021 avec la mise sur orbite programmée du télescope spatial James-Webb (JWST) développé grâce à une collaboration de la NASA, de l'ESA et de l'Agence spatiale canadienne. Ce télescope dont le miroir dépasse les 6 mètres de diamètre devrait prendre la suite de Hubble pour étudier les molécules dont sont composées les atmosphères des exoplanètes.

À méditer

« C'EST OFFICIEL, NOUS NE SOMMES PAS SEULS DANS L'UNIVERS. »

Comment l'humanité réagirait-elle face à une telle annonce ? C'est la question à laquelle a tenté de répondre un professeur de psychologie américain, Michael Varnum, chercheur à l'université d'État de l'Arizona. Avec son équipe, ils ont réalisé une série de sondages publiés dans le magazine *Frontiers in Psychology* de janvier 2018. D'après leurs recherches, les réactions à l'annonce d'une vie extraterrestre seraient globalement positives alors que l'humanité serait nettement plus réticente à la création de cellules synthétiques sur Terre.

PARTIE 7
LA PARTIE DES DIX

DANS CETTE PARTIE…

Au terme de ce tour de l'actualité 2018, qui nous a permis de revenir sur cent interrogations qui ont marqué l'année, nous vous proposons de terminer de manière beaucoup plus légère en vous intéressant à dix gaffes diplomatiques qui auraient pu menacer la paix mondiale cette année. Un bref panorama de dix inventions qui peuvent au contraire contribuer à rendre le monde meilleur nous permettra de terminer sur une note d'espoir.

Chapitre 13
Dix gaffes diplomatiques

DANS CE CHAPITRE :

» **Dix bévues diplomatiques qui auraient pu provoquer de graves crises**

Depuis l'arrivée de Donald Trump au pouvoir, il semble presque normal de voir des dirigeants planétaires s'emporter et tenir des propos désobligeants, voire injurieux. La diplomatie internationale regorge de ces gaffes plus ou moins volontaires qui prêtent parfois à rire ou révèlent la plupart du temps des tensions latentes ou des messages cachés.

Des diplomates européens maladroits

Dans un rapport annuel consacré à Jérusalem, rendu public le 1er février 2018 à Bruxelles, les diplomates européens ont dénoncé une politique de « déportation silencieuse » menée par les autorités israéliennes à l'encontre des Palestiniens de Jérusalem. Le rapport critique ainsi plusieurs projets de loi du parlement israélien qui prévoient un changement de souveraineté sur quelques quartiers palestiniens de Jérusalem situés au-delà du mur de sécurité alors que, depuis 1967, Israël cherche à renforcer la présence juive dans la partie palestinienne de la ville. Mais les termes utilisés, faisant écho à la politique antisémite menée pendant la Seconde Guerre mondiale, laissent perplexe.

Justin Trudeau en Inde

Cette visite diplomatique restera dans les annales. Censées rapprocher les peuples, ces rencontres peuvent tourner au fiasco. C'est l'amère expérience qu'en a faite le Premier ministre canadien en visitant l'Inde. Il a d'abord tenté une diplomatie de la mode, revêtant différentes tenues traditionnelles indiennes dont la plupart ne sont portées qu'au cinéma ou lors de cérémonies religieuses. Pendant ce temps-là, son épouse acceptait de prendre la pose avec un leader séparatiste sikh condamné à vingt ans de prison pour une tentative d'assassinat sur un responsable politique indien. Autant dire que le reste de la visite n'a suscité que peu d'enthousiasme.

« Une nouvelle Mecque »

Un investisseur japonais a qualifié ainsi Neom, un projet de ville futuriste cher au prince d'Arabie saoudite Mohammed Ben Salmane lors d'une présentation publique destinée à attirer les entrepreneurs étrangers. Cet impair dans un pays religieux comme l'Arabie saoudite n'a pas empêché le prince de conserver son *self-control*. En le prenant par la main, il lui a demandé en anglais de s'excuser avant d'expliquer au reste de l'auditoire que ce genre d'incompréhension était le prix de l'ouverture.

Une erreur protocolaire fâcheuse à Ottawa

C'est un classique qui ne lasse pas de faire rire. Après les erreurs d'hymne dans les compétitions sportives internationales, c'est un drapeau erroné qui a été déployée pour accueillir le roi et la reine de Belgique en visite officielle au Canada en mars. Si les couleurs sont les mêmes, les drapeaux belges et allemands n'ont pas la même orientation.

Un président trop entreprenant

En visite en Australie au mois de mai, Emmanuel Macron a tenu à souligner la qualité de l'accueil qui lui a été réservé par le Premier ministre australien et son épouse, Malcom et Lucy Turnbull. Il s'est cependant rendu coupable d'un lapsus assez frivole en utilisant l'expression : *your delicious wife* alors que cet adjectif est plutôt réservé à de la nourriture ou à des allusions sexuelles.

Une erreur de communication

L'entreprise allemande Mercedes a cru bon devoir citer le dalaï-lama pour vanter les mérites de ses nouveaux modèles : « Regardez une situation sous tous les angles et vous deviendrez plus ouvert. » Cependant, le chef spirituel des Tibétains est aussi la bête noire du gouvernement chinois qui étend son emprise sur cette région du sud du pays. Déclenchant la colère des autorités alors que la Chine est devenue son premier marché dans le monde avec 600 000 voitures vendues l'année dernière, Mercedes a décidé de faire marche arrière en présentant ses excuses et en retirant la publicité contestée.

Une fausse mort qui passe mal

Depuis l'annexion de la Crimée en 2014, les relations entre la Russie et l'Ukraine sont exécrables. L'annonce de la mort de Babtchenko, un journaliste russe exilé à Kiev, a été perçue comme une provocation destinée à nuire à la Russie. Afin de confondre ceux qui le menaçaient, la police ukrainienne a organisé cet assassinat factice. L'opération qualifiée de « débile » par la télévision russe a été vivement contestée par la communauté internationale, elle aussi prise au piège.

Un G7 sous tension

En pleine guerre commerciale, le sommet du G7 qui s'est tenu au Canada en juin n'a pas permis d'atténuer les tensions entre les grands de ce monde. Alors que les dirigeants des sept plus grandes puissances mondiales avaient affiché des signes de réconciliation le samedi matin, le lendemain les tensions ont resurgi. Donald Trump a qualifié, lors de son vol retour vers les États-Unis, Justin Trudeau de personne « malhonnête et faible ». Le Premier ministre canadien avait affirmé que l'instauration de nouvelles taxes douanières était « insultante » au regard de l'histoire entre les deux pays. D'après les observateurs présents sur place, Donald Trump aurait même jeté, lors de ce sommet international, une poignée de bonbons à Angela Merkel pour la provoquer. Une vraie cour d'école.

Un contentieux sur la question migratoire

Le 12 juin 2018, face à une Italie désormais dirigée par un gouvernement populiste, refusant d'ouvrir ses ports à l'*Aquarius*, un navire transportant 629 migrants, Emmanuel Macron a dénoncé « le cynisme » et « l'irresponsabilité du gouvernement italien ». Les Italiens ont peu apprécié cette leçon de morale alors qu'ils sont en première ligne dans l'accueil des migrants et que les bonnes paroles des partenaires européens suscitent depuis plusieurs années de l'amertume. Matteo Salvini, ministre de l'Intérieur issu de la Ligue du Nord, a répondu qu'il n'entendait pas « accepter de leçons hypocrites de pays ayant préféré détourner le regard en matière d'immigration ». Dans la foulée, l'ambassadeur de France à Rome a été convoqué et un sommet européen a été organisé pour repenser l'accueil des migrants en Europe.

« Je m'en fiche complètement, et vous ? »

C'est le message affiché sur la veste de Melania Trump au cours de sa visite dans un centre hébergeant des enfants séparés de leurs parents alors qu'ils tentaient de rejoindre les États-Unis depuis le Mexique. Cette tenue provocatrice a suscité une polémique rapide, obligeant le président Trump à répondre sur le réseau social Twitter. Selon lui, ce message était adressé aux médias. Mais certains observateurs redoutent que ce message ne traduise en réalité une marque de dédain à l'encontre des migrants et du sort des enfants séparés de leurs parents.

Chapitre 14
Dix inventions révolutionnaires

DANS CE CHAPITRE :

» **Dix innovations qui permettent d'espérer un monde meilleur**

Commencé avec les nombreuses crises qui menacent le monde, notre voyage s'est poursuivi par les menaces sur les libertés et l'environnement avant de s'achever sur la nécessité des divertissements et les espoirs placés en la science. Ces dix inventions de plus ou moins grande ampleur prolongent naturellement cet espoir d'un monde plus vertueux.

Un vaccin contre le paludisme

La maladie tue encore chaque année près de 500 000 personnes, dont un jeune enfant toutes les deux minutes. La moitié de la population mondiale est exposée à ce risque transmis par un parasite transporté par les moustiques. Alors que la moustiquaire reste encore la meilleure arme, l'OMS teste actuellement un vaccin antipaludique au Kenya, au Ghana et au Malawi. Le Mosquirix ne permet pas d'empêcher toutes les infections, mais il pourrait permettre de réduire de 40 % le nombre d'épisodes de paludisme.

La route solaire est pour bientôt

Encore en phase de test et après de nombreux protocoles d'expérimentation, les routes solaires devraient bientôt pouvoir se déployer. Alors que la Chine a déjà mis en service une portion de plusieurs kilomètres sur une voie rapide, la France s'apprête à circuler sur Wattway, des dalles solaires qui permettront peut-être à terme de recharger les véhicules électriques.

Des plastiques inspirants

Les tonnes de plastique rejetées chaque année dans les océans inspirent les ingénieurs du monde entier. Un jeune néerlandais, Boyan Slat, a ainsi créé une organisation à but non lucratif, The Ocean Cleanup, qui a bénéficié d'un financement participatif pour concrétiser le projet. Il a ainsi pu déployer des pièges à débris attachés à une ancre flottante pour dériver dans l'océan Pacifique. Ils croiseront peut-être le bateau expérimental, Plastic Odyssey, conçu par des ingénieurs français. Cette petite embarcation fabrique son propre carburant à partir de déchets plastiques pour alimenter un moteur électrique. Les plastiques sont d'abord broyés avant d'être chauffés dans un tube à bord du bateau. Le gaz est alors transformé en carburant pour alimenter le dispositif.

Le retour des taxis volants

Le navigateur Alain Thébault a mis au point depuis quelques années les SeaBubbles, des véhicules circulant cinquante centimètres au-dessus de l'eau, au croisement d'un bateau, d'une voiture et d'un avion. Alors que les premiers essais en France, sur la Seine, n'avaient pas été concluants, l'entreprise a retravaillé son projet et commercialise désormais cinq présé-ries capables de circuler sans encombre sur les fleuves. Les commandes sont ouvertes pour une livraison à l'été 2019, mais l'innovation a un prix : 140 000 euros.

Des vers marins pour sauver les greffons

Pour lutter contre l'une des difficultés majeures des greffes, qui est la dégradation rapide des greffons, une société de biotechnologie française, Hemarina, a développé une technique révolutionnaire permettant de retenir l'oxygène dans les chairs grâce aux propriétés de l'hémoglobine de vers marins. Cette technique encore expérimentale a permis une deuxième greffe du visage pour un patient français, le premier au monde dans ce cas.

L'ère des nano

La miniaturisation a de beaux jours devant elle. Pour réduire les coûts de la conquête spatiale, la plupart des entreprises, notamment dans les télécommunications, utilisent des nanosatellites, ne dépassant pas la taille d'une boîte de chaussures. En médecine également, les nanos peuvent révolutionner les soins. Un institut allemand a mis au point un robot mou de quatre millimètres, fabriqué avec un polymère élastique, capable de se déplacer en rampant ou en nageant. Il pourrait être avalé par le patient pour traverser le système digestif et délivrer des médicaments dans une zone déterminée.

Les progrès des exosquelettes

Pour permettre aux tétraplégiques de se déplacer à nouveau, des chercheurs français sont parvenus à implanter une puce dans la tête d'un patient pour capter les signaux électriques envoyés dans le cortex moteur afin de mettre en mouvement une enveloppe mécanique dans laquelle il était installé. Nul besoin de commande externe comme dans les prototypes classiques d'exosquelettes, c'est le cerveau du patient lui-même qui commande la machine, comme dans un corps classique.

Des ciseaux génétiques de haute précision

Les progrès de la lutte contre le cancer doivent beaucoup aux avancées de la manipulation génétique. Les chercheurs peuvent cibler des zones précises de l'ADN d'une cellule afin de les découper et d'y inclure d'autres fragments d'ADN, en particulier de l'ADN synthétique. Ces manipulations sont possibles grâce à des ciseaux moléculaires dont le plus connu est le CRISPR-Cas9. Cette technique permet de remplacer un gène défectueux, mais elle pourrait également permettre de créer différentes matières organiques comme le cuir, la soie ou encore de la viande.

Des bijoux grâce à des cartes mères

Lors du Consumer Electronic Show de Las Vegas, le constructeur informatique Dell a fait sensation en lançant une collection de bijoux fabriqués avec de l'or extrait de vieux téléphones ou d'ordinateurs. Cette nouvelle ligne de joaillerie, « Circular Collection » doit attirer l'attention sur la nécessité du recyclage des produits électroniques alors que 60 millions de dollars en or et en argent sont jetés chaque année selon l'Agence de protection de l'environnement américaine (EPA).

Faire la lumière sur la matière noire

Disparu en 2018 après avoir consacré une grande partie de sa vie à ses recherches sur la matière, Stéphane Hawking peut dormir tranquille. Une des plus grandes énigmes de la science est peut-être en passe d'être résolue avec la mise en service programmé en 2020 du plus grand télescope jamais construit, le Large Synoptic Survey Telescope (LSST), au sommet du Cerro Pachon, au Chili. Fruit d'une collaboration internationale, ce télescope doté d'une caméra numérique de 3,2 milliards de pixels doit permettre de recenser 40 milliards d'objets astronomiques sur dix ans et peut-être de percer le mystère de la matière noire, qui compose la majorité de notre univers et permettrait de comprendre la répartition des galaxies.

Index

A

abbé Pierre, 83
abeilles, 273
Abu Dhabi, 292, 293
accord de Nouméa, 55
accords de Matignon, 55
Adenauer, Konrad, 162
ADN, 317, 335
Aéroports de Paris (ADP), 195
Afghanistan, 7, 20
Afrique du Sud, 31, 135, 276
Afrique, 20, 49, 65, 270
Agence fédérale des communications (FCC), 302
Agence nationale de la sécurité des systèmes d'information (Anssi), 307
Agence nationale de sécurité sanitaire de l'alimentation, de l'environnement et du travail (Anses), 240
agriculture, 240
Ahmadinejad, 15
Airbnb, 316
Alexandre, Laurent, 318
Algérie, 50, 55, 145
al-Houthi, Hussein Badreddine, 21
Aliev, Ilham, 138
alimentation, 78
Allemagne, 15, 31, 37, 68, 74, 107, 155, 213, 248, 249, 279, 299
Allen, Woody, 295
Alliance de libre-échange nord-américaine (ALENA), 77
al-Qaïda, 20, 291
Amazon, 203, 295, 297, 307, 316
Amazonie, 247
Amérique latine, 70, 131
Amnesty International, 46, 174
analphabétisme, 129
animaux, 238, 269, 315
Annan, Kofi, 7, 30
Antilles, 275
Antiquité, 9
antisémitisme, 105
Apollo 11, 322
Apple, 278, 279, 307, 316
Arabie saoudite, 16, 21, 124, 291, 330
Argentine, 70, 226
armée spatiale, 322
armée, 33
Arménie, 51
armes, 49, 214
Arrhenius, Svante, 244
art, 300
Asie, 20
assassinat, 126, 133, 137, 153, 169, 329
Assemblée nationale, 140
Association des familles homoparentales (ADFH), 228
Association des parents gays et lesbiens (APGL), 228
attentat, 24, 25, 26
attentats du 11 septembre 2001, 7, 23, 76
audiovisuel, 294, 295
Auschwitz, 106
Australie, 29, 234, 330
Autolib', 255
Autriche, 34, 154
Avast, 307
AVC, 314
avortement, 223
Ayrault, Jean-Marc, 298
Azerbaïdjan, 51, 138

B

Babtchenko, 330
baccalauréat, 87, 196
Balladur, Édouard, 182
Bangladesh, 73, 94
banlieues, 113
Banque mondiale, 32
Banque publique d'investissement (BPI), 195
banque, 195
banquise, 245
Baroin, François, 157
Barnier, Michel, 37
Barroso, José Manuel, 161
Bayer, 275
Bayrou, François, 141
bébé-éprouvette, 227, 317
Belgique, 37, 236, 239, 330
Ben Salmane, Mohammed, 124, 291, 330
Benalla, Alexandre, 142, 146
Berlin, 25
Bern, Stéphane, 297
Beyoncé, 95
Bezos, Jeff, 203, 295
Big Falcon Rocket, 320
bijoux, 335
bilan carbone, 206
biodiversité, 263, 266
Birmanie, 20, 92
bitcoin, 207
Blancs, 96, 98
Blanquer, Jean-Michel, 88
blockchain, 205
Boko Haram, 24
Bollywood, 222

Bolsonaro, Jair, 133
bombe, 11, 12
Borloo, Jean-Louis, 113
Botswana, 66
bouddhisme, 93
Bourdieu, Pierre, 86
Bourse, 206
Bouteflika, Abdelaziz, 135
Bowers, Robert, 107
braconnage, 270
Brésil, 31, 131
Brexit, 36, 37, 38, 39
British Museum, 299, 300
Bruxelles, 161
Bulgarie, 154
Burkina Faso, 24, 298
Bush, George, 20
Buzyn, Agnès, 144

C

cadre, 78, 79
Calment, Jeanne, 114
Cambridge Analytica, 146
Cameron, David, 36
Canada, 27, 330, 331
cancer, 313
capitalisme, 61, 62, 64
Cap-Vert (2007), 66
carburant, 334
Cardona, Chris, 137, 138
carences alimentaires, 66
cartes mères, 335
Castro, Fidel, 128
Catalogne, 41
Cazeneuve, Bernard, 105
centenaires, 114
Charlie Hebdo, 25
chasse, 270
château de la Mothe-Chandeniers, 296
château de Versailles, 300
Chavez, Hugo, 68, 69
cheminots, 183, 188
Chemnitz, 155
Chibok, 25
chiites, 14
chimiothérapie, 313
Chine, 12, 15, 27, 30, 84, 149, 176, 178, 210, 248, 270, 323, 330, 333
Chirac, Jacques, 33, 145, 195
Churchill, Winston, 162
chirurgie, 313
chlordécone, 275
chômage, 132, 191
cinéma, 294
ciseaux génétiques, 335
Cisjordanie, 18
citoyenneté, 34
climat, 246
Clinton, Hillary, 146, 216
Colombie, 70
colonisation, 298
commerce, 15, 208
Commission européenne, 161
Commission nationale de l'informatique et des libertés (CNIL), 100
Comores, 118
compteurs Linky, 260
Comte-Sponville, André, 238
conflits d'intérêts, 144
Congo, 20
Congrès national africain (ANC), 134
Conseil économique, social et environnemental (CESE), 236
Conseil national de l'information statistique (CNIS), 100
contribution sociale généralisée (CSG), 81
Convention sur l'interdiction des armes chimiques (CIAC), 9
Convention sur le commerce international des espèces de faune et de flores sauvages menacées d'extinction (Cites), 269
COP, 244
Copenhague, 255
coqueluche, 233
Corée du Nord, 11, 12
Corée du Sud, 12, 86
corruption, 131
Corse, 52
crime contre l'humanité, 9
crime, 96
Crimée, 44, 330
crise économique, 68
Croatie, 34, 234
croissance, 42, 63
Croix-Rouge, 12
crowfunding, 296
cryptomonnaie, 69, 207
CSG, 189
Cuba, 128
culture, 293, 296
cybercriminalité, 306
cyberespionnage, 307
cybersécurité, 306, 307
cyclones, 245

D

dalaï-lama, 330
Damascus Time, 15
Danemark, 47, 250, 295
Debout la France, 158
De Gaulle, Charles, 248
de Niro, Robert, 294
déchets, 278
décolonisation, 49
Deezer, 297
déforestation, 247
Delevoye, Jean-Paul, 183
Dell, 335
démocratie, 92, 123

Denormandie, Julien, 85
dépendance, 114
Depp, Johnny, 46
dette, 42, 193
Diaz-Canel, Miguel, 129
diesel, 252
diphtérie, 233
discriminations, 95
divertissement, 285
djihadisme, 102, 103, 104
données personnelles, 146
drogue, 49
droit de la guerre, 9
droits, 19, 28, 45, 47, 92, 93, 95, 109, 119, 126, 130, 149, 174, 211, 227
Dubaï, 134
Dunkerque, 256
Dupont-Aignan, Nicolas, 159
Duterte, Rodrigo, 151, 153

E

eau, 251, 276, 277
école, 86
École nationale d'administration (ENA), 113
économie circulaire, 278
économie, 31, 42, 63, 74
Écosse, 39
Éducation nationale, 88, 196
éducation, 63, 88, 129
Église, 223
Ehpad, 114, 309
El Niño, 65
el-Assad, Bachar, 9, 31
élections européennes, 160
éléphants, 270
élites, 150
embouteillages, 255
énergies renouvelables, 248
énergies, 243
enfants, 20
Engie, 195
enseignement privé, 88
entrepreneuriat, 199
entreprise, 186, 199, 200, 307
environnement, 153, 241
éolien, 250
Epson, 278
Erdogan, Recep Tayyip, 170, 171
espace, 319
espaces maritimes, 27
Espagne, 34, 41, 234, 250
espèces menacées, 269
espérance de vie, 78
État islamique (EI), 21, 23, 24
État, 88, 193
États-Unis, 7, 9, 11, 12, 14, 30, 51, 63, 74, 77, 99, 107, 203, 208, 214, 228, 287, 322, 331
Éthiopie, 66
eugénisme, 178, 317
Europe, 20, 154, 160, 186, 212, 240
euthanasie, 225, 235
évasion fiscale, 81
exclusion, 83
exit tax, 80
exode, 70
exoplanètes, 324
exosquelettes, 335
Exposition universelle, 290
extraterrestre, 325, 326
extrême droite, 133, 154, 157

F

Facebook, 148, 307, 316
Falcon Heavy, 319
famine, 65
FBI, 175
fécondation *in vitro* (FIV), 227
femmes enceintes, 253
femmes, 220, 221, 222
FIFA, 287
Fillon, François, 183
finance, 200
finances publiques, 193
Finlande, 154
fiscalité, 81
Fonds international pour la protection des animaux (IFAW), 269
Fonds monétaire international (FMI), 32, 68, 181
Fontenay, Élisabeth de, 238
football, 287, 288
Ford, Henry, 257
fractures sociales, 91
Framatome, 249
Française des jeux, 195
France Telecom, 188
France Télévisions, 295
France, 9, 10, 12, 15, 28, 30, 106, 200, 213, 248, 250, 258, 279, 288, 290
Francophonie, 73
fraude fiscale, 195
Free, 201
Front national, 159
frontières, 77
Fukushima, 248
fusée, 319, 320
fusillade, 214

G

G20, 31
G7, 331
GAFA, 202, 204, 297, 316
Galizia, Daphne Caruana, 137, 138
Gandhi, 107

gaz à effet de serre, 245, 249
Gaza, 19
Gênes, 64
génocide, 91
Ghani, Ashraf, 21
Girardin, Annick, 119
glyphosate, 274
Google, 202, 257, 300, 306, 317
GPA, 227
Grand Paris, 290
Grèce, 41, 268, 298
greffe, 315
greffons, 334
grève, 183
grippe H1N1, 232
Groenland, 47
groupes de pression, 143
guerre de Sécession, 97
guerre des Six-Jours, 17
guerre du Golfe, 7
guerre froide, 30, 322
guerre, 7, 45, 306
Guinée équatoriale, 66
Guterres, Antonio, 65
Guyane, 265

H

hackers, 308
Haïti, 68, 151
Halimi, Ilan, 105
Hanson, David, 312
harcèlement sexuel, 217
Hatamikia, Ebrahim, 15
Haut-Commissariat aux réfugiés (HCR), 72
Haute Autorité de santé (HAS), 236
Haut-Karabakh, 51
Hawking, Stéphane, 312, 335
hépatite B, 233
Hepburn, Audrey, 312
Heyer, Heather, 97
Hidalgo, Anne, 252, 254
Hiroshima, 12
Hitler, Adolf, 107
Hollande, François, 10, 43, 80, 142, 229
Holocauste, 106
homosexuels, 227
Hong Kong, 86
Hongrie, 85, 154, 163, 234
Honjo, Tasuku, 314
Huawei, 307
Hugo, Victor, 298
Hulot, Nicolas, 144, 252, 263
Hulu, 295
humain, 311, 316
humanitaire, 67
hydrocarbure, 48, 249
hydrolien, 251
Hyper-Cacher, 25, 105

I

île Maurice, 28
Île-de-France, 254
îles Féroé, 48
îles Kouriles, 27
Iliad, 201
immunothérapie, 313, 314
impôt sur la fortune (ISF), 80
impôt sur la fortune immobilière (IFI), 80
impôts, 63, 202
Inde, 12, 99, 220, 228, 239, 323, 329
inégalités scolaires, 86
inégalités, 61, 78, 95
inondations, 246
insectes, 263
intelligence artificielle, 311
Internet, 146, 177, 302
Iouchtchenko, Victor, 44
iPhone, 278
Irak, 7, 14, 20, 23, 73, 103
Iran, 14, 15, 51
Irlande, 40, 202, 223
islam, 102, 105, 155
Israël, 12, 15, 16, 76, 106
Italie, 37, 151, 154, 331

J

Jae-in, Moon, 12, 13
Japon, 27, 31, 86, 233
Jérusalem, 17, 329
Jinping, Xi, 176, 177
JO, 12, 289, 290
Jong-un, Kim, 11, 12
Joyeux (professeur), 232
juifs, 106
Juncker, Jean-Claude, 161
Juppé, Alain, 183

K

Kadhafi, Mouammar, 9, 139
Kanaks, 55
Karzaï, Ahmid, 20
Kasparov, Garry, 168
Kaspersky Lab, 307
Khomeiny, 14
Khrouchtchev, Nikita, 45
Knoll, Mireille, 105
Kovind, Ram Nath, 100
Ku Klux Klan, 97
Kurdes, 172
Kurzweil, Ray, 317
kwassa-kwassa, 119
Kyi, Aung San Suu, 92

L

l'Observatoire français des conjonctures économiques (OFCE), 81
La Poste, 188
La République en marche, 140
Lafarge, 24

laïcité, 108
Le Pen, Jean-Marie, 158
Le Pen, Marine, 82, 156
Levothyrox, 232
Liban, 73
liberté d'expression, 177
libertés, 149, 174, 231, 236
libre-échange, 60, 62, 181, 208
Libye, 9, 139
Ligue contre le racisme et l'antisémitisme (Licra), 101
Ligue des droits de l'homme (LDH), 174
Lingam, Manasvi, 325
Liwei, Yang, 322
lobbying, 143
Loeb, Abraham, 325
logement, 83
loi Claeys-Leonetti, 235
loi de sécurité intérieure et de lutte contre le terrorisme (SILT), 173
loi Debré, 88
loi Évin, 144
loi MAPTAM, 53
loi NOTRe, 52
lois sécuritaires, 173
Londres, 255
Lopez, Leopoldo, 69
Loto, 296
Louis XV, 54
loup, 271
Louvre, 293
Lula, 132
Lune, 321, 322, 323
Lunel, 104
Luther King, Martin, 95
Luxembourg, 202
lycée, 87
Lyon, 53

M

Macron, Emmanuel, 33, 46, 56, 57, 80, 81, 82, 119, 140, 142, 145, 189, 231, 257, 298, 330, 331
Madrid, 41
Maduro, Nicolas, 68, 69
Mahomet, 14
Maison-Blanche, 98
maladies, 305, 316
Malaisie, 94
Maldives, 66
Mali, 24
mal-logement, 83
malnutrition, 65
Malte, 137
Mandela, Nelson, 107, 135
Mandeville, Bernard, 62
Mardrid, 25
Maréchal, Marion, 158
Mariani, Thierry, 158
Maroc, 50, 76
Mars, 321, 322
maternité de Mamoudzou, 118
Mathiot, Pierre, 197
matière, 335
Mauroy, Pierre, 80
May, Theresa, 37
Mayotte, 117
médecine traditionnelle chinoise, 269
médecine, 129, 313
Médecins sans frontières (MSF), 94
Médiator, 232
Méditerranée, 74
Medvedev, Dimitri, 168
Mélenchon, Jean-Luc, 82
Mendini, Alessandro, 301
méningite, 231
mer, 245
Merah, Mohamed, 105
Mercedes, 330
Merkel, Angela, 74, 162, 248
Mexique, 29, 77, 230
migrants, 72, 155, 163, 331
migrations, 72
Milanović, Branko, 63
minorités, 95, 178
Mitterrand, François, 162
mixité raciale, 101
mixité sociale, 113
mode, 300
MoDem, 141
Modi, Narendra, 100, 107
Mondial, 287
mondialisation, 35, 63
Monnet, Jean, 162
Monsanto, 274, 275
Morin, Edgar, 238
mort, 236, 316, 317, 330
mortalité, 65, 78, 79
moteur thermique, 253
Moyen-Orient, 7, 15, 30, 73
mur de Berlin, 76
muraille de Chine, 76
Murphy, Michael, 214
murs, 76
musée du quai Branly, 299
musées, 298, 299, 300
musique, 297
Musk, Elon, 257, 316, 320
musulmans, 92, 107

N

Nagasaki, 12
nano, 334
nanoparticules, 252
Napoléon III, 57
narcotrafiquants, 29
NASA, 320, 321, 324, 325
nationalistes, 53
NATU, 316
Navalny, Alexeï, 168
nazis, 106
néolibéralisme, 181

néonicotinoïdes, 273
Netflix, 294, 295, 316
Neuralink, 316
New York, 25, 64
Newson, Marc, 301
Nice (promenade des Anglais), 25
Niel, Xavier, 201
Niger, 24
Nigeria, 24
Nix, Alexander, 146
Noirs, 95, 96
Norvège, 34, 253
Notre-Dame-des-Landes, 264
Nouvelle-Calédonie, 55
nucléaire, 7, 11, 14, 248
numérique, 274, 300

O

Obama, Barack, 8, 10, 13, 16, 31, 95, 204, 270, 295
obésité, 78
obsolescence programmée, 278
Occupy Wall Street, 64
océan Indien, 28
océan Pacifique, 29
océans, 27, 28, 29, 266, 333
Office des Nations unies contre la drogue et le crime (ONUDC), 21
oiseaux, 263
ONU, 7, 10, 17, 27, 30, 31, 35, 50, 65, 66, 93, 257
opium, 21
oral, 197
Orange, 188
Orbán, Victor, 163
oreillons, 231
Organisation internationale de l'énergie atomique (OIEA), 15
Organisation internationale des migrations (OIM), 73
OTAN, 21, 173
Ottawa, 330
ours, 272
Ouvéa (grotte de Gossanah), 56
ouvrier, 78, 79

P

Pacino, Al, 294
paix, 7, 12, 13, 50
Pakistan, 12
Palestine, 17, 31
paludisme, 333
paradis fiscaux, 202
Paris, 53, 84, 289, 290
Parthénon, 299
Parti communiste français, 159
Parti socialiste, 159
passeports, 138
pauvreté, 66, 82
pays les moins avancés (PMA), 65
Pays-Bas, 154, 155, 202, 236
pêche électrique, 266
pêche industrielle, 266
pêche, 28
Pécresse, Valérie, 254
personnes âgées, 114
pétrole, 69, 246
Philippe, Édouard, 157, 264
PIB, 41, 42, 54
Piketty, Thomas, 61
pirates informatiques, 308
planètes, 324
Plastic Odyssey, 334
plastiques, 267, 268, 279, 333
plogging, 280
PMA, 227
pneumocoque, 231
Poisson, Jean-Frédéric, 159
police, 173
policiers, 96
polio, 233
pollution, 254
Pologne, 34, 37, 106, 164, 213, 275
Pompeo, Mike, 12
Pompidou, Georges, 254
populismes, 150
Porochenko, Petro, 46
Portugal, 41
Poutine, Vladimir, 9, 149, 151, 166, 167, 168, 207, 286
pouvoir d'achat, 189
précarité, 83
prélèvement à la source, 189
Première Guerre mondiale, 7
président de la République, 142
prestations sociales, 81
primo-députés, 140
prisons, 102, 103
privatisations, 194
prix Charlemagne, 162
prix Nobel d'économie, 63
prix Nobel de la paix, 13, 92
protection sociale, 191
protectionnisme, 208
PSG, 292
Puigdemont, Carles, 42

Q

Qatar, 291
Qujaukitsoq, Vittus, 47

R

racisme, 97
radicalisation, 102, 103

radiothérapie, 313
Radonski, Henrique Capriles, 69
Raffarin, Jean-Pierre, 105
Ramaphosa, Cyril, 135, 136
Reagan, Ronald, 322
réchauffement climatique, 244
réfugiés, 72
régimes spéciaux, 184
Règlement général sur la protection des données (RGPD), 146
réparabilité, 278
Républicains, 158, 159
République arabe sahraouie démocratique (RASD), 50
République démocratique du Congo, 73
République française, 35
ressources, 320
retraites, 182
revenu de solidarité active (RSA), 117
revenus, 63
Révolution française, 33
riches, 80, 81, 82, 112
robots, 309
Rohani, Hassan, 15
Rohingyas, 92
rougeole, 233
Roumanie, 279
Rousseau, Jean-Jacques, 60
route solaire, 333
Royaume-Uni, 9, 12, 30, 36, 37, 38, 39, 169, 229, 250, 281
rubéole, 231
Russie, 8, 9, 12, 15, 27, 30, 51, 84, 149, 166, 169, 286, 307, 330

S

Safeguard Defenders, 177
Sahara, 49, 76
Sahel, 20, 24
Saint-Gobain, 306
salaires, 62, 184
Saleh, Ali Abdallah, 21
Saleh, Tarek, 22
Salvini, Matteo, 154
Samoa, 66
Sanchez, Pedro, 42
sans-abris, 83
sans-domicile fixe, 84
santé, 78
Sarajevo, 9
Sarkozy, Nicolas, 105, 130, 142, 151, 157, 158
Sarnez, Marielle de, 141
Schindler, Vanessa, 300
science, 305
sclérose en plaques, 232
scolarisation, 129
Scorsese, Martin, 294
sécheresse, 65, 66, 276
Seconde Guerre mondiale, 7, 30, 105, 106, 329
Sécurité sociale, 189, 192
Séguin, Philippe, 159
Selmayr, Martin, 161
Sentsov, Oleg, 45
service national, 33
services à la personne, 309
sex-ratio, 220
Sheeran, Frank, 294
Sibérie, 72
Simeoni, Gilles, 53
Skripal, Sergueï, 169
Slat, Boyan, 333
Slovénie, 234
smartphones, 278
SMIC, 117
Smith, Adam, 62
SNCF, 185, 186, 187, 194
Somalie, 65
Sophia (robot), 312
Soros, George, 164
SOS-Racisme, 101
Soudan, 20, 73
sous-alimentation, 65
Space Launch System, 320
Space X, 319
spéculation, 206
sport, 286
Spotify, 297
Starbucks, 97
start-up, 199
statistiques ethniques, 99
Stieglitz, Joseph, 63
streaming, 297
stress, 78
subprimes, 181
Suède, 154, 239
suicide médicalement assisté, 236
Suisse, 34, 236
sunnites, 14
Syrie, 8, 10, 15, 16, 23, 30, 73, 103

T

tabac, 81
Taché, Aurélien, 99
Talamoni, Jean-Guy, 53
talibans, 20
Talon, Patrice, 298
taxe, 203
taxis volants, 334
technologie, 252, 311
Téhéran, 16
télescope, 335
Terre, 324, 326
terrorisme, 7, 12, 23, 66
Tesla, 258, 316
tétanos, 233
Thaïlande, 228
Thatcher, Margaret, 36
The Ocean Cleanup, 334
Thébault, Alain, 334

Tiangong 1, 322
Tibet, 178
Toronto, 25
Toubon, Jacques, 174
tourisme, 15
Transdev, 187
transhumanisme, 316
Transnistrie, 51
transports, 195, 256
travail, 310
travailleurs détachés, 212
Trente Glorieuses, 63, 78
Trudeau, Justin, 329, 331
Trump, Donald, 11, 12, 16, 31, 74, 77, 95, 151, 203, 216, 287, 303, 322, 323, 331
Trump, Melania, 331
tumeur, 313
Turnbull, Lucy, 330
Turnbull, Malcom, 330
Turquie, 51, 73, 170, 171
Twitter, 178, 307

U

Uber, 258, 316
Ukraine, 20, 44, 228, 330
Unicef, 129
Union européenne, 36, 37, 50, 74, 153, 185, 279
Union pour la démocratie française (UDF), 159
univers, 325
université, 95, 196
URSS, 30, 44, 322
Ustyugov, Evgeny, 288

V

vaccin, 333
vaccination, 231
Vallet, Élisabeth, 76
Valls, Manuel, 43, 105
Valorem, 250
Varnum, Michael, 326
Veil, Simone, 162
Vélib', 255
vélo, 255
Venezuela, 68
vers marins, 334
Verts, 159
veto, 30
Vichy, 100
vie, 316
vieillissement, 114
villes, 81, 277
vin, 144
viol, 93
violences sexuelles, 217, 219, 221
voies sur berges, 254
voiture électrique autonome, 257, 261
Volkswagen, 252

W

Wade, Abdoulaye, 299
Wauquiez, Laurent, 157, 158
Weber, Max, 49
Weinstein, Harvey, 217
Wilders, Geert, 155
Wirathu, Ashin, 93

Y

Yémen, 16, 20, 21

Z

zones à défendre (ZAD), 264
zones économiques exclusives (ZEE), 27
zones grises, 35, 49
ZTE, 307
Zuckerberg, Mark, 204
Zuma, Jacob, 134, 135